A HORA CERTA DE MUDAR

JENNY BLAKE

Cocriadora do programa Career Guru, do **Google**

A HORA CERTA DE MUDAR

Como usar o Método da Pivotagem para planejar (e acertar) o próximo passo na sua carreira

Tradução
Cristina Yamagami

Benvirá

Copyright © 2016 by Jenny Blake
Ilustrações by ABC Design Lab, copyright © 2016 by Jenny Blake
Título original: *Pivot*: the only move that matters is your next one.

Todos os direitos reservados, incluindo o direito de reprodução completa ou em partes em qualquer formato.

Esta edição foi publicada mediante acordo com Portfolio, um selo do Penguin Publishing Group, uma divisão da Penguin Random House LLC.

Preparação Maria Silvia Mourão Netto

Revisão Tulio Kawata

Diagramação Nobuca Rachi

Capa Simone Fernandes Nikolaus

Imagens de capa lightkitegirl/Thinkstock

morokey/Thinkstock

Impressão e acabamento CORPRINT

Dados Internacionais de Catalogação na Publicação (CIP)
Bibliotecária responsável: Aline Graziele Benitez CRB-1/3129

B568h Blake, Jenny
A hora certa de mudar / Jenny Blake; [tradução] de Cristina Yamagami. – 1.ed. – São Paulo: Benvirá, 2018.

344 p.; 16x23 cm.

Tradução de *Pivot*: the only move that matters is your next one.

ISBN 978-85-5717-222-7

1. Carreira. 2. Mudança. 3. Pivotagem. 4. Planejamento. I. Yamagami, Cristina. II. Título.

00-0000 CDD-658
CDU-658.6

Índice para catálogo sistemático:
1. Carreira: planejamento

1ª edição, março de 2018

Nenhuma parte desta publicação poderá ser reproduzida por qualquer meio ou forma sem a prévia autorização da Saraiva Educação. A violação dos direitos autorais é crime estabelecido na lei nº 9.610/98 e punido pelo artigo 184 do Código Penal.

Todos os direitos reservados à Benvirá, um selo da Saraiva Educação, parte do grupo Somos Educação.
Av. das Nações Unidas, 7221, 1º Andar, Setor B
Pinheiros – São Paulo – SP – CEP: 05425-902

SAC 0800-0117875
De 2ª a 6ª, das 8h às 18h
www.editorasaraiva.com.br/contato

EDITAR 16245   CL 670614   CAE 625802

*Para a minha avó Janice Deino,
que pivotou toda a sua vida aos 80 anos de idade
com força e elegância.
Você é uma fonte inabalável de apoio e inspiração
e a pessoa mais ágil e resiliente que eu conheço.
Muito obrigada por tudo.*

Como esquecer os mitos antigos que se encontram
na origem de todos os povos, os mitos antigos de
dragões que, num momento supremo, se
transformam em princesas? Talvez todos os dragões
da nossa vida sejam princesas que aguardam o
momento de um dia nos ver belos e valentes...
Por isso, não tema... Se uma tristeza se erguer à sua
frente, tão grande como nunca viu;
se uma inquietação passar por suas mãos e por
todas as suas ações como uma luz ou a sombra de
uma nuvem, você deve pensar então que algo está
acontecendo dentro de si, que a vida não o
esqueceu, que ela o segura pela mão e
não o deixará cair.

— RAINER MARIA RILKE, *Cartas a um jovem poeta*

Sumário

Introdução: Pivotar é o novo normal	**15**
Pivotar ou ser pivotado, eis a questão	18
Mudando de carreira na era dos aplicativos	24
Ligue os pontos olhando para trás	27
Visão geral do Método da Pivotagem	31
O único passo que importa é o próximo	35
Alto crescimento líquido	**38**
Modos de operação na carreira	44
Confie na sua tolerância ao risco	48
Dois passos para a frente, um passo para trás	52
Etapa 1: Estabilização	55
Visão geral	**57**
1 | Calibre a sua bússola	**60**
Crie a sua bússola	61

Identifique a sua fórmula da felicidade 68

Cuide do seu corpo 70

Reduza a fadiga da decisão 72

Medite para melhor ativar sua intuição 74

2 | Pontos para reflexão **78**

Evite a tirania do "como" 80

Visão turva? Comece por algum lugar.. 82

Torne clara a sua declaração de visão... 87

Faça um resumo dos fatores conhecidos e dos desconhecidos 90

3 | Abasteça o seu motor **92**

Identifique os seus pontos fortes.. 94

Os destaques do seu histórico profissional 99

4 | Financie a sua decolagem **103**

Crie uma base financeira sólida 104

Fundamentos financeiros para a pivotagem 105

O efeito gangorra entre renda e ansiedade... 115

Etapa 2: Sondagem 119

Visão geral **121**

5 | Reforce o seu banco de reservas **123**

Amplie sua esfera de influência... 125

Crie uma rede de inteligência coletiva... 126

Carma profissional: busque o sucesso mútuo..................................... 140

6 | Feche as lacunas **143**

O que está faltando 144

Aprenda a aprender 145

Restrinja o pensamento linear.. 149

Escuta investigativa 152

Tenha discernimento quanto ao que aprender............................. 159

7 | Ajude as pessoas a encontrá-lo....................................**162**

Defina o seu propósito baseado em um projeto........................... 163

Plataforma e alavancagem 165

Aproveite o trabalho que os outros rejeitam 171

Avance aos saltos: dê um passo para trás

para poder saltar dois passos para a frente............................. 172

Avise as pessoas que você está em busca de novas oportunidades 175

Etapa 3: Projetos-Piloto 183

Visão geral **185**

8 | Não seja perfeccionista **188**

Comece pensando em quantidade, não em qualidade 190

Quais são as características de um bom projeto-piloto? 191

Projetos-piloto incrementais nas organizações............................ 200

Reduza o risco com a redundância 202

Viagens para dar uma agitada no pensamento estagnado.............. 206

9 | Pare, revise, repita...**210**

Pare e revise.. 212

Corra riscos cada vez maiores... 215

Etapa 4: Lançamento 221

Visão geral **223**

10 | Faça primeiro e deixe a coragem para depois...........225

Identifique os seus critérios para decidir o melhor momento

para o lançamento... 226

O hexágono da pivotagem... 239

Saiba quando persistir e quando desistir............................ 241

A razão da intuição.. 250

A balança da pivotagem: zona de conforto *versus* risco 252

11 | Transforme o fracasso em sucesso............................**254**

Use a rejeição como trampolim para o sucesso 257

Procure pontos fortes nos fracassos 259

Não dá para agradar a todos...

Então pare de tentar e comece a viver 261

Separe as decisões das conversas difíceis............................ 264

Não fique esperando as condições perfeitas....................... 267

Como saber se o seu lançamento deu certo? 270

A pivotagem contínua 273

Etapa 5: Liderança 277

Visão geral **279**

12 | Você está ouvindo? **281**

Os seus interesses são mais importantes do que você imagina......... 284

Como usar o Método da Pivotagem nas organizações 290

Programas-piloto criativos para

promover a mobilidade na organização 295

Conclusão: receba a complexidade de braços abertos 301

A vantagem de chegar ao fundo do poço 303

A vida corajosa... 305

Agradecimentos 309

Depois da pivotagem: recursos on-line 316

Consulta rápida sobre o Método da Pivotagem 318

Checklist de critérios para o lançamento........................320

Recursos para empresas...322

Para saber mais sobre a pivotagem:
    leituras recomendadas..325

Notas...327

Índice remissivo 335

Introdução:
Pivotar é o novo normal

O caos é meramente a ordem à espera de ser decifrada.
— José Saramago

"Acho que estou enlouquecendo."
"Não sei qual é o meu problema."
"Será que estou pedindo demais?"
"Não aguento mais isso."
"Acho que estou tendo uma crise de meia-idade."
"Será que algum dia vou ser feliz?"

Não importa a idade, o estágio de vida, o saldo na conta bancária ou o cargo no trabalho, as pessoas costumam dizer coisas assim quando estão em busca de algo mais na vida, mesmo quando já atingiram o sucesso profissional segundo os padrões tradicionais.

Muitas têm o emprego considerado perfeito, mas no fundo se sentem estagnadas e têm um desejo inexplicável de mudar as coisas. Elas podem estar cogitando abrir mão de um excelente salário para criar a própria empresa ou simplesmente dar um tempo. Algumas se sentem insatisfeitas ou frustradas com o trabalho por outras razões: o cargo ou a empresa não se ajusta mais a elas ou elas se sentem atraídas por uma nova área, mais compatível com seus valores e interesses, e na qual teriam melhores condições de deixar sua marca.

Em meio a toda a confusão e insegurança, uma coisa permanece clara: o que essas pessoas estão fazendo não está mais funcionando. Talvez você se identifique com algumas destas histórias de pessoas que chegaram a uma encruzilhada na carreira:

- Amy Schoenberger passou quatro anos trabalhando como estrategista criativa sênior em uma empresa de Relações Públicas. Já não se sentia tão inspirada no trabalho, mas não queria deixar a empresa e os colegas, que ela adorava.
- Depois de vários anos tumultuados, Adam Chaloeicheep, quase na casa dos 30, atingiu um ponto de esgotamento físico e emocional e então se perguntou: *a vida é só isso?* Ele precisava de um tempo para refletir e se recompor, e decidiu largar um emprego bem remunerado como diretor de criação em uma empresa de desenvolvimento imobiliário, vendeu quase tudo o que tinha e se mudou de Chicago para a Tailândia a fim de estudar meditação em um mosteiro.
- Tara Adams estava havia onze anos no Google, gerenciando programas de orientação educacional, quando foi tomada pelo desejo de desacelerar o ritmo frenético de sua carreira e formar uma família, talvez até dar um tempo no trabalho.
- Depois de se formar na Universidade da Califórnia em Los Angeles, Marques Anderson passou quatro anos jogando na NFL, a Liga Nacional de Futebol Americano. Ele começou jogando no Green Bay Packers; três anos depois fechou um contrato com o Oakland Raiders, antes de entrar para o Denver Broncos no ano

seguinte. Apesar de adorar jogar na liga, Marques também sabia que era importante ter um plano de transição para o futuro.

- Kyle Durand estava na ativa no Iraque, praticando Direito Internacional e Operacional, quando ficou sabendo que fora preterido para uma promoção depois de 17 anos de serviço. Ao receber a notícia, em um rápido telefonema do seu comandante, ele saiu do escritório (localizado, na época, no palácio de Saddam Hussein) no meio da noite e caminhou em direção à sua barraca. Enquanto pensava nos últimos acontecimentos, um míssil passou de repente por cima de sua cabeça, atingiu um tanque de combustível em uma pista de pouso nas proximidades e explodiu. Naquele momento, Kyle soube que estava na hora de voltar para casa. Tinha ficado arrasado por causa do telefonema e não queria mais arriscar a vida por uma organização que não parecia valorizar seu esforço.

- Quando John Hill e Bud Bilanich estavam se aproximando dos seus 60 e 65 anos de idade, respectivamente, amigos, parentes e colegas não paravam de perguntar quando eles planejavam se aposentar. Enquanto pensavam em como seria a próxima fase de sua vida profissional, um fator permanecia constante: nenhum deles tinha o menor interesse em noções estereotipadas de aposentadoria, que envolviam parar de trabalhar completamente.

- Brian Jones (nome fictício) e Julie Clow eram executivos entediados com seus papéis de liderança de nível sênior em empresas de prestígio e achavam que não tinham mais como progredir. Porém, tendo família para sustentar e contando com os grandes pacotes de benefícios, não seria nada fácil deixar o emprego para trás.

- Eu estava havia mais de cinco anos trabalhando no Google, na área de treinamento, coaching e desenvolvimento profissional, quando tirei uma licença para lançar meu primeiro livro, *Life After College*, em 2011. Apesar de adorar trabalhar lá e ter um emprego aparentemente perfeito, ainda sentia que havia alguma coisa faltando.

À primeira vista, pode parecer que todos nós estávamos passando por uma crise de meia-idade. Quem via de fora poderia pensar, erroneamente, que estávamos perdendo o controle ou a cabeça, aparentemente insatisfeitos com a nossa trajetória atual e deixando bons empregos para trás.

No fundo, porém, sabíamos que tínhamos atingido um período de estagnação, um *ponto pivotal*, na nossa carreira. Éramos talentosos, empenhados e comprometidos a causar um impacto positivo, mas mesmo assim sentíamos o desejo de mudar o modo como fazíamos nosso trabalho. Partir para uma mudança tão grande era desconcertante, mas parecia o correto a fazer. Apesar de todas as incertezas que nos esperavam, sabíamos que ficar no mesmo lugar implicaria riscos ainda maiores.

Chamar esse tipo de desejo profissional de crise, causar embaraço e culpar as pessoas por quererem priorizar um trabalho significativo em uma economia volátil, dizendo que elas são "mimadas" ou "exigentes demais", são atitudes que nos levam a perder uma enorme oportunidade de valorizar e dar apoio a quem busca deixar sua marca no mercado de trabalho, na sociedade e na vida de todos ao seu redor.

Ainda não existe uma boa descrição para esse tipo de transição na carreira. Ou pelo menos não existia, até agora.

Pivotar ou ser pivotado, eis a questão

As pessoas já não passam quarenta anos no mesmo emprego, contando com a segurança de um plano de aposentadoria à sua espera no final.[1] Hoje em dia, os norte-americanos passam em média de quatro a cinco anos em um trabalho e, não raro, mudam drasticamente de função *durante* esses quatro a cinco anos.[2] Quando falamos de pessoas na faixa de 25 a 34 anos, a média de permanência no emprego cai para três anos.

Muitos dos empregos que desapareceram durante a última recessão nunca voltarão. Todos os dias, avanços tecnológicos levam a uma maior automação no trabalho, ameaçando cargos ocupados por pessoas empenhadas e a estabilidade de empresas, tanto pequenas quanto grandes. Segurança no emprego tornou-se uma ideia antiquada, um luxo do qual a maioria das pessoas hoje não usufrui, mesmo sem estarem cientes disso.

A lealdade corporativa deu lugar à incerteza. Empresas que pareciam grandes demais para fracassar se desmantelaram, juntamente com muitas outras menores. Novas empresas estão tomando seus lugares. Com o advento de mercados de aplicativos, de *crowdfunding*, da revolução do movimento *maker* e das economias de compartilhamento, estamos vendo empresas que nem existiriam dez anos atrás sendo avaliadas em bilhões de dólares, além de muitas empresas menores surgindo em paralelo.

Para intensificar esse tumultuado cenário, um estudo recente da Gallup revelou que quase 90% dos trabalhadores estão "não engajados" ou "ativamente desengajados" em relação a seus empregos.[3]

Entretanto, você não precisa ler livros, estatísticas ou artigos para sentir essa volatilidade. "Praticamente tudo mudou nos empregos, no trabalho e nas carreiras", afirma Scott Uhrig, recrutador de executivos para empresas de tecnologia e autor de *Navigating Successful Job Transitions*. "Como o sapo na água fervente, podemos não nos dar conta de toda a magnitude das mudanças apesar de estarmos totalmente mergulhados nelas." Você pode estar com essa sensação de sapo na água fervente na sua carreira... se é que ainda não pulou para fora da panela.

Alguns dizem que a própria palavra *carreira* está morrendo – um legado de uma era que já passou –, à medida que nos aproximamos cada vez mais de uma economia baseada em projetos.[4] É bem verdade que agora podemos esperar grandes mudanças a intervalos de poucos anos com muito mais frequência do que antes costumava ser socialmente aceito. Como nossa carreira está fundamentalmente ligada à nossa subsistência e autoconfiança, à nossa noção de significado e propósito de vida, essas transições podem ser traumáticas se não houver um guia para nos ajudar na travessia.

Nem tudo, porém, são más notícias. Navegar nesse ritmo acelerado de mudança e nesse estado de eterna transição profissional, aprendendo a aceitar as mudanças em vez de resistir a elas, *pode* ser vantajoso. Você pode aprender a desfrutar da aventura, da flexibilidade, da liberdade e da oportunidade que acompanham o risco calculado e as incertezas.

Ao encarar suas transições profissionais por um ângulo positivo e metódico, cada uma das pessoas cujas histórias contei anteriormente se recalibrou e pôde percorrer trajetórias mais vibrantes:

- Amy buscou provar seu próprio valor na empresa de Relações Públicas, assumindo projetos que ninguém queria. Em 2009, quando começou a ficar claro que as mídias sociais e os blogs eram ferramentas importantes para a estratégia de Relações Públicas, ela se ofereceu para conhecer mais a respeito, realizando um trabalho que os colegas evitavam, pois temiam cair alguns degraus na hierarquia corporativa se trabalhassem com blogueiros em vez de com clientes de peso. Em pouco tempo, Amy ficou conhecida como a especialista em mídias sociais da empresa, sendo chamada para orientar todos os maiores clientes e transformando essa experiência em um novo cargo: diretora de entretenimento digital.
- Quando voltou aos Estados Unidos depois de oito meses no exterior, Adam sabia que queria combinar seus interesses nas áreas

de moda, tecnologia, estratégia de marca e empreendedorismo. Foi aceito no programa de pós-graduação em Administração de Design na Parsons e passou os anos seguintes desenvolvendo suas habilidades, seu tino para os negócios e sua rede de relacionamentos. Depois que se formou, Adam continuou em Nova York, onde ele e sua empresa, a ABC Design Lab, vão de vento em popa.

- Tara nunca tinha morado fora da Califórnia, mas sua intuição lhe dizia que trabalhar a distância, em Nova Orleans, uma cidade para a qual ela ia todos os anos fazer trabalho voluntário desde o furacão Katrina, lhe daria os novos ares dos quais sua vida precisava. Em um ano, Tara conheceu um rapaz de quem ficou noiva e tomou a difícil decisão de largar o emprego. Depois de ficar um ano afastada para ter seu bebê, voltou a trabalhar como consultora para terceiro setor em programas de amplo impacto social.

- Inspirado por um encontro fortuito com o homem que viria a ser seu mentor no dia em que saiu dos Raiders para entrar no time dos Broncos, Marques decidiu fazer mestrado em Educação para Adultos e Mudança Global em uma universidade sueca, depois de se aposentar da NFL. Alguns anos mais tarde, fundou a World Education Foundation e hoje viaja pelo mundo, lançando projetos em países em desenvolvimento para criar "experiências humanas melhores nas áreas de saúde, educação, infraestrutura e esportes".

- Logo que voltou aos Estados Unidos depois de servir no Oriente Médio em 2006, Kyle disse que "estava totalmente perdido. Aquela transição foi como se alguém tivesse me largado no meio do deserto. Eu não tinha ideia do que fazer da minha vida". Depois de reduzir seu período de serviço militar para atuar meio período como reservista, Kyle decidiu trabalhar por conta própria para poder assumir o controle de sua vida e "nunca mais deixar que outra pessoa decidisse seu futuro". Na sequência, Kyle acabou abrindo uma série de empresas, incluindo uma de hardware, um escritório de advocacia tributária e contabilidade e um serviço de contratos escaláveis para empreendedores chamado OurDeal.

- John tinha atuado como diretor de TI por 22 anos quando a empresa na qual trabalhava foi adquirida. Disse então que não via a hora de entrar na próxima fase de sua carreira e que não tinha planos de se aposentar tão cedo. Depois de cinco meses estudando possibilidades e se dando ao luxo de dedicar mais tempo ao seu amor por viagens e fotografia, aceitou o cargo de diretor de operações em uma empresa global de software de computação na nuvem, seu maior cargo até então. Bud estava numa situação parecida: depois de passar 25 anos no emprego, estava pronto para uma transição que não fosse a aposentadoria. Começou a prestar consultoria pela internet para passar mais tempo em casa. "É um tempo que quero deixar como legado para a minha família", Bud explicou, observando que também planeja continuar trabalhando por pelo menos mais dez anos.

- Depois de Brian e Julie esgotarem suas opções em seus empregos e de se abrirem para sair da estagnação profissional mudando de empresa, começaram a chover ofertas de trabalho para funções de liderança. Os dois foram "caçados" – encontrados por recrutadores com base em sua reputação e histórico profissional – para verdadeiros empregos dos sonhos: Brian como vice-presidente sênior de engenharia em uma startup e Julie como diretora global de desenvolvimento de pessoal na Chanel.

- Em 2011, tomei a difícil decisão de sair do Google depois da minha licença para me dedicar em tempo integral a um negócio baseado no meu blog e no meu livro recentemente lançado. As pessoas reagiram como se eu tivesse terminado com o Brad Pitt.

"Você acha mesmo que vai conseguir alguma coisa melhor do que o Gooooogle?!" Eu não sabia ao certo, mas sabia que me arrependeria eternamente se não tentasse. Então pus meu apartamento para alugar, fiz as malas e me mudei do Vale do Silício para Nova York. Desde então, venho atuando na minha própria empresa como estrategista de carreira e negócios, escritora e palestrante. Nunca estive mais feliz nem mais saudável. Apesar dos altos e baixos da minha empresa, eu me sinto tranquila e engajada no meu trabalho.

Além de termos começado com uma insatisfação parecida, também temos em comum o modo como decidimos mudar. Todos nós passamos para um trabalho novo, porém relacionado ao anterior, alavancando uma base *existente* de pontos fortes, interesses e experiências. Pode parecer que fizemos mudanças drásticas, mas não recomeçamos do zero. Na linguagem do Vale do Silício, nós *pivotamos*.

Eric Ries, autor da bíblia dos negócios *A startup enxuta*, define "pivotar" (do inglês *pivot*, ou pivô) nos negócios como "mudar de estratégia sem mudar a visão".[5]

Eu defino *pivô na carreira* como dobrar a aposta no que está dando certo a fim de fazer uma transição proposital rumo a uma direção nova, porém, relacionada à antiga. Neste livro, vou me referir ao conceito de *pivotagem* como um processo intencional e metódico de atravessar com agilidade mudanças na carreira.

Normalmente, quando a palavra *pivô* é aplicada a uma mudança de estratégia nos negócios, essa decisão é considerada um mero plano B: mudar de direção para salvar um negócio cujos lucros estão em queda ou que oferece uma projeção desanimadora. Pivotagem era uma reação a um plano A, à meta original que não estava dando certo. Mas, quando se trata da nossa carreira, aprender a pivotar deve ser o nosso plano A. No nosso emprego atual e no decorrer da nossa carreira, pivotagem passou a ser o "novo normal".

Momentos isolados de sucesso profissional – promoções, contratações, agradáveis surpresas financeiras – são bem-vindos, é claro, mas não passam de uma minúscula fração da nossa experiência total. Ao dobrar a nossa aposta no que já está dando certo, enquanto pensamos em como nos desenvolver tendo em vista o futuro, aceleramos o nosso processo de experimentação e mudança. Podemos avançar com confiança, sabendo que já temos o necessário para chegar ao nosso destino.

A sua escolha, hoje e no futuro, é pivotar ou ser pivotado. A pivotagem é uma atitude mental e um conjunto de habilidades, e você pode melhorar os dois. Neste livro, apresentarei um modelo para ajudá-lo a gerenciar o processo com foco, senso de realização e – *ouso dizer* – diversão.

Mudando de carreira na era dos aplicativos

As carreiras deixaram de ser simples, lineares e previsíveis, como escadas que não levam a lugar nenhum além de para cima. Hoje em dia, são muito mais modulares, customizáveis e dinâmicas, como os smartphones. Somos educados e criados de acordo com um modelo-padrão, as configurações de fábrica. Depois disso, cabe a nós fazer o download dos aplicativos – para desenvolver nossas habilidades, interesses, experiências e educação – que queremos e dos quais precisamos para nos sentir realizados.

No entanto, o que fazer quando todo o seu sistema operacional precisa de um upgrade? Não é tão fácil quanto clicar em "atualizar agora" e esperar cinco minutos para todas as novas funcionalidades serem automaticamente instaladas. Nós não somos máquinas, mas sim seres humanos falíveis, temerosos, desejosos, por vezes irracionais, e infinitamente criativos.

Mudanças na carreira parecem ameaçar nossas necessidades mais básicas – segundo a hierarquia de Maslow: comida, abrigo, roupas e segurança –, além de necessidades mais elevadas, como relacionamentos e estima, até chegar à autorrealização. Tememos que, tomando uma decisão errada, acabaremos morando debaixo de uma ponte (ou forçados a morar no porão da casa dos pais) e desempregados, incapazes de prover nossa própria sobrevivência. Diante dessa possível ameaça às nossas necessidades mais primitivas, ficamos paralisados, fugimos ou lutamos com a voz irritante dentro de nós que nos cobra mais realizações.

Como Stephen Grosz escreve em *A vida em análise*, "toda mudança envolve alguma perda". É natural temer a mudança quando sabemos que vamos nos lamentar pelo que deixaremos para trás. Até as mudanças mais empolgantes podem ter um sabor agridoce, já que muitas vezes envolvem abrir mão de algo.

Contudo, muitos temem a mudança por um motivo mais irracional: imaginam um futuro somente com as piores situações possíveis, que podem ou não ocorrer. Para manter a tranquilidade e ter acesso às nossas faculdades mais criativas, temos de aprender a ver o cenário de uma nova carreira como algo normal, esperado e parte de uma revolução repleta de oportunidades. Como a mãe da minha amiga Monica a aconselha quando vê que a filha está se preocupando demais com o futuro: "Não sofra duas vezes".

Numa analogia entre a carreira profissional e um smartphone, pivotar exige aprender a fazer o download dos aplicativos um a um – ou de alguns aplicativos menores ao mesmo tempo – para reduzir riscos, fazer experimentos com ideias e melhorar o sistema operacional de sua carreira sem precisar entrar em pânico tentando implantar mudanças drásticas demais e muito distantes do que você faz agora.

Você nunca vai visualizar todo o caminho da pivotagem logo de cara, nem vai querer vê-lo. Se os próximos passos fossem óbvios e pudessem ser administrados com uma simples planilha, você já estaria fazendo isso, ou estaria entediado. A parte mais empolgante de encarar novas oportunidades são o risco inerente e a incerteza envolvida. É o "chamado da aventura", do arquétipo da Jornada do Herói, de Joseph Campbell, que nos impele a nos aventurar no terreno do desconhecido e, no decorrer desse processo, nos transformar em uma versão maior e mais plenamente expressa de nós mesmos.

Qual é a diferença entre uma crise e um pivô?

Alguns eventos da vida têm o poder de nos consumir. Eles abalam as nossas bases, nos derrubam e destroem o nosso mundo. A morte de um ente querido, uma doença, divórcio, demissão... todos esses eventos podem ser extremamente traumáticos. Chamá-los de "pontos pivotais" seria uma minimização grosseira da situação.

Um *pivô* é uma mudança que você realiza por vontade própria quando atinge um ponto na carreira no qual se sente pronto para encarar maiores desafios e causar maior impacto. Eventos traumáticos, que o fazem querer sair correndo e nunca mais olhar para trás, são, em geral, involuntários.

Certos acontecimentos se impõem em nossa vida contra a nossa vontade e requerem paciência, compaixão, luto e às vezes terapia ou orientação espiritual para serem curados. Esses eventos demandam um tempo para podermos nos refugiar, processá-los e nos recuperar. Às vezes, o simples ato de levantar da cama e sobreviver até o fim do dia pode ser uma enorme realização. As crises em geral exigem mais processamento do que planejamento, embora nem todas as pessoas possam se dar ao luxo de fazer essas duas coisas em sequência. É mais provável que as pessoas que se encontram nas garras de um trauma precisem de algum tempo para se curar antes de embarcar nas etapas mais proativas da pivotagem.

Em muitos casos, experiências dolorosas também servem como excelentes sinais de alerta, incentivando-nos a nos redirecionar em busca de um espaço de autenticidade ainda maior. No fim do livro, recomendo livros para cada etapa da pivotagem na seção "Para saber mais sobre a pivotagem", mas os dois que sugiro para processar eventos importantes da nossa vida são *Quando tudo se desfaz*, de Pema Chödrön, e *Second Firsts*, de Christina Rasmussen.

Ligue os pontos olhando para trás

Quando eu tinha 20 anos, dei um tempo no curso de Ciências Políticas e Comunicações que fazia na Universidade da Califórnia, em Los Angeles, para ser a primeira funcionária de uma startup de pesquisa de opinião política no Vale do Silício. Aquele foi o meu primeiro *pivô* e deu início às minhas investigações sobre o que é necessário fazer para passar, com rapidez e sucesso, de uma trajetória profissional a outra, mesmo quando isso parece ir na contramão do que todo mundo está fazendo.

Olhando para trás agora, vejo a minha carreira toda como uma série de *pivôs*, dentro de empresas e também por conta própria, incluindo várias pivotagens menores na minha empresa desde então:

- Depois de dois anos na Polimetrix, onde o meu trabalho incluía administrar nossas contas no Google AdWords, consegui um emprego em treinamento e desenvolvimento no Google, onde ensinava os funcionários do atendimento ao cliente a como dar suporte ao AdWords.
- Em seguida, pivotei no Google, passando da equipe de treinamento do produto AdWords à equipe de desenvolvimento de carreira, uma transição facilitada por um curso de fim de semana que fiz para obter a certificação de coach pelo Coaches Training

Institute. Na equipe de desenvolvimento de carreira, ajudei a criar e lançar um programa global de treinamento em coaching para gestores chamado Career Guru, que disponibilizou o coaching a todos os funcionários do Google – um programa que continua sendo citado como um dos benefícios que fazem do Google uma das melhores empresas para se trabalhar.[6]

- Enquanto eu ainda estava no Google, comecei a trabalhar em um hobby, e futuro "bico", à noite e nos fins de semana: o meu primeiro blog e livro, *Life After College*. Aquilo se tornou o trampolim para a minha próxima grande mudança, apesar de eu não imaginar nos primeiros anos que um dia me dedicaria em período integral a essas atividades.

- Quando saí do Google, pivotei para lançar minha a própria consultoria de carreira e empresa de palestras. Transformei o *contexto* do meu ambiente de trabalho, mas não o *conteúdo*, considerando que apliquei um conjunto semelhante de pontos fortes e atividades. Dois anos mais tarde, expandi a minha plataforma para um site que leva o meu nome, JennyBlake.me, no qual me concentro em sistemas no cruzamento entre mente, corpo e negócios.

Como Steve Jobs declarou em seu discurso de paraninfo em Stanford, em 2005, "não dá para ligar os pontos olhando para a frente. Só dá para fazer isso olhando para trás". Os dias em que mapeávamos o nosso plano de carreira já são coisa do passado. Você não tem de especificar todos os detalhes da sua vida em cinco transições ou considerando cinco anos no futuro. Pense no que estava fazendo cinco anos atrás. Você tinha alguma ideia de onde estaria hoje? O desafio agora é viver no presente. Com isso, nos mantemos despertos e conscientes dos pontos que estão bem diante do nosso nariz.

Encorajo você, leitor, a refletir sobre seu histórico profissional e ligar os pontos olhando para trás para ver como você já *pivotou* de uma área relacionada para a próxima. É provável que, antes mesmo de ler este livro, você já tenha aplicado sem perceber muitos desses conceitos em sua própria carreira.

Eu discordo de Jobs em um quesito: acredito ser possível conectar pelo menos um ou dois pontos olhando para a frente. Talvez não com um detalhamento perfeito, mas podemos melhorar na tarefa de fazer a ligação com o nosso próximo passo na carreira, e devemos melhorar, já que somos forçados a reagir às mudanças com cada vez mais habilidade. Ao aprender como ligar os pontos olhando para trás *e depois* para a frente, podemos melhorar a nossa capacidade de fazer conexões em tempo real, sem ter de esperar até nos vermos exauridos, infelizes ou forçados a fazer uma mudança.

Passei a última década estudando e aplicando a engenharia reversa para entender as mudanças na carreira, já que a minha própria vida tem sido definida por essas transições. Ao analisar a minha carreira em retrospecto e entrevistar outros profissionais, descobri padrões que levam essas transições ao sucesso ou ao fracasso.

Trabalhei com pessoas de todas as idades e estágios profissionais. Os mais bem-sucedidos se permitem explorar continuamente, melhorando a rapidez com que são capazes de identificar seu próximo passo. Eles encontram e criam culturas – seja em uma empresa de uma pessoa ou de dez mil – que lhes dão espaço para fazer transições deliberadas de uma área correlata à próxima.

No Google, passei cinco anos e meio trabalhando na área de Operações de Pessoal enquanto a empresa decolava de 6 mil para 36 mil funcionários. Treinei mais de mil pessoas, desde recém-formados até gestores seniores e diretores, e vi como a sensação de atingir um período de estagnação afetava a todos, não só os funcionários que ocupavam cargos de nível inicial. Além disso, tanto funcionários quanto gerentes queriam as mesmas coisas – uma força de trabalho feliz, engajada e produtiva –, mas nem sempre sabiam como fechar as lacunas de comunicação que se abriam entre eles ao esclarecer os próximos passos de sua vida profissional. Quando comecei a orientar empreendedores, notei como eles também desejavam ter sucesso sem se submeter à pressão do que "todo mundo" estava fazendo. Eles precisavam ligar pelo menos alguns pontos olhando para a frente, em seus próprios termos e com base em seus próprios pontos fortes, se não quisessem fechar as portas de sua empresa.

Juntos, vamos explorar como se sair melhor nesse processo, seja qual for seu ambiente de trabalho ou sua área de atuação. Você já sabe ligar os seus pontos olhando para trás na carreira para ver como cada área relacionada levou à próxima. Este livro o ensinará a se transformar em um "ligador de pontos" excepcional, olhando para a frente, agora e no futuro.

Para fazer isso, esqueça suas expectativas e temores em relação ao que *deveria* ou *poderia* acontecer. Concentre-se em onde você está neste exato momento e para onde quer ir em seguida. Isso é tudo que você precisa fazer. Uma vez que fizer seu próximo movimento, você vai acumular experiências e coletar dados do mundo real para planejar o movimento depois desse.

No meu primeiro ano de faculdade, programei os quatro anos de cursos obrigatórios em uma planilha, mostrando todos os trimestres e todos os anos para saber como faria minha dupla graduação da maneira mais eficiente possível. Imprimi esse plano de uma página dos *próximos quatro anos da minha vida*, mandei plastificá-lo e o segui à risca até me formar, preparando o terreno para o rude despertar que me esperava depois da formatura, quando entrei no imprevisível mundo real.

Por um lado, minha abordagem planejada me deu a estrutura necessária para agarrar a chance de trabalhar em uma startup já no penúltimo ano da faculdade, porque eu estava adiantada no curso. Por outro, o plano engessava a espontaneidade do dia a dia e eu acabava deixando de explorar possíveis caminhos que não estavam na minha lista de verificação, criada tendo em vista o máximo de eficiência e conformidade. Mas, no final, a melhor coisa que me aconteceu na faculdade, a oferta de trabalho que abriu as portas para o resto da minha carreira, foi a única coisa que eu *não* tinha planejado.

Visão geral do Método da Pivotagem

Desenvolvimento ágil é uma abordagem colaborativa ao gerenciamento de projetos que enfatiza continuamente planejar, testar e fazer lançamentos. Uma das minhas frases favoritas dessa modalidade de administração é: "A cada vez que você repete uma tarefa, se aproxima mais de automatizá-la". Considerando que teremos um número muito maior de iterações na carreira do que as gerações anteriores, cabe a todos nós melhorar nosso desempenho nas etapas envolvidas.

Este livro é estruturado em torno de um processo de quatro etapas chamado *Método da Pivotagem*. Em cada uma delas – Estabilização, Sondagem, Projetos-piloto e Lançamento –, você vai aprender a fechar sistematicamente as lacunas entre onde está agora e onde quer estar.

No basquete, fazer um pivô se refere à manobra na qual o jogador firma um pé no lugar enquanto move o outro pé em qualquer direção para explorar as opções de passe. De maneira muito parecida à manobra do jogador de basquete, as melhores pivotagens começam *firmando* o pé – estabelecendo uma base forte – para *sondar* a quadra em busca de oportunidades ou, em outras palavras, manter-se enraizado enquanto avalia as opções. A sondagem por si só não aumenta o placar, de modo que mais cedo ou mais tarde você vai precisar passar a bola para alguém na quadra – testar ideias e receber feedback com um *projeto-piloto* –, gerando perspectivas e oportunidades para fazer a cesta – até o *lançamento* na nova direção.

Veja a seguir uma descrição de cada etapa em mais detalhes:

- *Estabilização*: aqui, você cria uma base composta de seus valores, pontos fortes e interesses e de sua visão de um ano para o futuro. As pivotagens de maior sucesso começam com uma base sólida constituída de quem você já é, do que já está dando certo e de como você vai definir o sucesso para a próxima fase da sua vida.
- *Sondagem*: agora, você pesquisa habilidades novas e correlatas, conversa com pessoas e mapeia possíveis oportunidades. Essa é uma etapa de exploração, em que você busca identificar e reduzir lacunas de conhecimento e habilidades e ter uma ampla variedade de conversas com as pessoas.
- Em seguida, você vai conduzir uma série de *projetos-pilotos*, ou pequenos experimentos de baixo risco, para testar seu novo direcionamento. Os projetos-piloto ajudam a coletar dados e feedback em tempo real, permitindo-lhe fazer ajustes graduais à medida que for avançando, em vez de dar saltos às cegas esperando cair num bom lugar.
- Mais cedo ou mais tarde, vai chegar a hora de fazer uma mudança maior: o *lançamento*. As três primeiras etapas do Método da Pivotagem, repetidas tantas vezes quantas forem necessárias, ajudam a reduzir os riscos e a aumentar as suas chances de sucesso, muitas vezes levando-o a até 80%, 90% do caminho até o objetivo. O lançamento é quando você decide ir até o fim e percorrer os 10% a 20% restantes. Essas são as maiores decisões, que requerem comprometimento inclusive diante das incertezas que restarem.

Ao longo do livro você vai encontrar exercícios, marcados com um **E**, *para aplicar o que aprendeu e planejar a sua pivotagem. Todos os exercícios são acompanhados por um modelo correspondente que você pode baixar em PivotMethod.com/toolkit [em inglês] e ajustar à sua situação específica.*

O ciclo da pivotagem

O livro inclui também uma quinta e última etapa, a *Liderança*, que descreve como organizações e líderes podem aplicar o Método da Pivotagem como modelo de coaching para conversar sobre carreira com seus funcionários e gestores. O Método da Pivotagem cria culturas dinâmicas que incentivam os funcionários a pivotar internamente e em suas funções antes de partir em busca de oportunidades fora da empresa, fortalecendo a organização como um todo ao promover maior transparência e uma comunicação mais aberta.

Quanto tempo deve levar um pivô?

O Método da Pivotagem é um ciclo, não um processo isolado. Alguns pivôs levam um mês, enquanto outros podem levar anos. Em algumas situações, pode ser necessário fazer vários pivôs menores para chegar ao seu destino. Do mesmo modo como um enorme caminhão de nove eixos não tem agilidade para fazer uma curva fechada, os pivôs maiores muitas vezes requerem várias manobras menores. Repita o processo Estabilização-Sondagem-Projetos-piloto tantas vezes quantas forem necessárias para esclarecer a situação e coletar feedback antes de avançar para a quarta etapa, o Lançamento.

O momento do seu *pivô* vai depender do escopo da sua mudança, da distância entre seu estado ideal e o ponto onde você está agora, do seu limiar de risco, do tamanho de suas economias, de sua experiência e reputação e da complexidade da mudança desejada. Em última análise, os *resultados* são o melhor indicador do ponto em que você está no seu *pivô*. Você está se sentindo realizado e empolgado? Tem a renda e a energia que deseja? Caso contrário, vale a pena voltar às etapas anteriores do ciclo da pivotagem para fazer alguns ajustes.

Já ajudei pessoas a percorrer o Método da Pivotagem em apenas dez minutos, em demonstrações de sua eficácia como ferramenta de coaching e, por outro lado, muitas vezes passei um mês ou mais em cada uma das quatro etapas, trabalhando com clientes individuais de coaching. O método é eficaz tanto aplicado a projetos e planos de negócios quanto a mudanças na carreira.

Apresentei esse modelo em diversas versões a milhares de pessoas para ajudá-las a ter uma visão mais clara de sua carreira. Como o método revela pontos fortes latentes, é comum os pivotadores dizerem coisas como: "Não consigo acreditar que não vi isso antes, parece tão óbvio agora" ou "Parece que toda a minha vida pessoal e profissional foi uma preparação para isto".

Podemos achar que estamos em pleno controle da nossa carreira, mas seria mais realista pensar que a nossa carreira está atuando a nosso favor nos bastidores. Os meus *pivôs* começam a me transformar muito antes de eu ver que eles estão chegando.

Aceitar essa realidade requer renunciar ao controle, admitir que não temos de planejar à perfeição todos os detalhes dos próximos dez, vinte ou trinta anos da nossa vida. Quando renunciamos ao controle, abrimos espaço à curiosidade e ao acaso.

Desapegue-se da ilusão da segurança de um futuro fixo e permita-se ser surpreendido pela vida. O único passo que importa é o próximo.

Uma observação antes de prosseguir

Este livro não é um convite para você largar seu emprego e brigar com o "chefe". Tem havido uma infinidade de casos assim, desde que as pessoas descobriram que podiam abrir uma empresa usando o laptop, mudar de país levando só uma mala, terceirizar todas as tarefas e trabalhar numa praia paradisíaca. Não me entenda mal... eu fiz todas essas coisas e não me arrependo nem um pouco. Só que elas são apenas uma parte da história.

Este livro também não é um alerta para aguentar firme, acorrentado com algemas de ouro, se você atingir um período de estagnação na carreira. Eu não acredito em nos resignar a uma vida profissional insatisfatória só porque amigos e parentes (que só querem a nossa segurança) ou a sociedade nos dizem para fazer isso.

Seria um erro presumir que todo mundo deve seguir um ou outro caminho ou julgar que um caminho é categoricamente melhor ou pior do que outro. O conceito da pivotagem não propõe saltar de um emprego para outro de maneira imprudente, largando o trabalho ou abandonando uma empreitada ao primeiro sinal de que as coisas podem não ser tão perfeitas quanto você imaginou. Pelo contrário, o conceito enfatiza uma transição natural dentro da sua função atual e de um cargo para o próximo, ao mesmo tempo que você se mantém aberto a uma ampla variedade de opções ao longo da jornada.

Muitas pessoas entram e saem do mercado de trabalho autônomo. Elas podem trabalhar sozinhas ou em parceria, fechar longos projetos de consultoria com empresas maiores e depois voltar a trabalhar em outras organizações em período integral ou parcial. Os empreendedores de maior sucesso que conheço são adeptos de trabalhar *com* empresas, prestando consultoria para clientes enquanto abrem o próprio negócio. Afinal, até os programadores mais inconformistas, aqueles que a gente vê usando moletons de capuz, podem acabar administrando empresas gigantescas, tornando-se o mesmo "manda-chuva" contra o qual se rebelaram no passado.

Os funcionários de maior sucesso que conheço sabem pensar com criatividade e inovar nas organizações nas quais trabalham, atuando como intraempreendedores. Muitos pivotam numa empresa onde adoram trabalhar, chegando inclusive a criar cargos completamente novos na organização. Eles sabem que podem deixar uma enorme marca, alavancando os recursos da empresa ao mesmo tempo que recebem um bom e estável salário. São capazes de desenvolver dentro dessas empresas um portfólio de habilidades, experiências e contatos que vão poder levar consigo pelo resto de sua carreira.

—

Ninguém duvida que uma enorme ansiedade se esconde nas sombras de toda essa agitação, inovação e transformação econômica. Não vou tentar minimizar seus temores dizendo que o processo de transformação da sua carreira será uma aventura sempre fácil e divertida. Até poderá ser, mas também pode demandar empenho, foco, questionamentos, resolução de problemas e adaptação a novas ferramentas e táticas.

Você já deve ter muitas dessas habilidades no seu arsenal de recursos. Sua tarefa agora é descobrir seus pontos fortes para estar pronto e preparado para pivotar quando uma boa oportunidade bater à sua porta. Usando o processo da pivotagem, você vai poder parar de encarar suas dificuldades e sua busca como problema pessoal, como se fossem falhas do seu sistema operacional, e começar a redirecionar sua atenção e sua capacidade mental ao que mais importa.

Não há por que dourar a pílula: qualquer incursão nesse novo território pode ser difícil. Mas a sua atitude diante das dificuldades será fundamental. Você pode aprender a capitalizar o risco, o medo, a insegurança e a incerteza, utilizando-os como portais para a oportunidade. Pensando assim, antes de colocar o Método da Pivotagem em prática, precisamos analisar um elemento crucial: a mentalidade que possibilita o *pivô*. Se a mudança for a única constante, por que não melhorar a nossa capacidade de mudar?

Alto crescimento líquido

> *Passei dezoito anos fazendo comédia stand-up.*
> *Desses dezoito anos, passei dez aprendendo,*
> *quatro refinando e quatro no auge do sucesso.*
> — STEVE MARTIN, *Born Standing Up*

Eu estava sentada a uma mesinha dobrável sob o sol escaldante do Texas, na Conferência South by Southwest, em 2011, autografando meu livro *Life After College* em um pequeno evento de lançamento. O livro nem tinha chegado às lojas; ele literalmente tinha acabado de sair da gráfica. A primeira pessoa da fila se aproximou e, quando comecei a autografar, me perguntou: "Então... e agora, quais são seus planos?".

Gaguejei uma resposta sem sentido. Apesar de a pergunta ter sido bem-intencionada, não pude deixar de me sentir um pouco diminuída. Foi tão estranho. Lá estava aquele enorme projeto, a meta de uma vida inteira incorporada em uma pilha de papel encadernada, finalmente em minhas mãos depois de três anos enfrentando meus pequenos e grandes demônios para escrever, e as pessoas já estavam perguntando o que eu planejava fazer em seguida.

A verdade era que eu não tinha ideia. Eu havia começado meus três meses de licença não remunerada no Google e, com a mesma regularidade com a qual escovava os dentes, me afligia tentando decidir o meu próximo passo na carreira à medida que o tempo da minha licença ia se esgotando implacavelmente. Todos os dias eu lutava com o problema de qual seria a decisão certa: voltar ao Google depois da turnê de lançamento do livro, pedir para trabalhar meio período em Nova York, ou simplesmente sair da empresa? Eu deveria fazer a escolha segura, sem me arriscar? Ou enfrentar o risco de largar o emprego e me dedicar de corpo e alma ao que mais me aterrorizava e empolgava: meu próprio negócio?

Apesar de ter adorado trabalhar no Google – foi o melhor MBA de cinco anos que se poderia querer –, eu acreditava ser capaz de deixar uma marca maior no mundo se prosseguisse em uma nova direção. Fiz os cálculos: na época, eu poderia ajudar até 35 mil Googlers, por meio de programas internos de desenvolvimento de carreira, ou poderia sair da empresa e tentar expandir o meu alcance e o meu impacto atingindo um contingente muito maior de interessados, seguindo a minha missão pessoal de ajudar o maior número possível de pessoas.

Muita gente avalia o sucesso na vida em termos de dinheiro, orientando sua carreira ao acúmulo de riquezas e à aquisição de símbolos materiais de sucesso. Esses que acumulam riqueza financeira são considerados *indivíduos de alto patrimônio líquido*. Mas, para a grande maioria das pessoas que conheço, dinheiro não é o principal motivador de seu senso de propósito e realização. É só um meio para atingir esse fim. Um estudo conduzido por Daniel Kahneman e Angus Deaton[1] confirma isso: quando as pessoas ultrapassam a marca dos US$75.000 de renda líquida anual (US$82.000 em valores atualizados),[2] seu bem-estar emocional no dia a dia não é mais passível de aumentos estatisticamente significativos.

Para muitas pessoas, é bom ter dinheiro, mas não à custa de um emprego que lhes drene a alma, se elas tiverem flexibilidade econômica para escolher outro trabalho. As pessoas das quais estou falando, e as que se identificarão mais com este livro, não estão dispostas a se contentar com uma carreira medíocre. Elas fazem o que tiver de ser feito, mas não aceitam ficar muito tempo sentadas de braços cruzados, incapazes de ver o valor ou o impacto de seu trabalho.

Essas pessoas otimizam a vida tendo em vista o *alto impacto* e o *alto crescimento líquido*, não apenas um alto patrimônio líquido. Chamo essas pessoas de *impactadores*. Os impactadores adoram aprender, agir, encarar novos projetos e resolver problemas. São generosos e cooperativos e imbuídos de um grande desejo de fazer diferença.

O principal objetivo dos impactadores é sentir que estão avançando e se expandindo. Eles perguntam: "Estou aprendendo alguma coisa aqui?". Quando seu desejo interno de crescimento é satisfeito, eles voltam sua atenção para fora, em busca de maneiras de beneficiar sua família, empresa, comunidade e sociedade global. Muitas vezes, as duas coisas acontecem ao mesmo tempo. Quando saem em busca de problemas que possam resolver e ao enfrentar esses problemas, os impactadores satisfazem suas necessidades de exploração e desafio, descobrindo novas missões pelo caminho.

Carol Dweck, psicóloga da Universidade Stanford e autora de *Mindset: a nova psicologia do sucesso*, descobriu em suas pesquisas que as pessoas mais bem-sucedidas são as que têm uma mentalidade (*mindset*) voltada ao crescimento. Elas acreditam que suas qualidades básicas podem ser cultivadas por meio de esforços, em vez de pensar que seus dons (ou a ausência deles) são atributos fixos. A verdade, segundo Dweck, é que o cérebro e os talentos são apenas o ponto de partida: "A paixão pela busca do desenvolvimento e por prosseguir nesse caminho, até (e especialmente) quando as coisas não vão bem, é o marco distintivo do *mindset* de crescimento". Ela acrescenta: "É essa mentalidade que possibilita às pessoas se desenvolver nos momentos mais difíceis de sua vida".

A capacidade de manter uma mentalidade de crescimento é crucial para pivotar com sucesso.[3] Ao ver a mudança como uma oportunidade em vez de uma deficiência pessoal ou um obstáculo, você aumenta muito as suas chances de encontrar soluções criativas com base no que o empolga, em vez de apenas escolhas medíocres obscurecidas pelo medo. Fazer mudanças na carreira somente para tentar fugir da infelicidade e evitar o medo é como tentar consertar uma fratura exposta com um Band-Aid. A "solução" é, no máximo, efêmera. Com uma mentalidade de crescimento, você estará aberto a novas ideias, atento a suas experimentações, cuidadoso no momento da implementação e flexível diante da mudança.

Os impactadores são alérgicos à estagnação e ao tédio e não se contentam com soluções improvisadas. O autor Tim Ferriss expressou bem esse sentimento em *Trabalhe 4 horas por semana* quando escreveu: "O contrário do amor é a indiferença e o contrário da felicidade é... o tédio". Acontece que o próprio tédio pode levar ao estresse, causando o mesmo desconforto físico que o excesso de trabalho: maior frequência cardíaca e níveis mais elevados de cortisol, bem como tensão muscular, dores de estômago e dores de cabeça.[4]

Para os impactadores, o tédio é um sintoma da deficiência de realização – de não se maximizar tendo em vista o crescimento e o impacto – em vez de um indicativo de preguiça inerente. Como James Danckert, professor de neurociência da Universidade Waterloo, escreveu: "Tendemos a associar o tédio a uma pessoa preguiçosa, que vive sentada no sofá vendo TV. Na verdade, o tédio acontece quando a pessoa é motivada a se engajar em seu ambiente e todas as suas tentativas fracassam. O tédio é uma forma de insatisfação agressiva".

Em seu estudo de 1997, Amy Wrzesniewski, professora associada de comportamento organizacional da Faculdade de Administração da Universidade de Yale, sugeriu que as pessoas veem seu trabalho como um emprego, uma carreira ou uma missão.[5] As pessoas orientadas ao *emprego* veem o trabalho como um meio para pagar as contas; as orientadas à *carreira* têm mais chances de enfatizar o sucesso, o *status* e o prestígio; e as orientadas à *missão* descrevem seu trabalho como uma parte integrante de sua vida, uma parte essencial de sua identidade e uma recompensa gratificante por si só. Os impactadores claramente caem na segunda categoria e ambicionam pertencer à terceira, se é que já não chegaram lá.

Eles não só perguntam: "Quanto eu aprendi?", mas "O que aprendi?", "O que eu criei?", "Que impacto causei?". Eles avaliam a qualidade de sua vida em termos de quanto estão aprendendo, enfrentando desafios e contribuindo. Se fizerem essas três coisas de maneira inteligente e deliberada, também se empenharão para ganhar dinheiro com isso.

Não é que os impactadores não tenham interesse em dinheiro; eles têm. Não têm o menor desejo de viver como artistas famintos. E sabem que é difícil, se não impossível, dedicar-se a ajudar os outros se as próprias necessidades básicas não forem satisfeitas primeiro. Mas, quando estão diante da perspectiva de atingir um período de estagnação na carreira, não hesitam em fazer uma mudança horizontal, largar o emprego corporativo bem pago, ou usar suas economias para abrir o próprio negócio a fim de priorizar o crescimento e o impacto. Uma pessoa cujo objetivo é aprender e contribuir pode preferir o capital intelectual ao financeiro se tiver de escolher, mas muitas vezes acaba enriquecido com os dois tipos de capital.

Vejamos o exemplo de Christian Golofaro e John Scaife, que passaram cinco anos negociando café e algodão no ruidoso pregão do mercado financeiro. Cansados das pressões diárias do trabalho e em busca de um sentido além de comprar e vender *commodities*, eles juntaram suas economias em 2014 para abrir um negócio de agricultura urbana na comunidade de Red Hook, no Brooklyn, em Nova York. Pretendiam ajudar a revolucionar a produção de alimentos, levando produtos locais frescos e livres de agrotóxicos à cidade de Nova York o ano inteiro.

E, em seu novo negócio, a SpringUps, mostraram-se impactadores mais inspirados do que jamais haviam sido no mercado financeiro.

Apesar de ter passado milhares de horas no ensino médio e na faculdade preparando-se para uma carreira em medicina, Travis Hellstrom decidiu entrar no Corpo da Paz depois de se formar. Abriu mão de sua bolsa integral para a faculdade de medicina e foi morar na Mongólia, onde serviu no Corpo da Paz por mais de três anos, vivendo com US$200 por mês. Refletindo sobre sua decisão, Travis explica: "Precisei fazer uma tremenda autoanálise e encarar o fato de que estaria decepcionando a mim mesmo e aos outros, mas larguei a minha vida e encontrei a minha verdadeira vocação". Quando voltou, Travis pivotou novamente e se dedicou ao coaching de organizações sem fins lucrativos e à gestão comunitária. Vários anos mais tarde, transformou esse trabalho de consultoria independente no cargo de diretor do programa de pós-graduação em Organizações Orientadas à Missão, da Universidade Marlboro.

Os impactadores continuam aprendendo e contribuindo no decorrer de toda a sua vida profissional, que muitas vezes se estende além do que se costuma considerar a idade para se aposentar. Quando perguntei a Kyle Durand sobre sua aposentadoria iminente do serviço militar, depois de 27 anos na ativa, sua resposta refletiu os sentimentos de muitas pessoas que conheço que não têm planos de se aposentar no sentido tradicional.

"Acho que a aposentadoria é uma noção antiquada. A ideia de passar a maior parte da vida adulta trabalhando para um dia finalmente fazer as coisas que se quer é obsoleta", Kyle observou. "A minha aposentadoria do serviço militar não passa do fim de um capítulo da minha carreira, mas está muito longe de ser o fim da minha vida produtiva. Agora, posso me dedicar em tempo integral às minhas empresas. Esse é o meu futuro, parte do meu legado. É assim que quero contribuir para a vida das pessoas de quem gosto."

Christian, John, Travis e Kyle pivotaram em novas direções, mais alinhadas com seus valores, interesses e objetivos, mesmo sem nenhuma garantia de sucesso. Como impactadores, viram essas mudanças como oportunidade de crescimento e reconheceram que sua capacidade de aprender e se adaptar os ajudaria a vencer qualquer obstáculo. Isso os incentivou a manter um ponto de vista positivo a respeito de seus *pivôs*, sabendo que se beneficiariam da decisão de seguir seu coração e suas aspirações em vez das expectativas da sociedade, fosse qual fosse o resultado.

Enquanto eu escrevia este livro, muitas pessoas que entrevistei inicialmente voltaram seis meses ou um ano depois para me dizer coisas como: "Nem precisa se dar ao trabalho de incluir a minha história no livro. Estou pivotando de novo".

Esses novos *pivôs* se manifestaram de diferentes maneiras: tinham sido chamadas por outra empresa para assumir um cargo ainda melhor; a empresa tinha fechado as portas, fora adquirida ou vendida; elas acabaram decidindo não ir atrás da nova habilidade ou setor; perceberam que o empreendedorismo era ou não a praia delas; encaminharam seu negócio em uma nova direção, mais promissora.

As notícias não me surpreenderam nem rotularam o *pivô* inicial deles como um fracasso. Pelo contrário, elas continuam sendo excelentes exemplos do que significa ser pessoas de alto crescimento líquido e de alto impacto. Na verdade, eu esperava ouvir que os impactadores estão pivotando e se ajustando dinamicamente a cada passo do caminho.

Para uma lista das pessoas apresentadas neste livro e o que elas estão aprontando agora, visite o site PivotMethod.com/people [em inglês]; para entrevistas em áudio e episódios do Pivot Podcast, visite JennyBlake.me/podcast [em inglês].

Modos de operação na carreira

Uma faceta fundamental da mentalidade da pivotagem é a autoconsciência. Como você passa o seu dia a dia no trabalho? Você está operando com o nível de energia desejado, usando sua criatividade e causando um alto impacto? Observei que há quatro modos operacionais principais entre os pivotadores no que se refere à carreira: inativo, reativo, proativo e inovador. Os dois primeiros são considerados fatores de estresse para os impactadores, e os dois últimos são modos ideais:

- **Inativo:** a pessoa não busca mudanças; sente-se paralisada pelo medo, pela incerteza e pela dúvida quanto à própria capacidade; tenta encobrir a insatisfação profissional ou pessoal com hábitos pouco saudáveis, como se entorpecer com quantidades excessivas de comida, bebidas alcoólicas, TV, videogame e assim por diante; sente-se e age como vítima das circunstâncias.
- **Reativo:** aqui, a pessoa imita os modelos alheios de sucesso sem nenhuma originalidade; segue instruções ao pé da letra; espera a inspiração chegar; faz corpo mole no trabalho; é infeliz, mas não investiga as razões disso nem o que fazer a respeito; permite que o medo domine seu planejamento para o futuro e os próximos passos.
- **Proativo:** esta pessoa busca novos projetos; aprende ativamente novas habilidades; mantém-se aberta às mudanças; aprimora programas existentes; faz conexões interpessoais; assume a responsabilidade mesmo numa estrutura com liderança existente; é generosa, sempre disposta e interessada em ajudar os outros. Pode não usar plenamente seus talentos naturais, mas está descobrindo quais são eles e como ampliá-los.
- **Inovador:** além das qualidades do modo proativo, esta pessoa se beneficia plenamente de seus pontos fortes especiais; concentra-se no trabalho orientado por um propósito e procurando fazer contribuições importantes; sente-se energizada por uma forte visão para desenvolver novos projetos e tem um plano claro para

Alto crescimento líquido 45

concretizá-los; não só melhora as estruturas existentes como cria novas soluções para beneficiar as pessoas.

Os impactadores adoram situações nas quais têm a chance de ser *proativos* e, mais ainda, *inovadores* quanto a alavancar sua carreira, pondo em prática novas ideias e resolvendo problemas com criatividade; chegam ao limite das possibilidades para si mesmos e para as empresas que fundam ou nas quais trabalham. Quando os impactadores se veem no modo *inativo* ou *reativo*, buscam pivotar novamente rumo a uma nova e mais envolvente oportunidade.

Embora seja verdade que algumas pessoas podem passar sua vida profissional inteira trabalhando no modo inativo, os impactadores se recusam a viver assim. O tédio, a ansiedade e a sensação de estagnação se tornam cada vez mais insuportáveis, muitas vezes manifestando-se em sintomas físicos como dores de cabeça, adoecendo mais frequentemente, ou pior.

Estagnação *versus* pivô

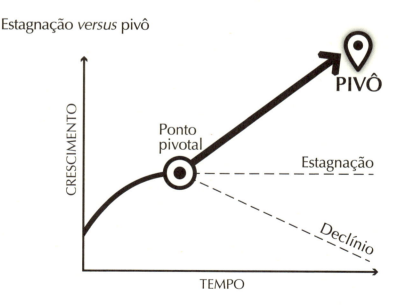

Nesses importantes pontos pivotais, os impactadores devem reconhecer essa tensão e fazer alguma coisa a respeito. Caso contrário, a infelicidade de passar muito tempo parado se acumula, levando a uma enorme confusão e agravando a situação, que deixa de ser um dilema e se torna uma crise.

Embora possam se inquietar com mais facilidade, os impactadores contam com uma nítida vantagem: ao entender tanto os avanços na carreira quanto os contratempos como oportunidades de aprendizagem, todos os resultados, positivos ou negativos, podem alimentar o crescimento. Nassim Nicholas Taleb traduz bem esse conceito no título de seu livro *Antifrágil: coisas que se beneficiam com o caos.*

Os organismos antifrágeis não só suportam a mudança e sobrevivem a ela como se tornam melhores por causa dela. Um copo de vidro é frágil. Se cair, quebra. Uma árvore é resiliente. Ela oscila com o vento, mas continua de pé, mais ou menos inalterada. Os organismos antifrágeis, na verdade, se *beneficiam* dos choques. Taleb usa o exemplo da Hidra, uma criatura da mitologia grega: quando uma das muitas cabeças da Hidra é cortada, duas novas crescem em seu lugar. O velho clichê é verdade: o que não te mata te deixa ainda mais forte. De acordo com Taleb, os organismos antifrágeis "prosperam e crescem quando expostos à volatilidade, à aleatoriedade, à desordem e a estressores" e "adoram a aventura, o risco e a incerteza".[6]

Adoram o risco e a incerteza? *Como assim?* Risco e incerteza não são coisas a serem mitigadas, quando não totalmente eliminadas? Não se você quiser ser um antifrágil em um mundo governado por elas. Os impactadores encontram meios de ter sucesso em meio à incerteza e à desordem. Em vez de simplesmente reagir à aleatoriedade ou se deixar paralisar por ela, eles procuram oportunidades de usar o que já está funcionando em seus próximos passos.

Confie na sua tolerância ao risco

Após muito pensar, decidi não voltar ao Google depois da minha licença. Foi quando percebi pela primeira vez que a segurança financeira e os excelentes benefícios eram importantes para mim, mas não determinavam as minhas decisões profissionais.

Eu sabia que não seria justo com o Google ou com o meu livro dividir a minha atenção e a minha energia entre os dois projetos. Também sabia que não teria como passar muito tempo trabalhando em período integral e mantendo projetos paralelos simultaneamente. Eu estava cansada e voltando rapidamente à estafa, uma sensação que já conhecia bem, por ter me permitido passar dos limites várias vezes nos anos anteriores. Além disso, tinha um palpite de que sair do emprego para abrir meu próprio negócio me permitiria entrar no modo proativo e me tornar a impactadora inovadora que sempre quis ser. Então, em julho de 2011, eu me tornei autônoma.

E, um ano depois, lá estava eu, quebrando a cabeça para decidir o que fazer em seguida... *de novo*. Eu faria 30 anos em breve e, embora me orgulhasse de *Life After College*, não queria passar o resto da minha carreira falando só sobre isso. Ao mesmo tempo, em palestras e entrevistas, eu tinha ficado conhecida como "a garota que saiu do Google". Mesmo enquanto trabalhava lá, me sentia incomodada com quanto grande parte da minha identidade e autoestima profissional estava vinculada à sombra da empresa, e lá estava eu de novo, enfrentando o mesmo problema, só que de outra perspectiva.

Eu era definida por *abandonar* as coisas, mas queria olhar adiante, para uma missão mais energizante. O que eu defendia? Que problemas eu queria resolver? Como poderia criar um negócio sustentável que me ajudaria a deixar uma marca expressiva na vida das pessoas?

Passei os dois anos seguintes tentando responder a essas perguntas, só que dessa vez sem um salário fixo para bancar minha iniciativa. Foi muito mais estressante, considerando que minha subsistência agora dependia da resposta.

Meu incansável brainstorming acabou me distanciando de mim mesma, em vez de me aproximar. Eu gravitava ao redor de *grandes* ideias, *grandes* apostas e *grandes* saltos. Mas, na verdade, só estava cogitando opções *externas* a mim. Apesar de qualquer pessoa poder ter uma ideia brilhante para eu passar os próximos seis meses concretizando, ninguém me ajudaria a pagar as minhas contas *daquele* mês.

Eu me sentia como se estivesse presa num gira-gira em um parquinho infantil: estava tonta, cansada de circular por ideias vagas sem um caminho claro adiante, e me sentia enjoada só de pensar em como faria para me sustentar. "Não sou mais uma criança", pensei. "Não tenho desculpa para estar nesta situação."

Hoje, sei que cometi o mesmo erro que vejo outros pivotadores cometendo: subestimei a minha capacidade, especialmente em uma situação do tipo nadar ou morrer, procurando respostas muito fora de mim mesma. Foquei em próximos passos inacessíveis, considerando meu ponto de partida e meu cronograma, e acabei me impedindo de fazer progressos concretos.

Exceto grandes eventos fora do nosso controle, pode acreditar em mim quando digo que de fato existe um ponto ideal envolvendo quando e como pivotar. Você provavelmente não vai ter 100% de certeza quando fizer a sua próxima grande mudança profissional, mas pode melhorar muito na decisão de como reduzir os riscos e a potencial margem de erro – erro no sentido de acabar numa situação pior do que agora.

Todo mundo tem uma tolerância ao risco diferente. O que é arriscado para alguém pode ser tedioso para você. Avalie a sua tolerância ao risco, identificando em qual das quatro zonas você se encaixa no Riscômetro a seguir. Mantenha essas distinções em mente enquanto avança com o seu *pivô*. Preste atenção quando começar a evitar demais os riscos (você pode se ver saindo da zona de conforto para a da estagnação), quando algo lhe parecer perigoso, porém empolgante (zona de desafio), ou quando um próximo passo lhe parecer intimidador ou extremo demais (zona de pânico).

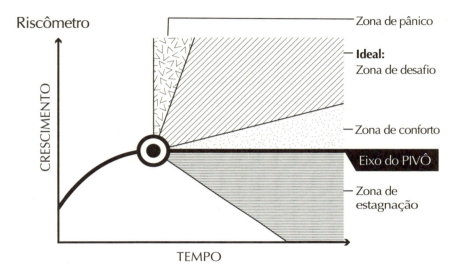

Interpretação do Riscômetro

- **Zona de estagnação:** você está inquieto, impaciente, encurralado, ansioso ou entediado. Pode começar a manifestar sintomas físicos e problemas de saúde.
- **Zona de conforto:** você se sente à vontade com a situação atual; a vida cotidiana não requer uma profunda reflexão sobre o direcionamento da sua carreira. O trabalho vai "bem".
- **Zona de desafio:** você se sente desafiado, empolgado e motivado para ir trabalhar todos os dias. Está aprendendo ativamente; o trabalho pode ser imprevisível, mas você se sente engajado.
- **Zona de pânico:** a ansiedade está começando a dominar os seus pensamentos; você não consegue pensar no seu futuro no longo prazo porque está ocupado demais apagando incêndios

no dia a dia. Ou, ao pensar nos próximos passos, você se sente tão paralisado pelo medo que acaba não fazendo nada.

Os *pivôs* na nossa carreira podem nos desafiar e nos levar ao limite da nossa capacidade e até um pouco além, mas não precisam ser debilitantes. Percorrer as quatro etapas da pivotagem o ajudará a evitar os extremos do espectro do risco: não dar um salto às cegas, mas também não ficar preso na autoanálise, ponderando demais cada passo do caminho. O intervalo ideal da mudança para os impactadores fica na zona de desafio: o intervalo no qual você se sente desafiado, empolgado e focado, impulsionado a avançar por uma dose saudável de adrenalina.

Uma maneira de visualizar quanto risco, recompensa e trabalho o seu *pivô* deve envolver é representar a mudança em um gráfico. Traçando o tempo no eixo x e o crescimento no eixo y, o grau, ou inclinação, da sua próxima mudança pode ser visto como a quantidade de recursos consumidos em termos de tempo, dinheiro, energia e esforço. Um *pivô* pode ser sutil, digamos, com uma virada de 20°, ao mudar de equipe no trabalho. Ou mais acentuado, digamos, 70°, ao mudar de setor ou largar seu emprego para abrir um negócio.

Evite *pivôs* acentuados demais, muito além da sua zona de desafio – que eu chamo de 180°. São saltos extremos de fé, muito distantes da sua função ou habilidades atuais, o que implica um território muito desconhecido no momento do lançamento. Mas o que, para quem vê de fora, pode parecer um 180°, pode ser, na prática, um *pivô* composto de uma série de passos menores que prepararam o terreno para a mudança maior.

Se você é apaixonado por sua missão, mas a ideia de lançá-la amanhã lhe provoca uma crise de ansiedade – ou *agita*, como diriam os italianos –, será mais interessante aproximar-se aos poucos da etapa final de lançamento, estabilizando, sondando e experimentando antes.

Dois passos para a frente, um passo para trás

Ao ponderar como eu pivotaria a minha carreira e o meu negócio naqueles primeiros anos depois do lançamento do meu livro, percebi que entrava na minha zona de pânico quando pensava muitos passos adiante. Eu ficava paralisada pelo medo, uma sensação que se intensificava ainda mais pelo fato de não saber como faria para pagar as contas. Como se costuma dizer no mundo financeiro, eu estava prestes a entrar em "dissolução". Se isso acontecesse, seria a hora de encontrar outro emprego. Não há nada de objetivamente errado com isso, mas tudo me dizia que voltar a trabalhar em uma empresa não era a resposta para mim, pelo menos naquele momento.

E de repente eu percebi: em nenhum momento parei para examinar meticulosamente os pontos fortes *que eu já tinha*. O meu livro. As minhas palestras. Os sites que eu tinha passado anos desenvolvendo. As atividades profissionais que eu adorava fazer, que eu sabia fazer, que já estavam gerando uma renda. Qualquer um desses ativos, se submetidos a uma investigação mais profunda, poderiam revelar dez ou mais áreas associadas que eu poderia explorar. Eu estava tão pronta para a *próxima grande mudança* que ignorei o que já estava dando certo.

Percebi que já tinha feito o download de dezenas de aplicativos – habilidades, interesses e experiências –, todos trabalhando a meu favor, mas dos quais eu ainda não estava me beneficiando completamente. Eu estava tão focada no que *não* estava dando certo, ou no que ainda *não* conseguia ver com clareza, que a confusão da minha transição durou mais do que o necessário.

Fiquei muito aliviada quando parei de me culpar pela minha confusão profissional e comecei a tomar medidas mais inteligentes e focadas. Analisar o meu passado em busca de pistas sobre o meu futuro me deu uma sensação de leveza e alívio: *eu ia conseguir encontrar a resposta*.

Comecei a valorizar as várias coisas das quais eu me orgulhava e passei a experimentar pequenas extensões dos pontos fortes e das vivências que vinha acumulando ao longo da minha carreira. Isso me deu uma injeção de autoconfiança e me possibilitou resolver o enigma usando as peças que já estavam bem na minha frente.

Em janeiro daquele importante ano de pivotagem, eu não sabia como pagaria o aluguel. Em dezembro, o meu negócio estava em seu ano mais lucrativo da história. Pela primeira vez, eu ultrapassava a marca dos seis dígitos, quase triplicando a minha renda em relação aos três anos anteriores. Reconectei-me com uma sensação ainda mais intensa de foco e fluxo no meu trabalho. Não era porque um raio tinha caído por acaso na minha cabeça – apesar de eu ter tido muitos encontros fortuitos –, mas porque eu estava decidida a mudar meu jeito de fazer as coisas. Eu simplesmente não fiquei sentada de braços cruzados esperando a minha autoconfiança chegar; fui agressivamente atrás dela.

Este é o livro que eu gostaria de ter lido naquela época: um guia tático e prático para navegar pelas trincheiras das decisões sobre o que fazer em seguida. Um caminho para me libertar da paralisia, assumir riscos calculados e encarar as incertezas, agora e no futuro. Um livro que me ajudasse a parar de girar sem sair do lugar e focar toda essa energia onde ela pertence: beneficiar o maior número possível de pessoas.

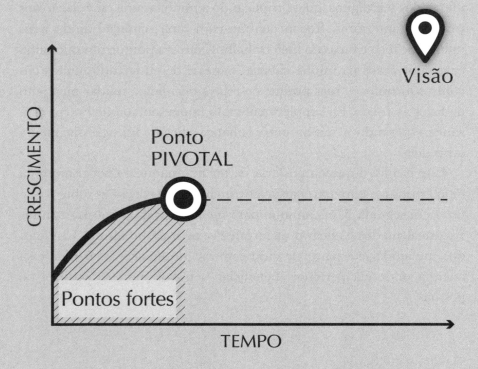

ETAPA 1

ESTABILIZAÇÃO

*O que está funcionando e
qual é o seu destino final?*

Visão geral

A etapa da Estabilização é o ponto central do seu *pivô*. É nesse momento que você vai desenvolver a maior parte da alavancagem para as próximas etapas. Por isso, recomendo dedicar mais tempo para essa etapa do que acharia necessário ou do que já dedicou para questões desse tipo no passado.

O principal objetivo neste estágio é estabelecer bases sólidas para se estabilizar. Em vez de buscar às cegas algo "lá fora" ou criar algo do zero, os melhores *pivôs* começam com uma base sólida, composta por seus valores centrais, uma noção clara dos seus pontos fortes e interesses e uma boa visão para o futuro. Sem esses elementos cruciais, você ficará lendo sobre o tema, falando a respeito, questionando as suas decisões e analisando *ad nauseam* sem conseguir ganhar tração, como um carro patinando na lama. Ignorar seus ativos existentes e tentar prever como será a situação muito adiante o fará dar tudo de si, mas continuar preso no lugar.

Considerando que ganhar a vida é algo intimamente ligado às nossas necessidades mais básicas envolvendo alimento, roupas e abrigo, uma das maiores restrições ao *pivô* é o dinheiro. Nesta etapa, você também vai estabelecer uma sólida base financeira para ajudar a definir um cronograma para o seu *pivô*.

Por que começar pelo que está dando certo?

De acordo com Tom Rath, autor do livro *StrengthsFinder 2.0*, e a avaliação de pontos fortes proposta por ele, apenas um terço das pessoas concorda plenamente com esta afirmação: "No meu trabalho, tenho a chance de fazer o que faço de melhor todos os dias".[1] As pessoas que *de fato* têm a oportunidade de se concentrar em seus pontos fortes todos os dias têm seis vezes mais chances de se engajar no trabalho e mais de três vezes mais chances de declarar ter uma excelente qualidade de vida no geral.

Você já deve ter constatado essa verdade na própria carreira. Quando investe em algo que lhe vem com naturalidade e facilidade – como um trabalho que faz o tempo voar –, a sua capacidade de deixar sua marca e se divertir ao mesmo tempo é exponencialmente maior.

Gosto de salientar o que está dando certo porque sei que você já está cansado do que *não* está dando certo. Você já passa noites em claro remoendo o que não está funcionando. Você já está desabafando com amigos e parentes e, sim, eles também já não aguentam mais. O que não está funcionando simplesmente não ajuda em nada, tirando o fato de ser um sinal do que você realmente quer. Se a sua mente voltar ao que não está funcionando durante os exercícios, pergunte-se qual seria o contrário. O que você quer em vez disso?

Quanto mais as pessoas se sentem encurraladas ou paralisadas, mais elas me falam sobre o que *não* está dando certo e sobre o que *não* querem, mesmo quando faço perguntas diretas como: "O que seria um sucesso espetacular para você daqui a um ano?". Elas podem responder: "Bem, eu não quero mais me sentir paralisado. Não gosto de não ter tempo para mim mesmo no fim do dia. Odeio ficar tão estressado. Não quero mais me sentir assim".

Embora possa parecer que as pessoas conseguem definir com clareza alguns aspectos de como avançar, esse tipo de informação não ajuda muito. Não passam de indícios superficiais nos quais não dá para basear a vida, e nem mesmo um plano. O foco deve ser em qualidades positivas, como:

> Sucesso para mim seria acordar depois de uma noite inteira de sono, de preferência às 6h30 da manhã. Eu adoraria começar o dia meditando, lendo ou saindo para dar uma corrida. O trabalho me energizaria, e eu e meus colegas trabalharíamos em colaboração em um ambiente dinâmico e aberto e em projetos que viriam ao encontro dos meus pontos fortes. Eu me daria bem com a minha equipe e teria conversas estimulantes ao longo do dia. Sairia do trabalho lá pelas 17h para uma caminhada e para preparar um jantar saudável. Passaria algumas horas relaxando, me desligaria completamente dos meus dispositivos eletrônicos, exceto para assistir a um ou dois programas favoritos na TV. Iria dormir lá pelas 22h, a não ser que resolvesse sair com os amigos.

Qual cenário futuro o motivaria mais?

1

Calibre a sua bússola

Quais são os seus princípios norteadores?
Qual é a sua fórmula da felicidade?

> *O segredo da capacidade de mudar é um sentimento constante*
> *e imutável de quem você é, o que você representa e*
> *o que você valoriza.*
>
> – STEPHEN R. COVEY, *Os 7 hábitos*
> *das pessoas altamente eficazes*

Quando procura no Airbnb um lugar para se hospedar, você reduz as opções usando critérios como preço, localização, tamanho e comodidades. A acomodação dos sonhos para você pode ser um pesadelo para outra pessoa. Pense nos seus valores como filtros para definir a vida, como critérios de busca que o ajudam a elencar as suas prioridades. São regras práticas que determinam as coisas que favorecem um maior senso de realização, os princípios operacionais centrais que você usa para orientar a sua vida. Mesmo que você ainda não tenha expressado seus valores em palavras, eles já fazem parte de quem você é e de como toma suas decisões.

Em um *pivô*, os seus valores estabelecem fronteiras e parâmetros de referência para você tomar grandes decisões. Eles definem os limites do possível, ajudam a determinar os próximos passos e revelam como estruturar as atividades do dia a dia para maximizar a felicidade e a produtividade.

Tomar decisões alinhadas com o que mais importa para você leva a um sentimento de confirmação e satisfação, mesmo quando essas decisões forem difíceis. Agir de maneira que o leve a se sentir inautêntico ou minimizado é um sinal de que um valor está sendo suprimido ou ativamente ignorado. Por exemplo, dizer a verdade satisfaz um valor de integridade, mesmo correndo o risco de chatear alguém. Contar uma mentira, ou não dizer nada para manter a paz, não honra esse valor e você acaba ressentido por negligenciá-lo.

Uma pessoa dificilmente muda de maneira drástica ao longo da vida, mas os valores podem variar de prioridade em diferentes estágios da existência. Grandes abalos podem nos inspirar a rever o que mais importa para nós e identificar as lacunas entre o que *dizemos* que acreditamos e como de fato estamos usando nosso tempo, energia e recursos.

Você pode achar que começar pelos valores e pela visão é abstrato demais para ter alguma utilidade prática, ou que esses são fatores difíceis de definir com clareza. Mas é importante não pular os exercícios desta seção. Tornar claros os seus valores e a sua visão constitui um dos seus maiores aceleradores durante uma pivotagem, e você terá condições de responder a todas as perguntas propostas.

Crie a sua bússola

Justin me procurou em um momento de sua vida no qual sabia que queria pivotar sua carreira, mas não tinha certeza de que direção tomar. Não se sentia confiante depois de uma tentativa, em sua opinião, fracassada, quando tinha 20 e poucos anos: pedir demissão do seu emprego no Teach for America para abrir uma empresa de treinamento pessoal e coaching em saúde que ele acabou tendo de fechar. Justin encontrou refúgio em um emprego na imobiliária da família.

Não demorou muito para ele se sentir preso na situação e seus problemas cardíacos latentes da infância voltarem, apesar de seu estilo de vida saudável. Esses sintomas podem ter sido um sinal de que o estresse relacionado ao seu trabalho estava se manifestando fisicamente, avisando para ele fazer logo uma mudança expressiva em sua vida.

Começamos explorando seus valores e verdadeiros objetivos, não o que ele achava que *deveria* fazer com base nas expectativas ou obrigações familiares. Justin identificou o que era mais importante para ele: segurança financeira, bom condicionamento físico e saúde, sentir-se vivo, morar num lugar que adora e desfrutar de relacionamentos com pessoas com as quais se identifica. Esses valores se tornaram parâmetros para explorar suas atividades diárias e identificar mudanças gratificantes que ele poderia introduzir em sua vida.

Em seguida, Justin e eu conversamos sobre suas opções profissionais e como elas se alinhavam com seus valores, analisando alternativas como voltar a abrir seu negócio de coaching em saúde ou fazer um MBA. Era importante não descartar imediatamente nenhuma ideia, como dar aulas ou abrir um acampamento de saúde para adolescentes, que ele achava que sua família e amigos poderiam desaprovar.

Nosso trabalho inicial juntos foi como a brincadeira de criança "quente ou frio". Nessa brincadeira, você esconde alguma coisa, a pessoa anda pelo local procurando e você a orienta dizendo apenas "frio, mais frio, CONGELANDO" ou "quente, mais quente, QUEIMOU!".

Algumas opções pareciam frias e desanimadoras, particularmente quando incluíam a palavra *deveria*, como permanecer no emprego atual e continuar morando na Costa Leste. Outras ideias pareciam quentes e empolgantes, como mudar para a Califórnia para estudar Administração. As experiências anteriores, que Justin via como fracassos, se transformaram em sinais que ele e eu coletamos para mapear seus valores e planejar seu *pivô*.

O seu próximo passo na carreira se manifesta de uma maneira bem parecida com essa. Pode ser que você não consiga traduzi-lo em palavras, mas, à medida que explora uma variedade de oportunidades, se estiver prestando atenção e refletindo o suficiente, poderá sentir no seu corpo o sinal "mais quente/mais frio" que cada área explorada emitirá. Você pode estar conversando com alguém e sentir "QUENTE, QUENTE, QUENTE!"; depois vem uma atração magnética para saber mais sobre o que a pessoa faz ou onde ela mora. Ou você pode estar em uma entrevista de emprego e se sentir gelado, apesar de o emprego parecer bom no papel. Não se deixe desanimar por esses sinais frios. Pelo contrário, use-os para refinar ainda mais os seus valores.

Alguns meses depois de iniciar o nosso trabalho de coaching, Justin conseguiu uma bolsa de estudos no programa de pós-graduação que tinha escolhido. Ele se mudou para San Diego, na Califórnia, fez amizades que o inspiraram e alinhou as próximas oportunidades profissionais com seus pontos fortes, mantendo em vista a meta de longo prazo de voltar ao negócio da família depois de terminar a pós-graduação. Todos esses elementos tinham raízes firmes em seus valores centrais. Justin disse que finalmente tinha voltado a ser ele mesmo: forte, confiante, com os pés no chão, orgulhoso de sua carreira e pronto para enfrentar qualquer obstáculo com uma sensação de vigor e integridade.

E Identifique os seus valores

Os exercícios de exploração propostos a seguir o ajudarão a formar as bases de toda a sua estratégia de pivoteamento, orientando as suas decisões ao longo do processo. Os exercícios começam com ideias mais gerais e vão avançando até você chegar a uma lista refinada de valores.

Nos passos 1 e 2, pense em termos de quantidade, não qualidade. Não se censure. Para cada questão, escreva o que lhe vier à cabeça e force-se a fazer perguntas para aprofundar a sua investigação, por exemplo: "O que isso tem de importante para mim?" e "O que mais?".

Passo 1: Redação livre

Responda às perguntas a seguir:

- Descreva o seu dia ideal. Se tivesse todo o dinheiro do mundo, como você passaria o seu tempo?
- O que mais o empolga?
- Do que você mais se orgulha?
- Que elogio ou reconhecimento você ouve com mais frequência?
- Se alguém fosse entrevistar a sua família e/ou amigos mais próximos, o que eles diriam que você mais valoriza?
- Pense em um momento de grande satisfação na sua vida – um momento de aventura, alegria ou paz. Pode ser um breve instante ou um longo período da sua vida. Descreva-o com o maior número possível de detalhes. O que faz essa lembrança ser tão forte? Transporte-se de volta àquele momento: o que você vê? O que ouve? Que sabor você sente? Que cheiro? No que está pensando? Como você se sente?
- Dê o nome de três pessoas que você admira e cite três adjetivos para explicar por que escolheu cada uma.
- O que você menos quer da vida?
- Quais dificuldades está enfrentando atualmente?
- Quais são as suas perguntas sem resposta no momento?
- Você se sente sem equilíbrio ou como se algo estivesse faltando em alguma área da sua vida (pode ser mais de uma)?
- O que você mais quer da sua vida?

Passo 2: Grupos de valores

Circule ou faça uma lista de todas as palavras-chave ou frases que mais se destacam para você nas respostas que deu no Passo 1. Depois de repassar a lista inicial, acrescente outros tópicos importantes que possa ter deixado passar. Veja alguns grupos de valores que meus clientes costumam mencionar:

- Conexão, comunidade, amigos, família, intimidade.
- Criatividade, inovação, ideias, escrever, expressar-se.
- Coragem, enfrentar riscos, desafios.
- Liberdade, independência.
- Segurança financeira.
- Gratidão, estar presente, conscientização, descanso, rejuvenescimento.
- Rotinas de saúde e bem-estar, senso de equilíbrio.
- Humor, brincadeiras, recreação.
- Ajudar os outros, fazer a diferença, influência, impacto, ensino, servir.
- Aprender, crescer, explorar, viajar, aventura.

Passo 3: Elabore um mapa mental

Em seguida, em uma folha de papel, escreva a palavra "valores" no meio da página, faça um círculo em volta dela e a associe a todos os valores que você listou (veja o exemplo a seguir). Inclua termos irradiando de cada um desses valores, associando-os a respostas de uma a duas palavras para as perguntas a seguir:

- Qual é a importância deste valor?
- Como este valor é expresso mais plenamente na sua vida?

Este exercício o ajudará a entender como seus valores se manifestam na sua vida. Por exemplo, ao valor "liberdade", você pode associar termos como "segurança financeira", "horário flexível", "possibilidade de viajar", "autonomia no trabalho". Ao valor "ajudar as pessoas", você pode associar "ensinar", "orientar", "compartilhar experiências", "voluntariado" e alguns grupos ou organizações que considere importantes.

Veja o exemplo de um dos meus mapas mentais de valores:

Passo 4: Organize os itens da sua lista em ordem de importância

No seu mapa mental, circule uma palavra ou frase que represente melhor cada valor. Em post-its, escreva entre cinco e dez desses valores (um valor para cada post-it), cole as notas em uma parede ou atrás da porta e organize-as em ordem de importância. Se você tivesse de optar entre dois valores conflitantes, qual deles escolheria? Na vida real, dificilmente teríamos de ordenar os nossos valores de maneira tão detalhada, mas o exercício o ajudará a esclarecer quais valores são mais importantes para a sua vida.

Agrupe temas semelhantes e elimine os valores que não são absolutamente essenciais para a sua saúde e felicidade, gerando uma lista curta e fácil de lembrar. Reflita sobre os seus valores no decorrer da semana, já que as experiências do dia a dia podem esclarecer suas escolhas.

Passo 5: Restrinja e renomeie

Reveja o seu mapa mental e o exercício de ordenação com os post-its para identificar os cinco principais valores. Esses valores são o seu oxigênio, os seus itens indispensáveis, os elementos cruciais para o seu bem-estar. Fique à vontade para usar nomes criativos; escolha rótulos que façam sentido para você e que representam melhor a essência de cada valor. Veja dois dos meus valores com os nomes mais criativos, que continuam sendo relevantes para a minha vida, e que mencionei em *Life After College*:[1]

> FOGO PURIFICADOR: Oferecer uma energia positiva e apaixonada para o mundo. Oferecer otimismo, bom humor e um sorriso a pessoas numa sala ou numa conversa sempre que puder. Manter-me consciente de como afeto as pessoas.

> MONTAR NO TIGRE SELVAGEM: Viver tudo o que a vida tem a me oferecer. Correr riscos. Fazer coisas que me deixam pouco à vontade, que questionam os limites das minhas possibilidades. Nada de sela, nada de rédeas. Desfrutar e me ajustar à maluquice dos altos e baixos e surpresas que a vida me reserva.

Passo 6: Crie um lembrete visual

Coloque os seus valores em um lugar bem visível! Pode ser interessante anotar a sua lista de valores em um pequeno pedaço de papel para deixar na sua carteira, colocar uma foto da lista como papel de parede no seu computador ou celular, manter um post-it na sua mesa ou bolar uma representação visual mais criativa, como um mural do Pinterest, que você pode ir atualizando com o tempo. Pode ser interessante consultar esse lembrete visual com frequência no decorrer do processo de pivotagem até os valores estarem internalizados e você se lembrar deles com facilidade.

Pense na sua lista como seu gabarito personalizado de decisão. Quando estiver diante de um dilema especialmente complicado, repasse a lista e, em uma escala de 1 a 5, pontue como cada opção (ou até mesmo sua vida em geral) exprime cada um dos valores.

Identifique a sua fórmula da felicidade

Certa manhã, eu estava sentada à minha mesa, com os olhos turvos depois de retornar de uma semana de viagem. De repente, tive uma experiência fora do corpo enquanto me observava bater furiosamente com os punhos na mesa, exasperada, porque meu mouse sem fio tinha desconectado pela enésima vez. Parecia que eu estava dentro de um desenho animado: todos os objetos da mesa – livros, papéis, alto-falantes – pularam cinco centímetros no ar e depois caíram com tudo na mesa.

Caramba! Seria um sinal de alerta?

Normalmente não sou uma pessoa impaciente, mas naquela manhã meu pavio estava curto, se não totalmente queimado. Eu não estava conseguindo melhorar o meu astral com nenhum tipo de ginástica mental, nem ignorar meu mau humor. Claramente, nada do que eu tentava fazer estava funcionando.

Foi quando a ficha caiu: eu tinha passado cinco dias sem me exercitar. Os meus olhos passaram rapidamente pelo relógio, pela lista de afazeres e pelos e-mails. Eu não tinha exatamente tempo sobrando nem para uma corrida básica, mas também não tinha tempo para crises de frustração, nem queria passar o dia inteiro de mau humor. Todos os itens da minha lista poderiam esperar os 20 minutos que eu levaria para liberar um pouco de endorfina. Calcei os tênis de corrida e saí para a rua. E, como era de se esperar, depois de uma corrida e uma boa xícara de café, recuperei o meu humor e a minha produtividade.

Um dos segredos para ter agilidade na vida é saber como retomar rapidamente o seu equilíbrio. É difícil, se não impossível, pivotar quando se está mergulhado até o pescoço em ansiedade ou infelicidade. A sua capacidade de avançar para as próximas etapas do pivoteamento será gravemente tolhida se você estiver cercado de pessoas, hábitos, ambiente ou atividades que drenam a sua energia.

A sua fórmula particular de felicidade é uma combinação especial de fatores ambientais e atividades que têm mais chances de revigorá-lo e recarregar as suas baterias quando elas estiverem se esgotando. Ao planejar o seu pivô, pense na sua fórmula da felicidade tanto no nível micro – rotinas diárias e hábitos de 5 a 20 minutos – como no nível macro das decisões maiores, como onde morar e trabalhar.

Quais são os elementos micro e macro mais importantes para incorporar à sua vida? A sua fórmula da felicidade poderia incluir uma combinação dos fatores que estão na tabela da página seguinte.

E Defina a sua fórmula da felicidade

Traduza os conceitos abstratos de seus valores em práticas na vida real, criando a sua própria tabela. Quais atividades diárias e rotinas matinais não podem faltar na sua fórmula da felicidade? Quais fatores de nível macro envolvendo o seu estilo de vida são mais importantes? Nas duas categorias, veja o que você já está fazendo bem e o que pode estar faltando na sua vida.

Você pode até elaborar uma fórmula de verdade, como o meu amigo Bill Connolly fez quando eu lhe apresentei essa abordagem.

A equação dele é assim: (Atividades Criativas) + (Amigos e Família) + (Viagens) – (Medo) = Felicidade.[2]

Fórmula da felicidade		
Mental / emocional / espiritual	*Física*	*Social*
Micro/Diário Criar uma rotina matinal Ler Meditar Práticas espirituais Escrever um diário	Passar um tempo ao ar livre Passar um tempo na natureza Sair para um passeio Fazer uma sessão de ginástica	Encontrar-se com um amigo para tomar um café ou comer alguma coisa Cozinhar na companhia de outras pessoas Conversar com amigos e parentes ao telefone Passar um tempo com os entes queridos
Macro/Estilo de vida Morar em uma cidade energizante Criar um ambiente reconfortante em casa Viagens nos fins de semana Trabalhar em projetos criativos	Exercitar-se regularmente Dormir de 7 a 8 horas toda noite Fazer refeições saudáveis	Participar de eventos culturais ou esportivos Trabalhar regularmente como voluntário Fazer um curso Organizar encontros Passar um tempo viajando

Cuide do seu corpo

Quando estiver navegando em velocidade de cruzeiro na sua zona de conforto, você pode se dar ao luxo de ser um pouco preguiçoso. Você pode gastar mais do que o planejado, comer demais, beber demais ou passar alguns dias sem se exercitar e mesmo assim o seu sistema terá alguma flexibilidade para absorver o baque. Você terá mais margem para errar. Mas, quando estiver no meio de um pivô, vai precisar de todas as células do seu corpo em pleno funcionamento. Você estará em marcha acelerada, fazendo e respondendo às maiores perguntas da sua vida no momento.

A força de vontade é um recurso limitado.[3] Quando precisa tomar decisões importantes, você fica com menos capacidade mental disponível para outras coisas e se torna mais sensível, de modo que pequenos problemas de saúde que não o afetavam muito no passado o afetarão mais agora.

Quando estamos estressados, uma das primeiras coisas que costumamos negligenciar – ou, pior, até abusar – é a saúde. No entanto, o seu corpo é o seu ativo mais valioso durante uma pivotagem. Diante de tantas mudanças, é importante acionar ativamente todas as substâncias químicas naturais do organismo – serotonina, oxitocina, dopamina e endorfinas – e, ao mesmo tempo, minimizar picos de cortisol, o hormônio do estresse.

Em momentos de estresse, é especialmente importante evitar se entorpecer com comida, bebidas alcoólicas, drogas, TV, videogame, mídias sociais ou uma mistura de todos esses ingredientes. Muitas pessoas cedem ao impulso de se entorpecer quando a vida fica mais intensa do que podem suportar, mas romper esses hábitos proporciona grandes benefícios, apesar de parecer difícil

Não precisa acreditar em mim. Faça você mesmo o teste. Fique atento aos fatores que melhoram e aos que pioram o seu humor, o seu desempenho, a sua criatividade e a sua resiliência física e emocional. A segunda taça de vinho pode lhe parecer completamente inofensiva – e talvez de fato sempre tenha sido inofensiva – até você perder o controle e partir para a terceira e a quarta... e acordar no dia seguinte sem conseguir pensar direito ou sem energia, justamente quando precisa tomar decisões complexas para pivotar.

Você decide. Se algo lhe faz bem, mantenha-o na sua vida. Se o impede de atingir seu melhor estado de espírito e um desempenho ideal, é melhor descartá-lo, mesmo se for um hábito difícil de romper. Livre-se das muletas. Passado o furacão da pivotagem, você até pode retomar esses hábitos complacentes, mas talvez nem queira mais.

Se você se sentir confuso e perturbado em qualquer etapa do seu pivô, será interessante rever os fundamentos básicos da sua saúde, como alimentação, sono e exercícios físicos. Mantenha na sua vida apenas os hábitos mais produtivos e saudáveis para contar com um organismo limpo e poder trabalhar no seu pivô. Se sentir que deu de cara com um beco sem saída, comece identificando e resolvendo os problemas com o seu corpo até recuperar sua clareza mental. Saia para uma caminhada ou uma corrida, passe uma semana (ou um mês) comendo alimentos mais saudáveis, medite por 10 minutos, tire um cochilo, saia para a rua. Paz de espírito é o lucro que recebemos quando pagamos o dia a dia com bons hábitos.[4]

Reduza a fadiga da decisão

O processo de pivotagem provavelmente vai abalar sua rotina, de modo que é fundamental restaurar as âncoras do seu dia a dia. Sem hábitos e rotinas para sistematizar o seu bem-estar, você inevitavelmente será vítima da fadiga da decisão.

Em um artigo na *Harvard Business Review*, Roger Martin escreveu que muitas empresas hoje em dia pararam de produzir parafernálias e se voltaram para produzir decisões. Nós nos transformamos em "fábricas de decisão".[5] Passamos nosso tempo no trabalho tendo ideias e elaborando estratégias, falando sobre elas em reuniões, criando consenso e pondo nossas ideias e estratégias em prática para atingir resultados. E, do mesmo modo como a força de vontade é comprovadamente um recurso finito, nossa capacidade cognitiva de nos engajar em pensamentos complexos também tem seus limites.

A fadiga da decisão, também conhecida como esgotamento do ego, refere-se à decrescente eficácia da nossa capacidade de tomar decisões no decorrer do dia se não fizermos uma pausa para recarregar as baterias. Em um artigo do *New York Times*, o jornalista John Tierney resumiu as consequências nos seguintes termos: "Praticamente ninguém sabe de fato como é cansativo decidir. Grandes decisões, pequenas decisões, tudo isso se acumula... O esgotamento do ego não se manifesta como um sentimento, mas sim como uma propensão a sentir tudo com mais intensidade".[6]

Quando você está no meio de um pivô, precisa tomar muitas grandes decisões: é melhor ficar no meu emprego ou pedir demissão? É melhor fechar o meu negócio ou persistir? *Devo me mudar para alguma outra cidade ou fazer uma longa viagem?* Não é de admirar que, com essas grandes perguntas consumindo tanto da nossa capacidade mental, fiquemos exaustos com as decisões do dia a dia sobre o que comer, o que vestir ou quando ir à academia.

Não é por acaso que Steve Jobs usava um suéter preto de gola alta e uma calça jeans todos os dias.[7] Esse hábito lhe poupava a energia mental necessária para tomar pelo menos *uma* decisão. Eu, por minha vez, sempre recorro à receita de sopa de chili da minha mãe (incluída no Kit de Ferramentas da Pivotagem, na internet), na maioria das minhas refeições, quando estou muito ocupada com meu negócio. É uma coisa a menos para ter de pensar. Quanto aos exercícios físicos, agendo minhas aulas de ioga e pilates e sigo esse agendamento à risca. Fazendo isso, me poupo o trabalho de decidir *se* ou *quando* vou me exercitar todos os dias, ou de planejar e replanejar âncoras na minha agenda toda semana, o que seria pouco eficiente.

Se a fadiga da decisão é um distúrbio da mente sobrecarregada, qual seria a cura?

Um dos maiores aliados para tomar decisões lúcidas no decorrer da sua pivotagem é um recurso que já lhe está acessível a qualquer momento: fazer uma pausa e criar uma ilha de tranquilidade em meio à agitação para se conectar com aquela parte de você que já sabe as respostas.

Medite para melhor ativar sua intuição

Apesar dos incontáveis artigos e livros apregoando os benefícios da meditação – *Você vai dormir melhor! Vai ter mais saúde! Sentir mais gratidão! Vai melhorar o seu foco! Aumentar a sua produtividade!* –, passei muito tempo incapaz de adotar essa prática. Eu ficava entediada, inquieta, nunca tinha tempo. "Meditação, que perda de tempo."

"Por que não sair para uma caminhada em vez de meditar? Por que não sair para correr um pouco? Pedalar? Nadar? Fazer ioga? Por que não escrever um diário?", perguntei ao meu amigo Adam, que morou e estudou meditação em um mosteiro na Tailândia. A resposta dele foi um retumbante *não* para todas as perguntas acima. "Fique em silêncio", ele disse. "Essas outras atividades não passam de maneiras diferentes de *fazer*."

Foi só quando a minha vida virou de cabeça para baixo, depois de passar dois anos dedicada exclusivamente ao meu negócio, que me voltei à última fronteira do que poderia mitigar meu profundo desconforto: a meditação. Adam me ensinou uma prática simples para começar: ficar sentada com os olhos fechados e manter a respiração constante e estável enquanto repetia o mantra: "Subindo. Descendo. Sentada". Assumi comigo mesma o compromisso de praticar todos os dias, de 5 a 30 minutos. Reforcei o novo hábito incluindo essa tarefa na minha lista de afazeres para todos os dias, instalando o aplicativo Insight Timer e me comprometendo a passar cem dias seguidos, sem pular nenhum, meditando durante 5, 10, 20, 30 minutos.

Não demorou muito para eu sentir um alívio enorme sabendo que, pelo menos de 10 a 20 minutos por dia, eu conseguiria encontrar um centro tranquilo e silencioso para acessar minha sabedoria interior.

Eu começava cada sessão com meu cérebro no vermelho e saía com as baterias totalmente recarregadas. Desde então, a meditação se tornou a parte mais importante do meu dia.

Muitas pessoas de sucesso, incluindo Arianna Huffington, Kobe Bryant, Russell Simmons e Gisele Bündchen, mencionam a meditação como um elemento importantíssimo de sua rotina diária e um grande fator de sucesso por trás de suas prósperas carreiras. Dan Harris, autor de *10% mais feliz*, descobriu a meditação depois de ter um ataque de pânico na TV, em rede nacional e ao vivo, enquanto apresentava um segmento do popular programa matinal *Good Morning America*. Muitas empresas, hospitais e organizações militares também promovem a meditação, oferecendo ambientes tranquilos, cursos e sessões em grupo para os funcionários.

Mesmo se você ainda não se convenceu das vantagens da meditação, eu o encorajo a fazer um teste e ficar pelo menos 10 minutos em silêncio com os olhos fechados de manhã. Estudos demonstram que 10 a 12 minutos por dia bastam para melhorar a atenção e a memória funcional.[8] Quando você estiver pivotando, práticas como essas vão aguçar seu foco, reduzir o estresse e estimular sua criatividade.

Vale muito a pena fazer o teste.

🄴 Uma prática básica de meditação para começar

Desde nossa primeira conversa sobre o assunto, Adam e eu fizemos um levantamento com trezentas pessoas que se disseram "curiosas em relação à meditação" para saber o que as impede de começar a praticar. Descobrimos que o problema é que muitos iniciantes desconhecem as respostas para algumas questões muito práticas e justificáveis: *Como devo me sentar? O que devo fazer depois de fechar os olhos? E se eu for do tipo que simplesmente não consegue ficar parado?*

Se você quer experimentar a prática mas não sabe ao certo por onde começar, veja a seguir algumas sugestões de Casey Gramaglia, cofundador do Asian Center for Applied Mindfulness.

- **Sente-se em uma cadeira, com os pés firmes no chão e alinhados com os joelhos, ou de pernas cruzadas no chão:** se necessário, use uma almofada para elevar os quadris acima da linha dos joelhos a fim de obter uma posição mais confortável e não interromper a circulação.
- **Mantenha a coluna reta, elevando o topo da cabeça:** descanse as palmas das mãos no colo, com a mão direita por cima da esquerda, as pontas dos polegares se tocando suavemente, os ombros relaxados.
- **Comece observando a região do plexo solar, focando a atenção na barriga:** acompanhe a inspiração ("subindo") e a expiração ("descendo").
- **É natural a mente se distrair:** você vai se distrair ouvindo, vendo, cheirando, saboreando, sentindo, pensando em alguma coisa. Quando qualquer uma dessas distrações tirar a sua concentração, rotule-a, por exemplo "pensar" ou "ouvir", e volte a prestar atenção ao subir e descer da sua respiração.
- **Se sentir necessidade de se mover, se coçar, se remexer, simplesmente rotule essa distração como "sentir":** faça o possível para ficar quieto no lugar e retome a sua prática. Lembre que a meditação é uma pausa para ver o que está se passando com o corpo e a mente. Às vezes, a necessidade de nos remexer é um sinal de que estamos instáveis, inquietos ou inseguros na vida.

Vá ajustando a sua prática de meditação ao seu estilo. Experimente abordagens diferentes até encontrar a mais adequada para você. "É importante não se julgar; basta continuar voltando à prática e ao foco da sua concentração", orienta Casey. "Quanto mais você praticar, melhor o fará e cada vez mais rápido conseguirá retomar o foco da atenção, cultivando um estado refinado de concentração e paz."

Neste capítulo, falamos sobre seus valores e a fórmula da felicidade. Você aprendeu como preparar seu corpo para pivotar, reduzir a fadiga da decisão e acalmar sua mente para pensar melhor. Mas *o que* você deveria pensar? Aonde deveria tentar ir?

2

Pontos para reflexão

O que mais o empolga?
Como seria o sucesso para você daqui a um ano?

> *O homem deve aprender a distinguir e contemplar esse raio de luz que brota do seu interior e lhe atravessa a mente... Confie em si mesmo: todo coração responde à vibração dessa corda... Nada é mais sagrado do que a integridade de sua mente.*
>
> – RALPH WALDO EMERSON, *A confiança em si mesmo*

A maioria das pessoas – incluindo nossos familiares e amigos mais próximos – não tem por hábito nos confrontar com as grandes questões, se é que um dia isso acontece. Eles não costumam conversar sobre os acontecimentos do dia com perguntas como: *O que você acha que está dando mais certo na sua vida? O que te deixa mais animado? Como seria um sucesso estrondoso para você daqui a um ano?* É mais comum ter conversas casuais, girando em torno das histórias e dos dramas do dia a dia: *Você não acredita no que me aconteceu esta semana. Fiquei me sentindo assim ou assado. A situação está me incomodando muito.* Apesar de às vezes até contarmos os momentos mais empolgantes, costumamos falar do que nos incomoda porque é o que em geral fica pairando na nossa cabeça.

Se os seus valores são a sua bússola, a sua visão é o destino que você deseja atingir. Uma vez que saiba para onde está indo, o seu processo de pivotagem pode levá-lo ao seu destino – mas primeiro você precisa saber aonde quer ir. A sua visão vincula um futuro específico aos seus valores. E, juntos, a sua visão e os seus valores vão ajudá-lo a ajustar a sua trajetória à medida que faz experimentos no seu pivô e avança em direção a um futuro motivador. Os impactadores são extremamente engenhosos e capazes. Assim que identificam *aonde* querem chegar, têm criatividade de sobra para concretizar sua visão.

Quanto mais cativante for a sua visão, mais ela vai recarregar as suas baterias em tempos incertos. É a diferença entre uma declaração vaga, como "Eu gosto de viajar e dar aulas", e um convite sedutor vindo de você mesmo no futuro: "Daqui a um ano estarei morando em Londres, trabalhando de um café enquanto preparo uma aula do curso de Direito Comercial Internacional que estarei lecionando". A sua visão pode até mudar à medida que você ganha mais clareza e acumula mais informações, mas vai manter o seu foco para tomar grandes decisões.

Quando se trata de elaborar uma visão poderosa, eu odeio a questão: "O que você quer ser daqui a cinco anos?". Eu não gosto dessa abordagem. Ela se baseia em um paradigma ultrapassado que interrompe em vez de estimular o diálogo. *Quem sabe?!* Novos campos estão surgindo a uma velocidade vertiginosa. O iPhone foi lançado em 2007. Você acha que, em 2006, os fundadores do Instagram ou do Snapchat teriam dito: "Daqui a cinco anos, quero ter criado um aplicativo – para ser rodado em uma tecnologia que ainda nem existe – que poderá ser vendido no mercado de ações por bilhões de dólares"? *Impossível!* Ninguém tem como saber exatamente o emprego ou até o setor em que gostaria de estar trabalhando daqui a cinco anos.

Mesmo se tentássemos adivinhar, provavelmente estaríamos subestimando as possibilidades. Estudos demonstram que somos muito ineficazes em prever o que vai nos levar à felicidade no futuro.[1] Nas palavras do poeta David Whyte, "os seus planos são pequenos demais para a sua vida".

John Hill tem 22 anos de experiência como diretor de TI. Sendo especialista em tecnologias emergentes, sua visão profissional envolve ajudar grandes organizações a escolher os melhores upgrades de sistemas que lhes possibilitem se manter atualizadas, enquanto ele continua aprendendo e ampliando seus limites. Mas ele não tem condições de prever como será o cenário futuro, já que as soluções tecnológicas específicas estão sempre mudando.

Desde o começo, John já sabia desse problema, de modo que adotou o seguinte lema ao escolher qual faculdade fazer: "A profissão que eu quero não existe ainda". E esse lema tem se aplicado à maior parte de sua carreira. John nunca sabe exatamente quais tecnologias vão surgir, mas dominou a arte de se manter aprendendo e se adiantando aos acontecimentos. Sua visão o impulsiona para a frente, mesmo sem saber ao certo como será seu trabalho daqui a alguns anos.

Considerando que grande parte do que os impactadores podem acabar fazendo daqui a cinco anos ainda não existe, é mais interessante planejar a visão tendo em vista um futuro mais próximo e pensar no que seria o sucesso para você daqui a apenas um ano. A maioria das pessoas tem mais facilidade de se concentrar em uma visão para daqui a um ou dois anos do que para criar um plano quinquenal específico. Se por acaso você já tem uma clara visão para o longo prazo, não tem problema nenhum, mas também não é necessário.

Os exercícios propostos neste capítulo o ajudarão a visualizar a sua vida profissional e pessoal ideal daqui a um ou dois anos.

Evite a tirania do "como"

Vejo que muitas pessoas diante de uma grande decisão cometem o erro de pular direto para o *como*. É uma receita garantida para entrar em pânico. Um dos meus primeiros coaches, Jeff Jacobson, chamava isso de "a tirania do 'como'". A espiral de resolução de problemas costuma ser assim: "Estou insatisfeito no trabalho. Como digo isso ao meu chefe? Como eu poderia encontrar um novo cargo na empresa? Como vou procurar um emprego em outra empresa enquanto mantenho meu emprego atual? Se decidir trabalhar por conta própria, como vou ganhar dinheiro? Como vou fazer a coisa dar certo? E se as coisas não forem como eu tinha planejado? Será que vou me arrepender? *E se eu acabar desempregado, tendo de morar debaixo da ponte?!'"*.

Percebeu a rapidez com que perguntas do tipo "como" levaram nosso amigo ao pânico? "Como" é uma pergunta perigosa para se fazer cedo demais no processo de pivotagem. Você não precisa saber as respostas de todos os "como" por enquanto, nem precisa saber se vai ser possível chegar ao seu destino. Vou ajudá-lo com os "como" na hora certa, principalmente nas etapas de Projetos-piloto e Lançamento. Neste ponto do processo, resista ao impulso de resolver *como* antes de saber *qual* é a sua visão.

Elaborar uma boa visão para um ano pode ser uma tarefa intimidadora porque, assim que você se empolga com algum objetivo, os seus gremlins do medo podem entrar correndo pela porta, vociferando que você é um impostor e que está fadado ao fracasso.

O nosso primeiro impulso é meter o rabo entre as pernas e dar as costas para os nossos anseios. Ou varrer os nossos sonhos para baixo do tapete e fingir que nunca pensamos neles. Mas os temores que acompanham uma visão revigorante acabam sendo um *bom* sinal. Eles indicam que você está se aproximando de algo interessante o suficiente para se tornar um desafio e que você saiu da sua zona de conforto e entrou na sua zona de desafio.

Evite focar demais nos seus temores, naquilo de que não gosta, no que está faltando ou no que não quer. Viver motivado apenas para evitar as coisas das quais tem medo ou das quais não gosta acaba criando um ponto cego: enquanto foge, você se aproxima de algo que acaba não vendo porque está focado demais em fugir. O medo não recarrega as suas baterias. A sua carreira vai continuar estagnada enquanto você não focar nos resultados positivos que o levarão a entrar em ação e o motivarão a superar os inevitáveis e desanimadores pontos baixos do seu processo de pivotagem.

Em uma lenda dos índios cherokees, um homem explica ao neto que todos temos dois lobos lutando dentro de nós: o bem e o mal, ou a alegria e o medo. Quando o neto pergunta qual dos dois vence a batalha, o avô responde: "Aquele que nós alimentamos". A sua visão de um ano também é assim. Use a sua enorme capacidade criativa para alimentar o resultado que você quer, não o que você teme.

Visão turva? Comece por algum lugar

As pessoas costumam me procurar em busca de ajuda quando se sentem estagnadas e sua visão parece distante demais para ser descrita, a uma enorme distância do ponto onde elas estão agora. Ou elas podem não saber exatamente o que querem. Esses dois sentimentos são normais e até esperados. Mas eu sempre explico que é importante começar por *algum lugar*.

"Eu não sei" não é uma resposta aceitável. Quando alguém me diz que não sabe por onde começar, eu pressiono: "Chute. Diga qualquer coisa, mesmo se não souber os detalhes". Invariavelmente, a pessoa desanda a falar. Aquele "eu não sei" rapidamente se dissolve após uma investigação mais profunda.

A elaboração de uma visão pode começar com uma exploração mais ampla, por exemplo, como você quer se *sentir* daqui a um ano. Se está se sentindo acuado, estagnado ou estressado, qual seria a alternativa? Se você for um impactador, provavelmente vai querer se sentir mais engajado, equilibrado e saudável e saber que está fazendo uma diferença positiva no mundo.

Minha cunhada, Gillian, se formou em Direito e passou no exame para a Ordem dos Advogados, mas logo percebeu que sua visão para um ano não incluía passar o dia inteiro sentada a uma mesa, trabalhando em documentos jurídicos. Sua visão para um ano incluía um ambiente de trabalho flexível que a mantivesse fisicamente ativa, cercada de pessoas de mentalidade afim e lhe proporcionasse trampolins para uma carreira que lhe possibilitasse ter filhos e abrir um negócio com o marido.

Logo após ter prestado o exame, Gillian entrou em um curso de formação de professores de ioga, como um projeto paralelo e como recompensa por ter terminado a faculdade de Direito. Ela não esperava muito na época, mas fazer ioga passou a ser um fator importante de sua fórmula da felicidade.

Alguns meses depois, quando descobriu que tinha passado no exame, ela decidiu dar aulas de ioga em vez de continuar como estagiária em um escritório de advocacia. Ela se dedicou a aprender a lidar com o lado dos negócios da ioga. Seu curso de ioga com certificação para o ensino combinado com o seu tino para negócios e o conhecimento de Direito ajudaram-na a pivotar em uma nova direção, mais alinhada com sua visão. Em pouco tempo, Gillian foi promovida a um cargo de gestão no estúdio de ioga onde dava aula, reforçando ainda mais sua aptidão e seus conhecimentos.

🄴 Um brainstorming geral para a visão de um ano

Chegar a uma visão clara é como moldar um pedaço de argila. Pode ser intimidador olhar para aquela argila disforme, e o melhor é começar com um formato geral, deixando para definir os detalhes da visão com o tempo. No começo, sua visão lembrará seus valores, mas ela irá se diferenciando à medida que você especificar as atividades incluídas na sua visão para daqui a um ano.

Veja alguns exemplos de declarações mais amplas para a visão de um ano:

- Um trabalho empolgante, que me anima a sair da cama todos os dias.
- Sentir que estou fazendo diferença; conseguir ver resultados positivos do meu trabalho.
- Priorizar a minha saúde, entrar em sintonia com as minhas rotinas diárias.
- Fazer mudanças na minha carreira ou negócio ao mesmo tempo que trabalho para garantir minha segurança financeira.
- Viver em um grupo de colegas e amigos com quem tenho afinidade.
- Viver e trabalhar em um ambiente revigorante.

Quando tiver chegado a declarações de visão amplas como essas, continue detalhando cada uma delas para projetar como seriam daqui a um ano: que tipo de trabalho você estará fazendo? Que marca estará deixando no mundo? Quanto estará ganhando? Onde estará morando? Quais serão suas rotinas de saúde? Como serão as pessoas do seu convívio? Como você estará se sentindo?

Eu encorajo meus clientes a começar expressando uma versão segura de suas visões. Mas a ideia é chegar àquele espanto empolgado do tipo "Como assim?! Eu posso querer isso?! Isso seria mesmo possível?!". No fim, sua visão para um ano deve ser tão empolgante que só de pensar nela você recebe uma injeção de adrenalina e seu cérebro é ocupado por uma torrente de ideias.

E Defina como será o sucesso daqui a um ano

Agora que já delineou uma visão mais ampla, aplique o modelo Dar-Receber-Realizar apresentado a seguir para detalhar ainda mais como será o sucesso para você daqui a um ano. Esse modelo foi um atalho que desenvolvi para avaliar como você gostaria de deixar a sua marca, o que gostaria de ganhar em troca e quais metas ou resultados específicos indicarão que você está no caminho certo.

Dar: seu impacto sobre as pessoas

- Qual diferença você quer fazer na vida da sua família e de seus amigos? Na sua comunidade local? Na comunidade global?
- Quais são os tipos de informações e conhecimentos que você mais gosta de compartilhar com as pessoas?
- Se você fosse convidado para dar uma palestra no TED e soubesse que a sua palestra se transformaria em um fenômeno viral, sendo vista por pelo menos um milhão de pessoas, quais seriam as suas mensagens?

Receber: o que você quer em troca

- Como o impacto que você vai causar na vida dos seus amigos e familiares e na sociedade vai afetar a sua própria vida?
- Quais experiências, na vida profissional ou pessoal, mais o empolgam? Como você quer se sentir todos os dias enquanto busca essas experiências? Que tipo de pessoas você quer conhecer?
- Dê uma olhada na sua estante de livros, no seu Kindle, nos blogs que você acompanha, nos podcasts que assina. Que temas se destacam? Quando entra em uma livraria, para qual seção você costuma ir direto? O que isso diz sobre você?

Realizar: resultados específicos

- Como vai ser o sucesso daqui a um ou dois anos? O que estará acontecendo na sua vida pessoal e profissional?
- Que métricas você usará para medir o seu sucesso financeiro ou profissional?
- Quais realizações vão indicar que você está tendo o impacto que queria?
- Imagine uma cerimônia de premiação em sua honra. Qual organização está dando o prêmio e pelo que você está sendo reconhecido?

E Carreiras do tipo "universo paralelo"

Ao avançar de um esboço geral até as metas mais detalhadas do modelo Dar-Receber-Realizar para sua visão de um ano, chegará o momento de explorar com criatividade os elementos que ainda podem estar faltando.

No filme *De caso com o acaso*, a história da personagem vivida por Gwyneth Paltrow se desenrola em dois universos paralelos e tudo depende de ela pegar ou não um determinado trem que parte de Londres. Imagine que você tenha a chance de viver uma realidade alternativa, uma realidade paralela àquela na qual vive agora, em que tem a chance de trabalhar no que quiser. O que você faria?

Você pode nunca ir atrás da sua carreira no "universo paralelo", deixando-a confinada na sua imaginação como um caminho que poderia ter tomado se as circunstâncias fossem diferentes. Você também pode testar essa carreira por um ano, ou fazer alguns cursos ligados a ela em paralelo.

A ideia é se dar permissão para explorar: se tempo, dinheiro, conhecimento ou *opinião alheia* não fossem um problema, que trabalho você escolheria? Como decidiria passar o seu tempo? Quais dos seus valores poderiam ser mais bem concretizados? O que o faz sonhar acordado com um sorriso no rosto?

As pessoas mencionam carreiras do "universo paralelo" como *chef* profissional, magnata dos meios de comunicação, apresentador de um *talk show*, professor primário, dono de uma pousada, fotógrafo, entre muitas outras. Mesmo que nunca tenham pretendido seguir essas opções profissionais, as listas ajudam a esclarecer a visão delas. A lista pode indicar que a pessoa tem interesse em trabalhar com as mãos, criar experiências artísticas para os outros, apresentar temas para diálogo, trabalhar com gente – provavelmente não tudo isso em um só trabalho, mas nunca se sabe! Esses atributos podem nem ter vindo à tona depois de concluir os exercícios mais simples, mas ver a coisa de um ponto de vista criativo instiga novas ideias e revela interesses ocultos.

Anote rapidamente quais são os maiores apelos de cada item da sua lista do "universo paralelo" e identifique temas em comum para reconhecer fatores que são importantes para a sua visão à medida que você avança.

Torne clara a sua declaração de visão

Após essa exploração inicial mais ampla, é hora de elaborar uma declaração de visão concisa, um chamado incisivo para a ação.

Quanto mais clara for a sua visão, mais fácil será decidir os próximos passos e mais refinada será a sua intuição ao longo do caminho. Lembre que a sua visão não precisa incluir *como* realizar qualquer coisa, nem *se* vai ser possível fazer isso – neste ponto não deveria ser possível –, mas *o que* é o sucesso para você escrito no tempo presente, não futuro.

Você vai precisar de uma boa razão para sair da sua zona de conforto para pivotar, e este é o momento de, na medida do possível, delinear essa razão. Force os seus limites. Pode não ser fácil, mas faça o melhor que puder e vá ajustando e preenchendo as lacunas à medida que percorrer as etapas subsequentes do seu pivô.

🇪 Escreva a sua declaração de visão para um ano

Com base nos exercícios dos valores e da visão que você fez até agora, prepare uma declaração concisa da visão para um ano, como se já estivesse acontecendo, para ajudá-lo a fazer um brainstorming e elaborar a sua estratégia de pivotagem.

Parte 1: Imagine que já se passou um ano e que você atingiu um sucesso estrondoso. Descreva, no presente, o que está

fazendo, como está se sentindo, quais são os seus maiores motivos de orgulho. Seja o mais detalhado e criativo que puder. Em 2012, meu maior sonho, aquele que ao mesmo tempo me empolgava e me amedrontava, era ser uma autora e palestrante consagrada, uma formadora de opinião, como Daniel Pink e Malcolm Gladwell. Na ocasião, escrevi a seguinte declaração de visão para um ano:

> Estou contribuindo com ideias e modelos inovadores para a sociedade, reunindo com originalidade diferentes campos do conhecimento. Estou ganhando a vida com palestras, livros e coaching. Levo uma vida saudável. Tenho mais trabalho do que consigo dar conta, o que me possibilita ter um negócio escalável de workshops e cursos. Sinto-me engajada, inspirada, e sinto que estou ajudando as pessoas a viver melhor.

Um cliente para quem presto serviços de coaching, Julien Pham, médico e empresário, elaborou sua visão para um ano nos seguintes termos:

> Estou adorando o meu trabalho "híbrido" de médico-empresário e confiante de que vou dar conta do recado. Minha startup, a RubiconMD, atraiu investidores e está crescendo rapidamente. Estou liderando uma equipe espetacular, com um grande futuro pela frente. Posso contar com uma excelente rede de colegas, que dominam a área da saúde e o empreendedorismo, e tenho uma missão pessoal bem alinhada, que daria uma bela palestra no TED. Ajudo a inspirar a nova geração de aspirantes a médicos-empresários, que estão aprendendo com meus erros e acertos, e tento melhorar a sociedade usando a tecnologia, a medicina e o feedback que recebo. O meu site, Startup Clinic, atua como um ponto de encontro virtual onde os médicos podem se conhecer e aprender sobre startups. Estou feliz, tenho uma vida saudável, estou em um excelente relacionamento e pensando em me casar e ter filhos.

Parte 2: Quais partes da sua visão já estão presentes na sua vida, mesmo se for só um pouco? De que maneiras essa declaração de visão já foi concretizada? Quando escrevi aquela declaração de visão em 2012, eu já estava me concentrando em escrever, prestar serviços de coaching e dar palestras em período integral, com o objetivo de continuar expandindo minha plataforma de palestras. Já estava fazendo coisas parecidas com as pessoas que eu admirava, embora em uma escala muito menor. Ainda não tinha concretizado minha próxima grande ideia, mas agora, quatro anos depois, você a está segurando nas mãos.

Julien já tinha passado vários anos atuando como médico e empresário. Ele tinha cofundado a RubiconMD e estava organizando jantares informais com outros médicos, que formaram as raízes da Startup Clinic. Juntos, esclarecemos a filosofia central de Julien, voltada a ajudar outros médicos e instituições médicas – simplificar e ampliar –, e esboçamos uma palestra que ele poderia dar em conferências.

Como ele disse ao refletir sobre este exercício, sua visão deixou de parecer inatingível quando ele pensou nela como um trabalho em andamento: "Tenho conseguido fazer versões dos itens incluídos na minha visão para um ano. Agora é só uma questão de melhorar minhas habilidades no presente para abrir caminho para onde quero chegar no futuro". No momento em que a versão original deste livro estava na gráfica, Julien assinava um termo de compromisso para a RubiconMD receber uma rodada de financiamento Série A, meros seis meses depois de ele ter formulado sua declaração de visão.

E *O esclarecimento da sua visão para um ano também pode ser feito continuamente no formato de um mapa mental. Escreva o ano atual no centro, com raios levando a diferentes áreas da vida: trabalho, projetos criativos, dinheiro, vida social, saúde, aprendizagem, hobbies, relacionamentos. Faça um brainstorming e pense em alguns resultados desejados para cada área. Eu faço esse exercício todo começo de ano em vez das resoluções de Ano-novo mais tradicionais.*

Faça um resumo dos fatores conhecidos e dos desconhecidos

Durante os meus maiores mergulhos no trabalho autônomo, uma coisa permaneceu clara: Nova York era a minha cidade. Podia ser uma cidade cara, barulhenta, cheia de gente, mas era o meu lar. Aquele foi um grande "sim", ou variável conhecida. Com base nisso, cabia a mim encontrar soluções criativas para sustentar essa decisão com o meu modelo de negócio, sendo que eu não sabia exatamente como esse modelo de negócio deveria ser – um fator desconhecido para mim na época.

Quando Brooke Snow ficou entediada e esgotada com seu negócio on-line, ela começou a planejar seu pivô, esclarecendo seus fatores conhecidos e os desconhecidos. Depois de lançar com sucesso cinco cursos de fotografia on-line, Brooke percebeu que queria ensinar temas mais pessoais, como equilíbrio entre vida pessoal e profissional e criatividade. Suas *variáveis conhecidas* e seus pontos fortes conhecidos eram ensinar, desenvolver currículos e lançar e gerenciar cursos on-line. Por outro lado, o modo exato como ela configuraria seu novo negócio e o que faria com o negócio antigo constituíam suas *variáveis desconhecidas*.

Brooke aplicou seus pontos fortes na criação de cursos e no desenvolvimento de comunidades para redirecionar seu foco para cursos voltados ao crescimento pessoal. Firmou parceria com uma pessoa que tinha habilidades complementares e que a ajudou a dar uma cara nova ao seu trabalho, o que gerou um ímpeto inesperado. Em pouco tempo, ela mudou o slogan de seu site para se adequar melhor à sua visão: "Viva e documente o melhor que a vida tem para dar".

Faça uma pausa para montar um resumo dos fatores conhecidos (os fatores indispensáveis) e dos fatores desconhecidos (aqueles elementos que você ainda não sabe ao certo como devem ser) em sua visão para um ano. Faça uma lista de fatores conhecidos e desconhecidos em diferentes categorias, como local, finanças, projetos, pessoas, resultados, estilo de vida.

Faça um resumo dos fatores conhecidos versus desconhecidos: Resultados específicos daqui a um ano		
1) Conhecidos	*2) Desconhecidos*	*3) Como seria*
Localização Finanças Projetos Pessoas Resultados Estilo de vida		

Ao esclarecer sua visão, é como se você tivesse incluído seu destino em um aplicativo de mapas. Você abre o mapa e dá um toque com o dedo bem no ponto aonde quer chegar. Mas qual será o seu modo de transporte? Como chegar lá com a maior eficiência possível? Quais buracos, engarrafamentos e bloqueios você deve evitar? Que atalhos só estão disponíveis para você e mais ninguém?

Pontos para reflexão 91

3

Abasteça o seu motor

O que está dando certo?
Em que você se destaca?

Eu não sou nenhum gênio. Só sou esperto em alguns pontos...
e tento ficar perto deles.

— Thomas Watson

Monica McCarthy tinha passado quinze anos atuando como atriz em Nova York quando decidiu que estava pronta para um trabalho mais estável e que lhe proporcionasse maior controle do processo criativo. Ela abriu seu próprio negócio oferecendo direção e produção de vídeos para empreendedores, mas depois de um ano começou a se sentir isolada. Monica percebeu que trabalhava melhor em parceria. Assim, começou a procurar um trabalho de período integral – sua primeira tentativa de buscar emprego em escritório desde a faculdade.

Antes de entrar com tudo na sua caça a empregos, Monica começou a organizar um jantar mensal chamado Cheshire Parlour. Nesses eventos, pessoas interessantes poderiam se conhecer e debater sobre grandes ideias, como liberdade, tempo e prosperidade, em um ambiente diferente das sessões de networking de sábado à noite em um bar. Esse projeto paralelo foi uma extensão natural dos principais pontos fortes de Monica, que era uma pessoa extremamente sociável e uma facilitadora natural de diálogos expressivos. Apesar de Monica adorar esses jantares mensais, seu dinheiro estava acabando. Ela se viu diante do clássico dilema "seguir sua paixão ou ganhar dinheiro". Aquela era sua paixão, mas não estava lhe proporcionando uma renda fixa. Ela precisava de outra maneira para concretizar sua visão de trabalhar envolvendo pessoas e organizações orientadas por propósitos.

Monica se candidatou a uma vaga de gerente administrativa em uma empresa chamada Holstee, uma marca de estilo de vida que cria produtos – como arranjos de parede, cartões comemorativos e decoração de escritório – para ajudar as pessoas a viver de maneira mais consciente. Monica se identificou com a missão da empresa de criar produtos e experiências para o cliente levar uma vida inspirada. Você já pode ter visto ou ouvido falar do videomanifesto dessa empresa, intitulado "This Is Your Life"[1] [Esta é a sua vida], que se tornou um viral, acumulando rapidamente quase 2 milhões de visualizações. Eles fizeram um pôster com o texto do manifesto, que acabou sendo um sucesso de vendas.

Ela não era exatamente a melhor pessoa para ocupar o cargo de gerente administrativa, mas na entrevista teve a chance de conversar com os fundadores e contar suas experiências com o Cheshire Parlour. Acontece que eles estavam pensando em contratar um coordenador de eventos para organizar aulas e jantares, mas ainda não tinham publicado a vaga no site da Holstee.

Algumas semanas depois, Monica fechou um contrato para atuar em período integral como consultora para eventos da Holstee, organizando jantares, lançando um laboratório de aprendizagem no escritório da empresa no Brooklyn e conduzindo workshops de redação de manifestos por todo o país. Ela estava adorando trabalhar em equipe em um ambiente colaborativo de escritório e ao mesmo tempo ter a possibilidade de concretizar suas ideias tanto dentro quanto fora da empresa. Sobre seu trabalho na Holstee, Monica disse: "Aprendi muito mais em um ano trabalhando lá do que teria aprendido em uma década trabalhando por conta própria". A história da Monica mostra como investir no que você já faz bem ajuda a prepará-lo para o que está por vir. Quando não estava diante das câmeras, Monica usava seus conhecimentos como atriz para prestar serviços de produção de vídeo e direção criativa a empreendedores. Em seguida, usou sua formação acadêmica em filosofia para organizar os jantares intelectuais do Cheshire Parlour a fim de reunir pessoas, aplicando sua criatividade sem saber ao certo aonde isso acabaria levando. Por conhecer com clareza seus valores e ter definido sua visão para um ano, ela conseguiu traduzir seu forte nos relacionamentos sociais em um cargo feito sob medida na Holstee, um excelente exemplo de como alavancar o seu portfólio profissional especial.

O seu *portfólio profissional* é o conjunto dos seus pontos fortes, de sua experiência no trabalho e de suas conexões. Assim como carteiras de investimento podem ser diversificadas por classes de ativos, como ações e títulos, o seu portfólio profissional inclui um mix de ativos que já estão atuando a seu favor. Os exercícios deste capítulo o ajudarão a identificar seus maiores ativos e saber como você poderá aplicá-los para acelerar as próximas etapas do seu processo de pivotagem.

Identifique os seus pontos fortes

Para começar, identifique os seus pontos fortes para perceber quais deles o energizam mais no trabalho atual e em que você pode investir mais. Um trabalho que o envolva intensamente lhe possibilita aplicar seus conhecimentos, interesses e sua "zona de genialidade".[2]

Interesses da infância

Comece procurando seus talentos inatos, lembrando do que gostava de fazer na infância. Seus pontos fortes profissionais provavelmente já vinham se expressando muito antes de você ter atingido a idade adulta.

Quando Joanna Bourke era uma menina, adorava cozinhar e sempre se interessou por comida, embora tenha decidido fazer faculdade de Administração. Essa escolha lhe proporcionou muitas oportunidades profissionais e uma experiência valiosíssima, mas sua paixão pela culinária nunca a abandonou. Depois de oito anos trabalhando num departamento financeiro nos Estados Unidos, Joanna pediu demissão do emprego para fazer um curso de gastronomia de três meses em sua cidade natal, Dublin, na Irlanda, motivada por sua visão de algum dia abrir uma empresa de eventos. "Nunca perdi meu amor pela gastronomia, mas agora posso aplicar minha experiência em gerenciamento de projetos, análises financeiras e operações e com isso seguir uma nova carreira no mundo da gastronomia", explicou.

Alguns meses depois de concluir o curso de gastronomia, Joanna abriu a própria empresa, a The Chopping Board, integrando sua experiência profissional com sua paixão da infância.

Bem na época em que Jason Shen estava passando da área de marketing de conteúdo para a de gestão de produto na startup onde trabalhava, ele encontrou um documento de sua infância: a avaliação anual de sua professora do jardim de infância. Ela havia escrito: "Ele gosta muito de computadores, games e fazer coisas". Aquela lembrança levou Jason a perceber que a mudança que ele buscava no trabalho não era algo impossível, mas uma extensão lógica das atividades que sempre tinha gostado. "Aquilo me fez lembrar que, desde muito novo, eu gostava de criar coisas e mexer no computador", ele contou. "Eu não queria ser um gerente de produto só porque fui vítima de algum tipo de lavagem cerebral pelo pessoal do Vale do Silício ou outras fontes externas."

Quando eu tinha 10 anos, criei um jornal da família, o *Monthly Dig-Up* [algo como Investigações Mensais], apresentando tutoriais de tecnologia, entrevistas com os membros da família e notícias familiares, que enviei infalivelmente todo mês durante oito anos. Também gostava de brincar de empresa e escolinha com meu irmão mais novo e curtia ensinar a ele as coisas que eu estava aprendendo e criar planilhas para ele preencher. Hoje ganho a vida com atividades que envolvem escrever, me informar sobre tecnologia e ensinar.

E Analise seu passado em busca de padrões

Pense nas coisas que você mais gostava de fazer na infância. Você pode se lembrar sozinho, mas também pode aproveitar a chance para conversar com parentes e velhos amigos sobre seus interesses nessa época. Pergunte a eles: "Você se lembra do que eu gostava de fazer quando era criança? O que eu achava mais importante na vida? Você consegue se lembrar de alguma coisa estranha ou diferente na minha personalidade ou que me diferenciava do(s) meu(s) irmão(s) ou colegas na escola?".

Considerando que as coisas de que você gostava de fazer aos 6 anos provavelmente eram diferentes das que gostava aos 16, mesmo se tiverem sido relacionadas, faça uma lista dos seus interesses recreativos e criativos favoritos nas quatro faixas etárias propostas a seguir para obter uma análise mais detalhada.

Interesses da infância			
De 3 a 8 anos	*De 9 a 13 anos*	*De 14 a 18 anos*	*De 19 a 21 anos*

A zona de genialidade

Falamos sobre os quatro modos operacionais da carreira, sendo que dois deles são ideais para os impactadores: o modo proativo e o modo inovador. O que diferencia os dois? Os impactadores inovadores aplicam plenamente seus talentos especiais para deixar uma grande marca em suas comunidades. Então, como identificar seus pontos ideais para você poder fazer o mesmo?

Pergunte a si mesmo: o que eu sei fazer incrivelmente bem? Quando é que entro "no fluxo"? Que talentos naturais eu cultivei para transformar em pontos fortes com o tempo? Em seu livro *The Big Leap*, Gay Hendricks diz que as nossas atividades no trabalho se enquadram em uma das quatro categorias a seguir: zona de incompetência, de competência, de excelência ou de genialidade. Ele descreve as zonas nos seguintes termos:[3]

- **Zona de incompetência:** composta de todas as atividades que você não faz bem. Outras pessoas conseguem fazê-las muito melhor do que você.
- **Zona de competência:** você é competente nessas atividades, mas outras pessoas também são.
- **Zona de excelência:** você se destaca nessas atividades e consegue ganhar uma boa renda com elas. Hendricks diz que essa zona pode ser uma "armadilha sedutora e até perigosa", já que, como tal, muitas vezes nos impede de "dar o salto para a [nossa] zona de genialidade".
- **Zona de genialidade:** são as atividades perfeitas para você, aquelas em que pode usar os seus talentos e pontos fortes especiais. De acordo com Hendricks, "liberar e manifestar a sua genialidade natural é o caminho definitivo para atingir o sucesso e a satisfação na vida... [Essa genialidade] lhe acena com convites cada vez mais irresistíveis no decorrer da sua vida".

Como saber quando você está atuando na sua zona de genialidade? Como você poderia encontrar essa zona? Laura Garnett é uma estrategista especializada em atingir o máximo desempenho, e se concentra em dois fatores para encontrar a zona de genialidade de seus clientes: os talentos inatos e o propósito.

O *talento*, na definição de Laura, é o seu estilo peculiar de resolver problemas. Ao identificar os tipos de desafios que mais o atraem e como costuma enfrentá-los, você pode se direcionar a essas áreas a fim de obter maior satisfação e gerar o maior impacto possível com seu trabalho.

O segundo fator, seu *propósito*, tem a ver com a motivação para você fazer o que faz. Que tipo de contribuição gostaria de deixar com o seu trabalho e para quem? Seu propósito é a sua declaração de missão pessoal. É algo mais profundo do que a sua visão para um ano, ao vincular todo o trabalho que faz a um único tema. Algumas pessoas almejam criar uma família enquanto outras querem criar experiências memoráveis organizando eventos. Muitos impactadores encontram seu propósito ajudando pessoas de algum modo. Para explorar o seu propósito, Garnett sugere pensar em um grande desafio que você enfrentou na vida. Em qual batalha você teve de lutar, mesmo que por um breve período ou como um tema recorrente ao longo de toda a sua vida? Como poderia compartilhar o que aprendeu para ajudar pessoas que estão enfrentando o mesmo obstáculo?

E Observe a sua zona de genialidade

Observe o seu trabalho atual: o que está funcionando melhor nas suas atividades do dia a dia, funções, rotinas diárias, interações sociais? Em quais momentos você trabalha na sua zona de excelência e não na sua zona de genialidade? Quais atividades do seu passado estavam na sua zona de genialidade e quais podem estar latentes agora?

Passe esta semana prestando atenção, observando quando o seu trabalho cai na zona de competência, de excelência ou de genialidade. Você pode ainda não ser espetacular em atividades com potencial para entrar na sua zona de genialidade, mas isso é um indicador de que você pode investir mais tempo e energia se essas atividades se alinharem à sua visão.

Outra maneira de identificar e descrever seus principais pontos fortes e interesses é passando por avaliações de personalidade, como o teste de Myers-Briggs,[4] o StrengthsFinder[5] e o Enneagram.[6] Não há nenhum problema em incluir perfis mais esotéricos, como os da astrologia e da numerologia, que podem esclarecer preferências e talentos inatos. Se já tiver feito alguma avaliação no passado, agora é um excelente momento para rever os resultados. Copie e cole todos os seus relatórios em um caderno do Evernote ou em um documento do Google Doc intitulado "Avaliações de personalidade" para ser fácil de achar depois.

Os destaques do seu histórico profissional

Se os seus pontos fortes e os seus interesses de infância forem o seu combustível, as suas experiências passadas – o modo como usou esses pontos fortes e as realizações resultantes – são os seus aceleradores externos.

As experiências profissionais são importantes, mas não bastam para garantir a sua próxima oportunidade ou cliente. Os chefes e os possíveis parceiros de negócios estão em busca de *habilidades valorizadas* que levem a *resultados*, e se você tiver essas habilidades, elas lhe darão uma *reputação*.

Vamos explorar esses importantes fatores da experiência com os quais você conta.

Experiência profissional

Os seus empregos anteriores podem ter mais em comum do que você imagina. Por exemplo, trabalhar como garçom em um restaurante e como representante de vendas não são funções muito diferentes. As duas envolvem desenvolver relacionamentos rapidamente, trabalhar com pessoas de diferentes tipos de personalidade, aprender a satisfazer e se adiantar às necessidades dos clientes e não se incomodar muito com um pagamento irregular.

Pense nos seus cinco a dez últimos cargos ou projetos, inclusive se trabalhou de graça, como num estágio não remunerado ou num trabalho voluntário:

- Quais foram as principais atividades associadas a cada função?
- Relacione de cinco a dez temas em comum entre esses trabalhos e projetos.
- Agora seja mais específico: quais são as habilidades, os resultados e os setores em comum na sua lista? Os temas podem incluir: departamentos (como marketing), responsabilidades (como gestão de pessoas ou ensino), grandes projetos (como criar sistemas ou uma estratégia de marca) ou atividades importantes (como modelagem financeira ou programação).

Habilidades valorizadas

Uma habilidade valorizada é um serviço específico que você é capaz de prestar, no cruzamento entre diferentes talentos, pontos fortes e formação acadêmica, pelo qual um cliente ou uma empresa se dispõe a pagar.

Melhor ainda são duas habilidades valorizadas que podem parecer incompatíveis, mas que se complementam de alguma maneira original. Por exemplo, se você for fluente em uma língua estrangeira e tiver formação em contabilidade, pode ser um excelente candidato para trabalhar no FBI.

- Identifique as habilidades valorizadas que você já tem. O que motiva as pessoas a procurá-lo *atualmente*?

- Como no exemplo do FBI, você tem duas (ou mais) habilidades valorizadas que se complementam de alguma maneira inesperada?
- Repasse os exercícios anteriores deste capítulo. Muitas vezes, as coisas que você adorava fazer na infância e as atividades que se enquadram na sua zona de genialidade levam às habilidades valorizadas que você usa hoje. Quais desses interesses você ainda não está aplicando a pleno vapor?

Resultados

Os resultados se referem à sua contribuição para pessoas ou projetos. Podem ser qualitativos e quantitativos, melhorando os sistemas existentes ou lançando novas iniciativas. Os resultados qualitativos podem envolver habilidades subjetivas, como liderança e trabalho em equipe, ao passo que os resultados quantitativos em geral são caracterizados por maior eficácia, eficiência, receita ou alcance ou uma combinação de todas essas alternativas.

- Quais resultados específicos você ajudou pessoas ou organizações a atingir?
- Quais são os seus projetos mais importantes no trabalho até agora? O que cada um deles tinha de tão importante?
- De quais realizações profissionais você mais se orgulha? Por quê?

Reputação

Você se torna uma contratação cobiçada quando ajuda constantemente os outros a atingir resultados. A sua reputação diz respeito ao modo como as pessoas o veem, os pontos fortes que elas reconhecem em você e pelos quais elas o procuram.

Os pivotadores mais ágeis, não importa se são empreendedores ou funcionários, dificilmente precisam procurar trabalho. As organizações os encontram com facilidade devido à reputação que desenvolveram, e eles se tornam mais requisitados. São muito procurados pelos clientes que, não raro, se dispõem a esperar para trabalhar com eles ou inclusive recrutá-los de seus empregos atuais. Quando eventos aparentemente negativos acontecem, eles levam menos tempo para se recuperar do que a média porque sabem a quem recorrer, suas habilidades são muito requisitadas e sua reputação leva as pessoas a se sentir afortunadas de trabalhar com eles.

- Em quais áreas você desenvolveu uma sólida reputação, tanto na vida pessoal quanto na profissional?
- Por quais habilidades você é mais reconhecido entre amigos e conhecidos?
- Quais tipos de ajuda ou aconselhamento as pessoas costumam lhe pedir? O que mais elas recebem de você além do que solicitaram?
- Quais prêmios, reconhecimentos e elogios em público você já recebeu?
- Você *quer* ficar famoso por ser um especialista em quê?

Ao enfatizar seus pontos fortes na etapa da Estabilização, você verá que não está começando do zero. E, mesmo assim, há uma grande diferença entre sonhar acordado com um pivô teórico e abstrato e concretizar o seu pivô na vida real. Para isso, precisamos enfrentar a realidade do mundo em que vivemos: viver custa dinheiro. Como você vai dar conta de pivotar sem entrar em pânico?

4

Financie a sua decolagem

Qual é o seu cronograma?
Como você poderia ganhar uma renda adicional?

*O dinheiro é só uma ferramenta. Ele pode levá-lo ao
seu destino, mas não tem como substituir você no
posto de motorista.*

— AYN RAND, *Revolta de Atlas*

"Passei nada menos do que uma década, dos 20 aos 30 anos, me convencendo de que faria alguma coisa e depois não fiz nada", disse Andrew Deffley quando lhe perguntei o que o havia levado a Manhattan para um teste de seleção de atores. "Desta vez quero ir até o fim. Dois meses atrás pedi demissão do meu emprego e estou me dando seis meses para tentar ganhar a vida como ator, algo que sempre adorei fazer desde pequeno."

Andrew tinha passado oito anos trabalhando na NFL Films como gerente de produção. O emprego era excelente, mas então, quando fez 30 anos, ele sentiu como se tivesse chegado ao fim da linha e dado de cara com a parede. No fundo, ele sempre sonhara em ser ator, interpretar diante das câmeras, não um editor, escondido nos bastidores.

Cansado de sucumbir aos seus medos, Andrew pivotou com base em seus pontos fortes e em sua experiência em produção de vídeo; entrou em um curso de arte dramática e começou a fazer testes de seleção de atores, sabendo que, mesmo se não desse certo, ficaria contente por ter tentado.

Andrew tinha mais do que paixão, energia e empolgação. Ele também tinha um plano financeiro.

Crie uma base financeira sólida

Por algum tempo, o lema dos negócios da internet foi "Largue o seu emprego! É muito melhor trabalhar na praia tomando água de coco! Terceirize tudo!". No entanto, uma vez passada a adrenalina do grande salto, a realidade entrava em cena e muitas pessoas percebiam que estavam exaurindo sua energia e suas contas bancárias.

Já é difícil passar por um processo de mudança sem ter de enfrentar pressões financeiras. Esse tipo de pressão inibe a sua criatividade e as suas opções.

Com raras exceções, os pivôs requerem recursos financeiros, ou pelo menos um robusto planejamento, para se antecipar a uma série de cenários possíveis. Se você souber com clareza os recursos de que vai precisar e reforçar suas reservas financeiras, contará com mais opções para o seu próximo movimento.

Você pode querer dar um tempo antes de entrar em um novo emprego. Pode querer voltar à faculdade ou passar um bom tempo viajando. Ou pode só precisar de um tempo para desacelerar e refletir. Ao elucidar suas necessidades financeiras por meio dos exercícios deste capítulo, você poderá avançar para as próximas etapas da pivotagem com uma ideia mais clara dos riscos que pode se dar ao luxo de correr e de quando pode fazer isso.

Andrew soube que queria tentar ser ator profissional quando teve um "momento eureca" em sua primeira aula de arte dramática, em 2010. Antes de mergulhar de cabeça no projeto e se dedicar à sua possível nova carreira em tempo integral, ele elaborou um planejamento financeiro para seu pivô. Não largou o emprego na esperança de que o *universo* se encarregasse de pagar suas contas, e poupou o suficiente para poder ficar seis meses longe do emprego na NFL e testar se a sua hipótese de trabalhar como ator lhe daria satisfação e renda suficiente para se manter.

Mesmo se gastasse até o último centavo nessa tentativa, Andrew sabia que o experimento seria um sucesso. Fosse qual fosse o resultado, ele saberia que tinha feito de tudo na tentativa de dar certo. Se sua carreira de ator não decolasse em seis meses, ele continuaria fazendo testes de seleção de atores, mas procuraria algum trabalho temporário mais estável na área de produção para poder se sustentar financeiramente entre uma carreira e outra. Essa abordagem é muito diferente do modelo estereotipado do artista que reza por uma grande oportunidade enquanto não tem onde morar nem o que comer.

Fundamentos financeiros para a pivotagem

Nesta seção, falaremos sobre termos comuns das áreas de negócios e finanças adaptados para o planejamento do seu pivô, quer você esteja abrindo ou administrando seu próprio negócio, fazendo um "bico" em paralelo com o seu emprego, ou buscando pivotar dentro da sua empresa.

Uma ressalva: pode até ser interessante se planejar para o pior cenário possível, para o caso de você ser demitido ou perder um grande cliente, mas é melhor elaborar um bom modelo de negócio, capitalizar as suas habilidades valorizadas e encontrar uma renda fixa, que não seja passível das flutuações das vendas, ou reduzir ao máximo as

despesas para fazer render suas economias. Como Eric Schmidt, ex-
-CEO do Google, comentou, meio que de brincadeira e meio a sério,
em um encontro da empresa, "a resposta para todos os problemas
conhecidos é a receita".

Despesas mensais: quanto você precisa ganhar por mês para cobrir
as suas despesas básicas? Quando trabalho com pessoas que estão
prestes a começar seu processo de pivotagem, peço três valores:

- O mínimo necessário: para cobrir aluguel, condomínio, contas
  de luz, água, telefone e gás, supermercado e despesas básicas.
- Bom de ter: algo perto de seu estilo de vida atual ou desejado;
  pode incluir compras, comer fora, hobbies, viagens de fim de semana e até guardar um pouco na poupança.
- Tudo o que você sempre quis: com esse valor, você pode realizar
  todos os seus sonhos sem hesitação, como passar um bom tempo
  viajando, fazer compras grandes ou de luxo, ter dinheiro sobrando para fazer doações para caridade ou ajudar parentes.

O estrategista de negócios Nick Reese calcula que, para pagar suas
despesas mensais (mais os impostos, no caso de profissionais autônomos), uma pessoa precisa de 3,4 vezes o valor do aluguel ou financiamento imobiliário. Para quem tem filhos ou mora em cidades com alto
custo de vida, o multiplicador sobe para 5. Para pessoas econômicas,
dispostas a levar uma vida frugal ou "enxuta", o multiplicador pode
ser 2,5 vezes o aluguel.

Para calcular as suas despesas *anuais*, multiplique o seu aluguel mensal por 41. Se tiver alguma dívida, como um financiamento imobiliário, Reese sugere multiplicar o seu aluguel ou financiamento por
pelo menos 50.

Faça os seus cálculos:

- Qual é o valor das suas despesas mensais, calculadas usando essas fórmulas?
- Qual é o valor das suas despesas anuais?
- Quais foram as suas despesas mensais *médias* (totais) nos últimos doze meses? Como esse valor se compara com as suas despesas mensais?

Fundo de emergência: por quanto tempo você vai conseguir se sustentar com as suas economias, se não ganhar nenhuma renda? A regra básica para fundos de emergência nos Estados Unidos costumava ser de três a seis meses até nos últimos anos, quando o tempo médio de desemprego atingiu 31 semanas (quase oito meses).[1] Quando saí do Google, o meu fundo de emergência me permitiria me sustentar durante seis meses, o que está de acordo com muitos outros pivotadores com quem conversei. Eu tinha outros bens, como um apartamento, um carro e umas economias na previdência privada, mas não contei com isso para o meu fundo de emergência.

Se você não tiver nenhuma economia, o seu fundo de emergência provavelmente não será suficiente para bancar grandes mudanças que podem exigir passar um tempo sem ganhar nada, pelo menos sem também correr mais riscos. O seu plano de pivotagem pode incluir aumentar a sua renda atual (que discutiremos mais adiante), engordar as suas economias, poupando uma parcela maior da sua renda, e talvez adiando grandes mudanças e riscos até conquistar mais flexibilidade no seu sistema financeiro.

Faça os seus cálculos:

- Quanto você tem na poupança?
- Quanto você tem em outros bens?

- Quantos meses as suas economias vão durar se você não tiver nenhuma renda (poupança total dividida pelas despesas mensais)?

Taxa de queima de capital: no jargão do Vale do Silício, a *taxa de queima de capital* é definida como o valor que uma empresa desembolsa, especialmente capital de risco, a mais do que a renda.[2] Em termos de pivotagem, você está sendo financeiramente cauteloso ou esbanjando como se fosse o Lobo de Wall Street? Quanto maior for a sua taxa de queima, mais rápido o seu fundo de emergência vai se esgotar. Ao fazer a sua pivotagem, se você cortar certos "mimos", como restaurantes e viagens, ganhará mais tempo para traçar a sua estratégia e desenvolver o seu negócio ou encontrar seu próximo emprego dos sonhos.

Renda-ponte: o termo *empréstimo-ponte* refere-se a um empréstimo de financiamento imobiliário de curtíssimo prazo. Um empréstimo-ponte, por definição, deve ser quitado rapidamente e é contraído só para dar tempo aos investidores para implementar seu plano para melhorar o desempenho de um bem antes de obter um empréstimo de longo prazo. Uma *renda-ponte*, por sua vez, lhe dá fôlego para percorrer o seu processo de mudança, mas não deve ser vista como uma solução de longo prazo.

A sua poupança até pode servir como renda-ponte, mas não seria a situação ideal por duas razões: suas economias são um recurso finito e, quanto mais você gastar, mais poderá se estressar e, em consequência, mais dificuldade terá para pensar com criatividade. A sua poupança deve ser tratada como uma reserva que só deve ser usada se a sua renda-ponte for insuficiente.

A renda-ponte lhe dá estabilidade enquanto você testa outras possíveis fontes de renda. Se encontrar uma fonte de renda-ponte e um fluxo de caixa estável, seja um trabalho em período parcial ou um "bico", terá mais poder nas mãos, mais confiança e agilidade para decidir fazer a sua mudança ou encarar a mudança quando ela for inevitável.

Ao procurar uma renda-ponte, a ideia é encontrar um fluxo de caixa estável e não fazer uma jogada desesperada, acompanhada de um risco muito maior. Esta não é a hora de apostar tudo para tentar obter uma renda passiva, na tentativa de criar um negócio que prometa encher a sua conta bancária enquanto você dorme. Algo assim seria interessante pensando no longo prazo, mas só se você puder se garantir com uma renda mais confiável enquanto isso não acontece, ou se estiver disposto a usar todas as suas economias para criar um negócio como esse.

Não costuma ser um bom negócio trocar tempo por dinheiro. No entanto, se você trocar serviços com clientes pagantes usando os conhecimentos que já tem, poderá ganhar tempo para pôr em prática os aspectos de prazo mais longo ou de maior risco do seu pivô. Uma ideia seria garantir a sua renda-ponte com um emprego de meio expediente, trabalhando em um bar, por exemplo, fazendo algum trabalho temporário em um escritório ou atuando como freelancer. A minha fonte mais estável e confiável de renda provém do meu trabalho de coaching pessoal, ao passo que palestras e treinamentos corporativos pagam muito mais, mas tendem a ser mais esporádicos, demandando mais tempo e demorando mais para serem pagos.

Seja qual for sua situação profissional atual, se tiver de se manter por um ano como autônomo, como você agregaria valor ao mercado? Se tivesse de assegurar os três tipos de fontes de renda a seguir, como faria?

- Renda para ganhar um tempo: ganhando por hora, talvez trabalhando em projetos abaixo da sua capacidade.
- Nível médio: fluxo mensal e estável proveniente de um trabalho de meio expediente.
- Grandes apostas: potencial de alta renda; grandes contratos, clientes ou ofertas de emprego; fontes de renda que requerem mais tempo, mas envolvem uma recompensa maior.

Segunda fonte de renda: a segunda fonte de renda é um "bico" que lhe possibilita gerar uma renda adicional enquanto você mantém o seu emprego. Em geral, não é possível manter indefinidamente uma segunda fonte de renda, embora algumas pessoas possam se contentar com pequenos "bicos", como fazer bijuteria ou alguns trabalhos de design gráfico para os amigos, o que lhes proporciona uma fonte de satisfação sem precisar largar o emprego. Até empresários podem ter fontes secundárias de renda, ou um lugar onde exercitar sua criatividade em paralelo a suas atividades geradoras de receita principais.

Minha mãe sempre me aconselhou: "Sempre saiba como se sustentar". Por isso, sempre faço questão de saber exatamente como estou gastando o meu dinheiro, como posso gerar uma renda estável, como fazer bons investimentos, como pagar as minhas contas e quais são os meus planos alternativos.

Desde que conquistei a minha primeira fonte de renda estável, quando estava na faculdade, sempre tive uma segunda fonte de renda paralela. Passei os dez primeiros anos da minha carreira cobrando por anotações de aulas na faculdade, trabalhando como baby-sitter, fazendo consultoria via telefone para ajudar microempresários e profissionais autônomos a criar ou manter sites, fazendo sessões de coaching ou trabalhando no meu primeiro livro, e sempre tive uma renda adicional além do meu salário fixo.

Na minha cabeça, ter liberdade é ser capaz de fazer as melhores escolhas. Jamais quero me sentir presa em um emprego ou em um relacionamento porque não tenho economias ou não tenho a capacidade de me manter por conta própria; essas são duas áreas que posso resolver diretamente.

As fontes de renda adicionais representam um risco calculado. A ideia é investir parte do seu tempo livre (e talvez algum dinheiro) em um projeto empolgante, na esperança de que esse projeto um dia possa gerar uma parcela maior da sua renda, ou talvez se dedicar em período integral a essa atividade. Para trabalhar em período integral em uma segunda fonte de renda, você vai precisar identificar a renda-ponte dessa atividade ou, em outras palavras, o produto, serviço ou habilidade valorizada que tem mais chances de pagar as contas.

Um amigo meu, Kit, adora pescar. Quando ele encontra um bom ponto no lago para pescar, ele o chama de "ninho de peixes". O ninho de peixes é aquele local secreto ao qual ele pode voltar e que tem grandes chances de render uma boa pescaria. As melhores fontes de renda adicionais são o equivalente a um ninho de peixes: elas são prazerosas, você não vê a hora de voltar a elas, você encontrou algo que só você conhece e ainda ganha um bom valor em troca.

Veja quatro critérios para criar uma sólida segunda fonte de renda:

1. **Fonte geradora de dinheiro:** se não gerar dinheiro, agora ou no futuro, a sua amada segunda fonte de renda não passa de um hobby. As melhores fontes de renda adicionais geram um retorno monetário pelo seu investimento, se não agora, em algum momento no futuro não muito distante. Quanto tempo você está disposto a esperar? Sugiro fazer experimentos com uma segunda fonte de renda que lhe possibilitem testar a geração de receita com relativa rapidez.

   No início, a renda produzida provavelmente demandará muito trabalho. Você vai investir tempo e suor para obter pouco retorno. Em seu podcast *Startup School*, Seth Godin chama isso de "acreditar e investir". Segundo ele, é melhor fazer o grosso do trabalho já de cara e colher os frutos mais tarde, em vez de ser surpreendido mais adiante, quando você tiver muito mais em jogo.

2. **Alcance de mercado:** a sua segunda fonte de renda deve ter um bom potencial de crescimento. Você pode ser apaixonado

pela asa direita de uma determinada espécie de borboleta tropical e acha que pode ganhar dinheiro dando um curso a respeito, mas, se ninguém mais tiver interesse, o seu curso não passará de um passatempo não lucrativo. Procure fontes adicionais de renda que tenham um mercado de tamanho considerável, mas não tão amplo ou indiferenciado a ponto de as pessoas não se identificarem com a sua ideia.

3. **Satisfação:** uma segunda fonte de renda, fazendo um trabalho entediante, vale a pena se ajuda a pagar as contas ou a poupar para uma grande e empolgante viagem. Mas uma segunda fonte de renda com um potencial ainda melhor enfatiza os seus pontos fortes e gera empolgação, não importa se você tiver quinze minutos ou cinco horas para dedicar a essa atividade.

4. **Desenvolvimento de habilidades:** de preferência, a sua segunda fonte de renda também o ajudará a aprender ou desenvolver habilidades que poderão ser necessárias no seu campo de atuação nos próximos anos. Pense em quais habilidades, se você fosse desenvolvê-las agora, trabalhando em um projeto paralelo, seriam úteis caso fosse executar essas atividades em tempo integral. Algumas habilidades são universais e podem beneficiá-lo em praticamente qualquer cargo ou área, como vendas, marketing, redação publicitária, conhecimentos de informática e design.

O limite entre sucesso e fracasso: digamos que tudo esteja dando errado. Você é demitido ou perde seu maior cliente na mesma semana em que seu carro quebra e sua conta bancária está chegando ao vermelho. Mesmo assim, você não está pronto para desistir do seu sonho.

Ou ainda não sabe ao certo o que fazer em seguida, mas acredita que, se persistir um pouco mais, alguma coisa irá acontecer em breve. Você pode não ter concluído ainda o seu pivô, mas precisa pagar as contas e a pressão está ficando insuportável. Se vir que as coisas estão saindo dos trilhos, você saberá que é hora de repensá-las... antes de chegar ao fundo do poço. Pode parecer um contrassenso, mas isto é típico do processo de pivotagem: às vezes o fundo do poço marca o início de um grande avanço e, apesar das aparentes dificuldades, você acaba sendo forçado a mudar seu modo de pensar, agir e reagir.

De qualquer maneira, é interessante se planejar desde o começo para o pior cenário possível. Em qual ordem você pretende vender os seus bens? Qual é o seu limite entre sucesso e fracasso, aquele momento que o forçará a mudar a sua estratégia caso as coisas não estejam indo como planejado?

Quando larguei meu emprego para abrir meu próprio negócio, decidi que, se eu ainda não estivesse ganhando o suficiente para pagar minhas contas depois de seis meses, mas ainda não estivesse pronta para voltar a um emprego fixo em período integral, eu faria o seguinte (nesta ordem):

1. Usaria a minha poupança (US$20.000).
2. Venderia o meu Prius (US$15.000).
3. Venderia as minhas ações (US$10.000).
4. Começaria a usar a minha previdência privada – meu limite entre o sucesso e o fracasso; se eu chegasse a esse ponto, voltaria a procurar um emprego em período integral.
5. Venderia o meu apartamento na Califórnia.
6. É o fim! Queimei tudo o que eu tinha. (Observação para mim mesma quando completei esta lista: *não chegue a este ponto! Mude a estratégia no nº 4 ou antes.*)

Preto no branco

- O que você faria, em ordem, para resolver o pior cenário financeiro possível, se não estiver conseguindo cobrir as suas despesas mensais ou tiver usado todo o seu fundo de emergência?
- De que bens você poderia dispor?
- Como você poderia engordar esses ativos com uma renda-ponte ou uma segunda fonte de renda?

O paradoxo da pivotagem: escassez *versus O segredo*

Pode ser uma dança complicada manter uma visão equilibrada das suas finanças durante um processo de pivotagem, especialmente considerando que os nossos hábitos financeiros muitas vezes são associados a emoções profundas e a princípios operacionais. Encontre um jeito de investigar os seus temores financeiros sem se deixar ficar paralisado por eles. Ignorar esses temores pode empurrá-lo até o modo de escassez, o que não é propício para o planejamento de longo prazo.

De acordo com Sendhil Mullainathan e Eldar Shafir, autores de *Escassez: uma nova forma de pensar a falta de recursos na vida das pessoas e nas organizações*, a escassez não é só uma restrição física: é também uma forma de pensar que nos leva a ser menos perspicazes, menos orientados para o futuro e mais descontrolados.[3] "Quando focamos na escassez, nosso modo de pensar muda, no nível de milissegundos, horas, dias ou semanas. Pensar em termos de escassez afeta o que notamos, o modo como ponderamos as nossas escolhas, como deliberamos e, por fim, o que decidimos e como nos comportamos."

Ao mesmo tempo, precisamos tomar cuidado com alguns ensinamentos de autoajuda (ao estilo de O segredo) que implicam que pensamentos positivos bastam para gerar espontaneamente uma vaga de estacionamento ou uma Ferrari vermelha. Mergulhar de cabeça só na base da esperança, sem tomar medidas práticas, não vai pagar as contas.

Saiba exatamente quanto dinheiro você precisa para viver, quanto você ganha e trace um plano de emergência. Ao mesmo tempo, cultive uma mentalidade de abundância. A vida não é um jogo de soma zero. O mundo oferece oportunidades suficientes para todos se darem bem e terem sucesso. Por exemplo, se você for um webdesigner, apesar de haver milhares de webdesigners no mundo, incluindo opções de baixo custo para pessoas que terceirizam o trabalho no exterior, você ainda pode se diferenciar pela qualidade do que oferece e encontrar clientes ideais que estão em busca dos serviços premium que você entrega.

O efeito gangorra entre renda e ansiedade

Quando se trata de dinheiro e pivotagem, imagine uma gangorra com a ansiedade numa ponta e a renda na outra. O *efeito gangorra entre renda e ansiedade* atua como um ponto de verificação para avaliar se é necessário corrigir a rota.

À medida que você aumenta a regularidade do seu fluxo de caixa, a sua renda ou as suas economias, a ansiedade em relação à mudança vai diminuindo. A sua ansiedade pode não desaparecer completamente, mas você terá mais segurança de que será capaz de prover as suas necessidades básicas.

No entanto, à medida que a sua renda ou a sua poupança começam a diminuir, a sua ansiedade pode aumentar. Esse limiar varia, mas, para praticamente quase todas as pessoas, muita ansiedade leva a uma visão míope e estreita. Você pode parar de pensar com clareza e criatividade, começar a perder o sono e sacrificar outras áreas importantes para você, como deixar de cuidar da sua saúde ou de passar um tempo com os amigos e a família.

Quando isso começar a acontecer, deixe de lado os experimentos mais grandiosos do seu pivô e se concentre na sua renda. Isso em geral implicará a criação de uma fonte de renda-ponte ou um emprego de transição para sustentá-lo na sua trajetória de pivotagem, mesmo se não for exatamente o que você tinha planejado na sua visão para um ou dois anos.

—

Depois de fazer os cálculos propostos neste capítulo, você conhecerá com mais clareza as suas limitações financeiras, a sua renda mensal necessária, os seus planos alternativos e a sua renda-ponte. Você saberá como identificar o momento em que a sua gangorra da renda passar da tranquilidade à ansiedade e como se livrar dos fatores que estão gerando ansiedade.

Você pode não saber exatamente quanto o seu pivô vai lhe custar em termos de tempo, energia e dinheiro, ou exatamente como vai ser o processo de pivotagem, mas poderá avançar com confiança, com uma base financeira sólida. Você conseguiu um espaço para respirar, e agora, o que fazer?

Estabilização: para saber mais

Visite o site PivotMethod.com/plant para encontrar ferramentas adicionais, modelos e recomendações de livros relevantes para esta etapa [em inglês].

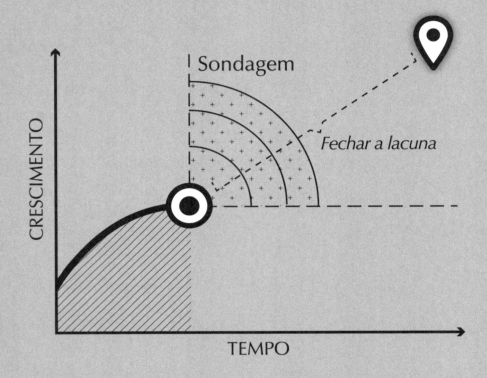

ETAPA 2

SONDAGEM

Explorar as opções

Visão geral

A etapa da Estabilização proporciona uma referência para saber onde você está e aonde quer ir. Agora, na etapa da Sondagem, você vai começar a buscar as pessoas, as habilidades e as oportunidades para chegar lá.

O objetivo desta etapa é uma exploração estruturada, que envolve pesquisar, preencher lacunas em conhecimentos e habilidades, conversar com as pessoas e esclarecer os tipos de oportunidades que mais o interessam. Você vai canalizar a sorte expandindo sua rede de relacionamentos e sua exposição, além de tomar cuidado para não passar tanto tempo sondando a ponto de cair na paralisia por excesso de análise ou de se desesperar ao se comparar com os outros.

Pense nos algoritmos da Amazon que geram sugestões do tipo "Recomendado para você" e "Os clientes que compraram este item também compraram...". Esses algoritmos fazem indicações com base em itens pelos quais você já demonstrou interesse. É como alinhar suas atividades de sondagem com os valores e os pontos fortes identificados na etapa da Estabilização.

A desvantagem dos algoritmos da Amazon é que as sugestões podem ser tão míopes, tão bitoladas nos interesses que você demonstrou no passado que você perde a chance de descobrir livros ou produtos novos, não relacionados, que poderiam lhe trazer surpresas agradáveis.

A etapa da Sondagem requer que você fique de olho nos dois aspectos: em novas oportunidades ancoradas nos seus pontos fortes e em possíveis maneiras de se expandir além da sua zona de conforto, revelando pontos cegos ou potenciais ocultos.

Os pivotadores mais eficazes usam a etapa da Sondagem para reunir ideias e se tornar visíveis, ou "encontráveis", a novas oportunidades interessantes, mesmo se ainda não souberem exatamente em que o processo vai dar. São pessoas que *criam* oportunidades, não se limitam a encontrá-las. Tanto que são os novos trabalhos e oportunidades que costumam sondar essas pessoas, e não o contrário.

Esta etapa o ajudará a sondar com eficiência – separando sinais de ruídos – de modo a não acabar soterrado por uma montanha de informações desnecessárias. Com base nos fundamentos estabelecidos nos exercícios da etapa da Estabilização, você terá controle sobre as informações e será como um porco procurando trufas na lama, usando seus sentidos aguçados para encontrar exatamente o que precisa.

No processo de sondagem, é fácil recair no padrão autofocado de "o que eu vou ganhar com isso?", mas também é necessário se perguntar: "Com o que eu posso contribuir?", "Quem eu posso ajudar?", "Quais problemas precisam de solução?".

5

Reforce o seu banco de reservas

Quem você já conhece? Quem pode lhe dar bons conselhos?
O que você pode dar em troca?

*Ele terá amigos com quem poderá se aconselhar sobre questões
grandes e pequenas, a quem poderá consultar todos os dias
para desenvolver seu autoconhecimento, de quem poderá ouvir
a verdade sem insultos, ouvir elogios sem lisonja, e em quem
poderá se espelhar para moldar a si mesmo.*

— LÚCIO SÊNECA

Networking. Todo mundo precisa cuidar disso durante um processo de
mudança profissional, mas ninguém gosta. Um estudo revelou que a
própria palavra faz com que as pessoas se sintam sujas.[1]

Você já deve ter ouvido frases como "A melhor moeda são os contatos" e "A sua rede de relacionamentos determina o seu valor no mercado". Esses clichês são tão comuns que ninguém mais dá ouvido a eles. Porém é verdade que conexões autênticas constituem uma estratégia de criação de oportunidades muito superior à técnica de "espalhar a notícia e rezar" ou mandar currículos para Deus e o mundo pela internet.

Praticamente todas as pessoas que entrevistei para escrever este livro mencionaram que, além da excelência profissional, dois importantíssimos fatores ajudaram a gerar oportunidades de trabalho:

- a rede de relacionamentos, incluindo amigos de amigos e colegas;
- atividades que reforçam a reputação, como escrever blogs, artigos ou livros, ou dar palestras sobre assuntos de sua especialidade.

Esses dois fatores dependem de abrir canais de diálogo com pessoas que você já conhece e também com pessoas que ainda não conhece. Lembro-me de uma conversa que tive com um executivo, Sam, em uma conferência. Depois da minha palestra, ele veio me contar sobre seu último pivô. Ele tinha passado doze anos trabalhando em uma empresa antes de arriscar e largar um emprego estável para trabalhar em uma startup. Nove meses depois, tinha sido demitido.

Atordoado com a notícia e sem saber como faria para sustentar sua família, começou a ligar para sua lista de contatos no mesmo dia em que fora demitido, *no caminho de volta para casa*. Em duas semanas, Sam já tinha arranjado outro emprego. A rapidez dessa transição se baseou em alguns fatores:

- Sam tinha desenvolvido uma sólida reputação como diretor de TI. Já tinha atingido um patamar elevado na carreira e poderia ser facilmente encaixado em um novo cargo devido a sua habilidade de liderança.
- Tinha uma rede de relacionamentos ativa e disposta a ajudá-lo. Participava de conferências, como a HMG Summit for CIOs – evento para diretores de TI no qual nos conhecemos –, a fim de manter contato com os colegas ao longo do tempo.
- Ele não hesitou em entrar em ação. Reduziu ao máximo o modo "coitadinho de mim" e entrou em contato com todas as pessoas que poderiam ajudá-lo.

Não estou aqui para dizer que você deve reforçar o seu networking. Pelo contrário, este capítulo apresenta táticas específicas que você vai poder usar para se expor com autenticidade e desenvolver uma rede de apoio robusta que lhe permitirá se conectar com as pessoas de maneira a energizá-lo, não a drenar suas baterias.

As melhores estratégias para desenvolver sua rede de relacionamentos envolvem uma mistura dos seguintes fatores:

- **Contatos ativos:** relações mutuamente benéficas, cultivadas ao longo do tempo, nas quais os dois lados encontram satisfação e ganham igualmente com as interações.
- **Capital de reputação:** expanda sua esfera de influência dominando suas funções atuais; ganhando fama como especialista na área; desenvolvendo a reputação de um profissional com conhecimentos e experiências sem igual na sua área de atuação.
- **Formadores de opiniões e plataformas:** expresse em público as suas ideias; mostre a possíveis clientes ou empresas o que você pode fazer; deixe claro quem deve procurar trabalhar com você, com quem você gosta de trabalhar e como você pode agregar valor.

Amplie sua esfera de influência

Shawn Henry entrou no FBI como assistente administrativo aos 20 anos e foi galgando níveis sucessivos na hierarquia até ocupar a posição "número três", diretor adjunto executivo, cargo no qual se aposentou. Shawn pivotou treze vezes no FBI no decorrer de 26 anos, expandindo a cada pivô o que chamou de sua *esfera de influência*.

Em vez de se ater à trajetória tradicional, ele preferiu atuar em novas áreas que iam surgindo, com base em seus pontos fortes e interesses. Todas as vezes, Shawn manteve uma visão de curto prazo, concentrando-se em dominar as habilidades necessárias para a função atual e aumentar seu impacto, incrementando aos poucos seu nível de responsabilidade e sua capacidade de influenciar uma parcela cada vez maior da organização. No fim de seu mandato, Shawn já tinha desenvolvido uma sólida reputação pela criação de protocolos internacionais de segurança cibernética.

Shawn nos aconselha a procurar saber exatamente qual é a nossa esfera de influência, não importa se o nosso cargo é de faxineiro ou de presidente. "Analisando a sua esfera de influência, você passa a ser capaz de quantificar o que faz, dia após dia", ele explica. "Lembro-me de momentos muito específicos na minha carreira nos quais me engajei com pessoas sabendo que estava causando um impacto. Fosse trabalhando sem alarde nos bastidores ou me expondo diante das câmeras, sempre fiquei de olho em oportunidades de influenciar pessoas, políticas e processos."

Essa esfera de influência não surge num passe de mágica. Você precisa buscar ativamente as oportunidades. "As pessoas se espantam: 'Que mundo pequeno!', mas não é algo que simplesmente acontece do nada", Shawn explica. "O mundo fica menor quando você expande o seu círculo e *faz* isso acontecer. Para uma pessoa que volta para casa e só fica sentada no sofá vendo TV, o mundo é enorme."

Crie uma rede de inteligência coletiva

Uma mudança não acontece isoladamente. Até atividades que podem parecer solitárias, como treinar para uma maratona, ficam muito mais fáceis com amigos e família checando o seu progresso de tempos em tempos e incentivando-o a treinar até o grande dia chegar.

Como Adam Grant revelou em seu livro *Dar e receber: uma abordagem revolucionária sobre sucesso, generosidade e influência*, existem três tipos de pessoas: os doadores, os tomadores e os compensadores. Os que têm mais sucesso na carreira são os *doadores*, que se dispõem a ajudar sem esperar nada em troca, sem expectativas, reforçando sua credibilidade, reputação e relacionamentos, que, por sua vez, aumentam suas chances de sucesso.

Os impactadores, apesar de muito motivados pelo próprio aprendizado e curiosidade, são no fundo doadores. Para todas as categorias abaixo, pense não apenas em termos de um alto crescimento líquido, mas também de uma alta doação líquida, e você vai colher os frutos nos dois lados da moeda.

Mentores e aprendizagem por observação

Todo mundo diz que você precisa encontrar um mentor. Mas, na prática, isso pode ser uma tarefa intimidadora. *Quem? Onde? Como? Será que a pessoa vai aceitar se eu pedir para ela ser minha mentora?* Em vez de se pressionar a encontrar um mentor do tipo Santo Graal, comece marcando conversas com pessoas que você admira, que fazem um trabalho que lhe interessa, e aqueles colegas que podem lhe dar bons conselhos (e vice-versa).

Considerando que você ainda pode não conhecer todos os detalhes do seu pivô, comece conversando com uma variedade mais ampla de pessoas. Entre em contato com aquelas que o intrigam e instigam a sua curiosidade, e não deixe de incluir quem tem um trabalho apenas indiretamente relacionado com o que você faz agora ou que atua numa área que pode ser do seu interesse.

Um mentor "avulso" é uma pessoa que você admira e que atingiu alguma meta que você ambiciona atingir, ou que sabe mais sobre uma área do seu interesse do que você. Em vez de perguntar meio sem jeito a alguém que você mal conhece: "Será que você toparia ser o meu mentor?" ou tentar iniciar um relacionamento com um semidesconhecido, é melhor procurar mentores "avulsos" e pedir um tempo para conversas breves e direcionadas, de 15 a 20 minutos.

Se a primeira conversa for boa – se vocês se derem bem e você se identificar com os conselhos que receber –, nada o impede de voltar a procurar a pessoa para fazer mais perguntas. Mesmo se ela não lhe der conselhos específicos para sua próxima pivotagem, você nunca sabe aonde a relação pode levar ou como vocês poderão se ajudar mais adiante.

Muitas pessoas me confidenciam que ficam nervosas com a possibilidade de serem rejeitadas ao pedir conselhos. Não se esqueça de que o pior que a pessoa pode dizer é "não". Se ela negar o pedido, quase sempre não será nada pessoal contra você. Ela pode estar ocupada com outras coisas no momento; talvez prefira um formato diferente do sugerido por você (por exemplo, falar por telefone e não em um almoço); ou, em alguns casos, ela pode ganhar a vida dando conselhos, de modo que pode preferir direcioná-lo a programas que ela já oferece. Não se deixe desanimar com as negativas e continue seguindo em frente. Muitos vão aceitar o pedido se puderem, ao se lembrar de toda a ajuda que receberam de outras pessoas ao longo do caminho.

Permita que a mentoria avulsa evolua naturalmente, se os dois lados tiverem interesse em desenvolver esse relacionamento. Em alguns casos, seu mentor avulso pode até se oferecer para manter contato, como uma das minhas mentoras de longa data, Susan Biali, fez comigo quase dez anos atrás. Na nossa primeira conversa por telefone, ela disse que adoraria me ajudar sempre que eu precisasse e perguntou se eu gostaria de marcar uma conversa mensal. Sou profundamente grata pelos conselhos que recebi dela, por nossas trocas de ideias no decorrer da minha carreira e por ela ter acreditado em mim quando eu era tão jovem e estava começando o meu negócio.

Em outros casos, talvez você deva ser proativo e voltar a procurar a pessoa depois dessas conversas avulsas. Não precisa perseguir a pessoa nem bombardeá-la com perguntas. Basta começar enviando uma mensagem de agradecimento e, algumas semanas ou meses depois, mandar uma atualização a respeito de alguma medida que você tomou desde a última conversa.

Encontre pessoas em funções nas quais você tem interesse, pessoas que podem lhe dizer como é a rotina no trabalho, e que talvez até lhe permitam observá-las trabalhando por um dia ou mais. Com isso, você terá mais bases para decidir se a realidade do trabalho delas corresponde às aparências. Será que a realidade dessa função corresponde aos seus pontos fortes e interesses?

Foi isso que meu irmão Tom fez com seu primeiro mentor, um bem-sucedido investidor imobiliário. Depois de se formar pela Universidade da Califórnia, onde jogou futebol americano, Tom começou a participar da confraternização de ex-alunos jogadores de futebol e conheceu profissionais do setor imobiliário, um pessoal que estava vivendo a visão para um ano de Tom. Meu irmão perguntou a um desses profissionais que admirava se ele poderia ajudá-lo a administrar sua carteira de imóveis comerciais e prédios de apartamentos de graça, por alguns meses, para poder sentir na pele a rotina de um investidor imobiliário.

Com esse acordo de aprendizagem por observação, o potencial mentor de Tom não correria risco nenhum, além de investir um pouco de tempo ensinando seu aprendiz, tempo que seria compensado pela ajuda que receberia. Tom se deu tão bem na função que acabou fechando um acordo com seu mentor e passou dois anos trabalhando para ele em período integral, administrando os imóveis dele. Com base na experiência que adquiriu com esse acordo, Tom pivotou para se tornar um corretor de imóveis comerciais e começou a investir em prédios residenciais para compor sua própria carteira.

E Como encontrar um mentor "avulso"

1. **Faça três listas de pessoas que você admira:** pessoas com quem você vai querer desenvolver relacionamentos mais profundos. As listas são:

- Os vínculos mais fortes: pessoas que você já conhece; relacionamentos já ativos; pessoas que provavelmente se mostrarão abertas e dispostas a ajudar.
- 50/50: pessoas que você não conhece muito bem ou que conhece por meio de outras pessoas, um ou dois graus de separação; pessoas a quem você poderia ser apresentado por alguém de sua rede de relacionamentos; pessoas que *poderiam* responder a um pedido por e-mail ou telefone.
- Tiros no escuro: pessoas que você não conhece e que pode ter dificuldade de conhecer; "peixes grandes" que, se aceitassem o seu pedido, tirariam o seu sono de tanta empolgação.

2. **Mande um e-mail para três pessoas das listas acima:** pergunte se elas poderiam recebê-lo para uma conversa de 20 minutos ou até se você poderia lhes mandar um breve questionário por e-mail para começar. Diga por que você as admira e por que acredita que os conselhos delas poderiam ajudá-lo. A ideia é fazer com que a pessoa aceite o seu pedido com mais facilidade.

3. **Seja curioso:** no telefonema ou no e-mail, faça perguntas abertas e deixe a pessoa falar sem ser interrompida. Pergunte o que ela aconselharia fazer na sua situação, o que ela teria feito diferente, quais atitudes levaram-na ao sucesso. Você pode perguntar se ela indicaria algum livro, blog, curso etc. que lhe seria especialmente útil e se ela conhece alguma outra pessoa que poderia ajudá-lo.

4. **Respeite o tempo combinado:** jamais ultrapasse o tempo programado. Dessa forma, a pessoa terá muito mais chances de topar uma segunda conversa no futuro.

5. **Agradecimentos, parte 1:** mande uma nota descrevendo o conselho específico que você considerou mais útil e como a conversa o afetou.
6. **Agradecimentos, parte 2:** coloque os conselhos em prática! Faça alguma coisa a respeito. Mande um e-mail ou ligue para relatar o seu progresso e contar as medidas específicas que você tomou como resultado da conversa que tiveram.

Conselho consultivo

À medida que os relacionamentos com os seus mentores "avulsos" progridem, você terá um punhado de pessoas que poderá consultar regularmente e com quem poderá trocar ideias, de preferência que também beneficiem os seus mentores. Com isso, eles se tornarão o seu *conselho consultivo* – a sua inteligência coletiva, o seu clã de mentores, a sua equipe estratégica que poderá contribuir com lições baseadas em suas vitórias e tropeços, fontes de valor inestimável de uma sabedoria testada e comprovada.

Por sorte, vários integrantes do meu conselho consultivo se ofereceram para me ajudar em algum projeto específico, mas eles normalmente participavam mais ativamente depois de eu ter iniciado os relacionamentos entrando em contato com eles para me apresentar. Também fiz questão de me dedicar a atividades voltadas a desenvolver a minha reputação, para aumentar as chances de as pessoas também se interessarem em falar comigo.

Você pode montar um conselho consultivo informal para procurar com perguntas, sem precisar convidar explicitamente os mentores para fazer parte da sua equipe. Ou pode fazer como Rebecca Rapple fez comigo e enviar um convite formal. Depois que concordei em participar do conselho consultivo dela, Rebecca me enviou um livreto impresso contendo suas metas anuais para todas as áreas de sua vida, um plano de vinte páginas para sua vida pessoal e profissional.

Em alguns casos, os integrantes do seu conselho consultivo podem se conhecer e interagir entre eles, mas geralmente eles não vão. E isso não é um problema, o seu conselho não precisa se reunir todo de uma vez. Mesmo assim, eles compõem um grupo seleto de cinco pessoas de confiança a quem você pode recorrer quando sentir que está num beco sem saída.

Você também pode não ter um relacionamento direto com todos os integrantes do seu conselho consultivo. Você pode acompanhar o progresso deles, aprender observando os projetos em que estão envolvidos e se inspirar em sua trajetória. Pense em pessoas que você admira: você pode não ter nenhum contato com elas e mesmo assim se orientar por suas ações e decisões profissionais. Por exemplo, muitas pessoas são adeptas da "Igreja da Oprah", cujo programa de entrevistas chegou a ter 10 milhões de espectadores diários em seu auge.[2] Os integrantes distantes do seu conselho consultivo podem servir como uma fonte de inspiração e sugerir possibilidades ambiciosas à medida que você acompanha o progresso dessas pessoas. Só faça questão de manter os olhos no seu próprio caminho e não se ater demais às definições alheias de sucesso e às trajetórias dos outros.

Pegando o vácuo

Se você já assistiu ao Tour de France, conhece o conceito de pegar o vácuo: os ciclistas se aglomeram atrás do atleta que está na liderança, sem ultrapassá-lo, e assim pegar menos vento contrário; com isso, podem avançar com menos esforço. Na realidade, estão imitando uma técnica usada por muitas espécies de aves. O ciclista ou pássaro que estiver à frente se encarrega do trabalho mais difícil, enquanto os outros se aglomeram logo atrás para reduzir a resistência ao vento e a energia necessária para atingir a mesma velocidade.

Pegar o vácuo na carreira pode ser uma técnica mutuamente benéfica e não deve se transformar em perseguição, roubo, plágio ou parasitismo. Pense em alguém que está mais adiante na carreira em comparação a você na sua área de atuação ou na área na qual almeja atuar, que está fazendo o que você gostaria de fazer, e pergunte se você pode ajudar essa pessoa a fazer qualquer tarefa que ela não está tendo tempo para realizar.

Você não está sendo preguiçoso. Ao pegar o vácuo de uma pessoa que já abriu o caminho, você pode aprender com a proximidade e se beneficiar de qualquer tarefa da qual ela não está conseguindo dar conta. Você vai poder repassar o favor um dia, ajudando outras pessoas a pegar o seu vácuo.

Eu estava em uma posição de liderança quando prestava coaching a outros autônomos que tocam seu negócio sozinhos. Quando direcionei minha carreira para trabalhar com executivos e empresários, passei a encaminhar todos os recém-formados que me procuravam em busca de coaching para vários dos meus clientes que trabalhavam com jovens profissionais. Foi gratificante repassar essas oportunidades para outros colegas, que ficaram muito felizes com a chance de trabalhar.

Por outro lado, peguei o vácuo de outros profissionais quando estava desenvolvendo meu negócio de palestras. Contei a outros palestrantes da minha área que eu adorava trabalhar com organizações e dar palestras em conferências, e que não me importava em viajar se fosse necessário. Vários palestrantes me indicaram para palestras nas quais eles não tinham interesse ou tempo para ministrar, especialmente os que tinham filhos pequenos.

A ideia é se cercar de pessoas que confirmarão o princípio de que "a maré alta eleva todos os barcos". Andrew Deffley, que conhecemos no Capítulo 4, pegou o vácuo de um ator que tinha dez anos de experiência a mais que ele e com quem acabou fazendo amizade. Eles se mantiveram em contato depois de se cruzar em vários sets de filmagem e, quando o ator veterano foi escolhido para estrelar uma nova série de TV, ele recomendou Andrew para um dos papéis coadjuvantes. Com base nessa indicação e em seu desempenho no teste, Andrew conseguiu o emprego.

É possível pegar o vácuo de várias formas:

- **Aprendiz:** trabalhar por pouca remuneração em troca de pleno acesso e orientação para aprender como o líder opera seu negócio ou direciona sua carreira.
- **Tarefas em excesso:** quando o líder tem mais trabalho do que consegue abraçar, *se* você tiver experiência e conhecimento na área, mas ainda não estiver gerando o mesmo interesse dos clientes, o líder pode recomendar os seus serviços.
- **Livros e podcasts:** você não precisa conhecer os especialistas "na vida real" para aprender com eles e pegar seu vácuo. Livros sintetizam anos de conhecimento, pesquisas e erros que você não precisa cometer. A primeira coisa que eu faço quando alguém me dá um livro é abri-lo, meter a minha cara nele e sentir o cheirinho de livro novo. *Ahhh, a glória de toda essa sabedoria condensada nestas páginas!* O autor destilou anos de experiência e conhecimento em um único guia, tudo pelo custo de alguns cappuccinos. Você também pode pegar o vácuo ouvindo palestras no TED Talks e em podcasts, especialmente se preferir aprender ouvindo ou quiser ter contato com outra dimensão do trabalho de um especialista.

Mentorigos

Você já deve ter ouvido o ditado de que somos a média das cinco pessoas com quem mais convivemos. Na minha cabeça, quanto mais, melhor. Mas, no mínimo, se você não tiver amigos que o inspirem e o ajudem a se expandir, eu diria que é hora de fazer novas amizades. Você jamais deveria deixar espaço na sua vida para pessoas tóxicas, principalmente se estiver passando por uma grande mudança. Os pivôs costumam revelar os relacionamentos tóxicos para que eles possam ser terminados ou reconfigurados com limites mais claros.

Os *mentorigos*, por sua vez, são aquelas pessoas incríveis que temos a sorte de chamar de amigos e também podem atuar como mentores profissionais, dando conselhos específicos para a nossa área de atuação. Você já pode ter mentorigos na sua cidade, mas, se não tiver, saia à caça de pessoas que pensam como você em comunidades na internet ou em grupos voltados às suas áreas de interesse e que se reúnem com esse foco. Os seus mentorigos mais próximos também podem participar do seu conselho consultivo, ao qual você recorre em busca de conselhos quando está diante de grandes decisões.

Uma das atividades mais proveitosas, que me arrancou do meu egocentrismo improdutivo durante uma pivotagem no meu negócio, foi conversar por telefone, sair para tomar um café ou dar uma caminhada com colegas que atuavam no meu setor e já tinham encontrado soluções para os maiores problemas que eu estava enfrentando. Como estávamos desenvolvendo amizades mutuamente benéficas, nos encontrávamos com mais regularidade do que teria sido possível se quiséssemos conversar com os "peixes grandes", os mentores mais formais.

Essas conversas com meus mentorigos me proporcionaram muitos benefícios: deram-me a chance de sair de casa e desviar a atenção do meu próprio umbigo; ajudaram-me a me conectar com outras pessoas; forneceram-me feedback e soluções em tempo real para alguns problemas específicos e revelaram novas oportunidades e ideias que eu jamais teria tido apenas lendo livros e ouvindo podcasts.

Eu *não* procurei essas pessoas para "fuçar a cabeça delas". Pelo contrário, encarei aqueles encontros como uma chance de gerar algum valor para todos os envolvidos. A ideia era já começar a interação com uma atitude positiva, oferecendo opiniões, sugestões, recomendações, dicas de leituras ou sites, incentivo e contatos para a outra pessoa também.

Manter contato com os mentorigos pode se transformar em um hábito, como fazer exercícios, sem aquele mal-estar que costuma acompanhar o networking. Estabeleça a meta de conversar com um ou dois colegas interessantes toda semana. Inclua na sua rotina manter contato regular com pessoas, seja para formar novas conexões ou para procurar antigos conhecidos. Se vocês não moram na mesma cidade, nada o impede de marcar um "café por telefone" com o seu mentorigo.

Também gosto de organizar encontros, eventos que me possibilitem botar a conversa em dia com muitos mentorigos ao mesmo tempo e criar valor ao apresentá-los uns aos outros. No verão, organizo um piquenique no parque, em que cada convidado leva alguns comes e bebes, e encorajo as pessoas a levar seus próprios convidados. Com isso, podemos retomar o contato com velhos amigos e fazer novas amizades, num ambiente descontraído de bate-papo informal e boa comida.

Luke Schrotberger recorreu a seus mentorigos quando quis pivotar na empresa onde tinha trabalhado por quase dez anos, deixando de prestar consultoria em projetos de produção de defesa para integrar um grupo que trabalhava com petróleo e gás no Alasca. Ele começou procurando amigos próximos dentro e fora da empresa. Luke conversou com um colega que tinha entrado na empresa mais ou menos na mesma época que ele, e que agora ocupava um cargo de liderança no Alasca, e poderia lhe dar informações e perspectivas realistas. Foi essa conversa que o ajudou a conseguir o cargo e pivotar dentro da empresa.

Dois anos depois, Luke decidiu pivotar de novo, dessa vez para abrir sua própria empresa, já que parecia que sua companhia não oferecia mais nenhuma oportunidade de crescimento para ele. Duas semanas depois de ter anunciado ao chefe que estava saindo, o mesmo colega que o havia levado para o Alasca em sua última transição fez-lhe uma proposta de ir para a Austrália abrir uma nova divisão. O mentorigo de Luke contribuiu com insights importantíssimos durante sua primeira pivotagem e com uma oferta de trabalho na seguinte.

Grupos de mentes afins

Além dos relacionamentos casuais com mentorigos, também me beneficio enormemente de grupos mais formais de colegas com mentalidade afim. Já faz muitos anos que tenho conversas semanais ou quinzenais com um ou dois amigos que estão realizando um trabalho parecido ou que compartilham objetivos semelhantes aos meus. Esses *grupos de mentes afins* me ajudam a levar meus planos até o fim, me encorajam e fazem sessões de brainstorming comigo.

Recomendo encontrar pessoas do mesmo nível que você, com quem possa trocar ideias, feedbacks, experiências e contatos. Mesmo que vocês não atuem no mesmo setor ou não tenham os mesmos objetivos, esses grupos podem ser referências e fontes de apoio confiáveis que o ajudarão a atingir seus objetivos.

Conheci Lora Koenig quando ela se inscreveu em um dos meus cursos, um programa de dez semanas para gerar ímpeto a fim de atingir um grande objetivo. Naquele curso, aloquei cada participante a um pequeno grupo de mentes afins para que verificassem semanalmente o progresso uns dos outros. Quando Lora entrou no programa, ela estava endividada, infeliz em seu emprego, desejosa de conhecer o mundo e tudo o que queria era "fugir da vida e recomeçar do zero". Ela lembra: "Eu estava inquieta e absolutamente descontente e, se alguma coisa não acontecesse logo, parecia que eu ficaria presa para sempre na minha vida infeliz".

Aquele sentimento de desesperança a motivou a mudar e a impulsionou a dar três passos de Sondagem ao mesmo tempo: candidatar-se para trabalhar no Corpo da Paz, inscrever-se em uma conferência para profissionais criativos e se matricular no meu curso. Seis meses depois de concluir o curso, Lora foi aceita no Corpo da Paz e pivotou de um emprego em gestão de produtos para um projeto de desenvolvimento agrícola na Etiópia.

"Os colegas que conheci me ajudaram muito naquela época, principalmente quando eu achava que tinha enlouquecido", ela conta.

"Enquanto meus ex-colegas e meus conhecidos diziam que não conseguiam entender por que eu precisava mudar de vida, meus colegas na internet diziam: 'Tudo bem se sentir assim' e 'A vida é sua, você deve poder fazer dela o que quiser'." Para Lora e tantas outras pessoas com quem trabalhei, encontrar um grupo de mentes afins na internet a ajudou a se sentir menos sozinha, menos maluca e mais audaciosa.

A cada três semanas, mais ou menos, meu amigo Adam e eu conversamos por uma hora e meia e dividimos nosso tempo da seguinte maneira: 30 minutos para botar a conversa em dia, 30 minutos de brainstorming para o negócio dele e 30 minutos de brainstorming para o meu. Sempre que minha amiga Elisa e eu precisamos de uma motivação a mais e de uma referência sobre o nosso progresso e não temos muito tempo para conversar, criamos uma discussão por e-mail, com uma lista de tarefas para o mês, que respondemos ao fim de cada dia com as tarefas concluídas e as que planejamos realizar no dia seguinte.

Quando meu amigo Alexis Grant e eu estávamos escrevendo nossos respectivos livros, combinamos acompanhar nosso progresso todos os dias por meio de uma planilha compartilhada na nuvem. Era uma grande fonte de motivação verificar como tínhamos evoluído. Alguns meses depois, criamos uma planilha parecida e convidamos outras pessoas a se juntarem a nós para o desafio de escrever 50 mil palavras em um mês, durante o popular Mês Nacional de Produção de Romances, que acontece todo ano em novembro. Batizamos o nosso projeto de Mês Nacional de Produção de Blogs e quase cem pessoas participaram. Com a ajuda do poder da supervisão coletiva, juntos escrevemos 556 mil palavras, sendo que quatro pessoas bateram a meta das 50 mil.

Saber que meus colegas veriam um zero ao lado do meu nome na planilha naquele dia se eu não escrevesse me motivou a escrever pelo menos um pouco todos os dias. Foi a primeira vez na minha vida, e em oito anos escrevendo um blog, que escrevi todos os dias sem falta, mesmo quando não estava inspirada.

Algumas recomendações para se ter em mente ao criar um grupo de mentes afins:

- Escolha uma ou duas outras pessoas com habilidades e objetivos complementares.
- Agende dia e horário fixos para as conversas. Gosto de sessões de 45 minutos a cada duas semanas, mas alguns grupos de mentes afins preferem sessões de 90 minutos ou mais.
- Comece cada conversa com uma rápida verificação: falem sobre um ponto alto, um ponto baixo e uma lição aprendida desde a última conversa. E compartilhem quaisquer grandes vitórias para aplaudir o sucesso uns dos outros!
- Revezem-se para fazer um brainstorming focado: cada pessoa descreve rapidamente um problema, sem se estender em explicações, e o grupo faz uma sessão de brainstorming de 10 a 15 minutos. O ideal é o maior número possível de pessoas participar.
- Na conclusão, cada um identifica um ou dois próximos passos que pretende dar antes da próxima conversa.
- A cada mês ou trimestre, definam metas mais elevadas e reflitam sobre o período anterior.

Sistema de troca direta

Se você estiver com a grana curta, ou mesmo se não for o caso, e tiver alguma habilidade especial para trocar pelos serviços de outro profissional, a *troca direta* pode ser uma boa maneira de obter ajuda profissional sem gastar muito. Em um estudo com mil freelancers, 83% disseram que repassam trabalho a outros freelancers, 52% montam equipes para trabalhar em projetos e 37% trocam serviços pelo sistema de troca direta.[3] Os acordos de troca direta são mais eficazes com uma data de início e uma de fim e quando fica claro exatamente o que se espera que os dois lados forneçam.

Já troquei meus serviços de coaching de estratégia de negócios com outros coaches, um advogado, um massagista e um designer de sites. Cheguei a criar um site em troca de um retiro de ioga na Itália. Todos os meus colegas de troca direta são meus amigos hoje, em parte porque passamos muitos anos nos ajudando com a troca de conhecimentos e serviços e temos acompanhado muitos altos e baixos uns dos outros no decorrer da nossa vida pessoal e profissional.

A troca direta ideal é aquela em que os dois lados se beneficiam reciprocamente de uma habilidade que o outro tem. Pode ser complicado atingir esse equilíbrio. Nem sempre é fácil encontrar duas pessoas com habilidades diretamente complementares que estejam precisando de ajuda ao mesmo tempo e que também tenham tempo, energia e flexibilidade financeira para assumir um trabalho não remunerado.

A ideia é encontrar uma taxa de câmbio justa. Considerando que não há troca em dinheiro, é importante chegar a um acordo que satisfaça os dois lados. A situação pode ficar embaraçosa (e rápido) se um lado começar a se beneficiar mais da troca, ou até se um dos lados começar a achar que o outro está se beneficiando mais. Por isso, analise se a troca direta é de fato a melhor solução.

Se você estiver abrindo um negócio, pode ser mais interessante pagar alguém neutro – alguém com quem você não tem um relacionamento pessoal – para não ter reservas quando precisar dar algum feedback negativo ou para quando vocês derem de cara com as inevitáveis discordâncias criativas. Cuidado para não confundir as trocas diretas com parcerias de negócio, que requerem maior comprometimento e envolvem troca de dinheiro ou bens.

Carma profissional: busque o sucesso mútuo

Em várias ocasiões, fui abordada por clientes potenciais um pouco hesitantes porque almejavam fazer um trabalho na mesma linha que o meu. *Será que eu me disporia a trabalhar com eles sabendo que basicamente estaríamos competindo pelo mesmo tipo de clientes?* "Eu jamais me preocuparia com isso", é o que respondo, muitas vezes para a surpresa deles. Eu os indico para possíveis clientes, até para clientes que poderiam muito bem trabalhar comigo, porque acredito piamente que não falta trabalho para todos.

É o que eu chamo de *carma profissional*. Quando dou sem esperar nada em troca, reforço a ideia da abundância. Plante muitas sementes de generosidade, sem expectativa de retorno, e as sementes gerarão dez vezes mais frutos, e, em geral, de maneira que você jamais esperaria.

Lisa Danylchuk, uma psicoterapeuta de San Francisco, chama isso de *transformação recíproca*: "Segundo o princípio da transformação recíproca, o crescimento de uma pessoa é o crescimento da outra. Aprenda a ver o que o outro tem de incrível ou a sua boa sorte como um reflexo de suas próprias possibilidades pessoais".

Compartilhar recursos e celebrar o sucesso dos outros é um começo, mas não basta para atingir o sucesso recíproco.

A sua capacidade de ajudar os outros começa com você. Você deve encher o seu próprio copo, pedindo ajuda ao longo do caminho. Não saia distribuindo dádivas até esvaziar o seu copo. É difícil fazer a jornada sozinho. Seria um caminho solitário e, acima de tudo, frustrante.

Aprendi essa lição a duras penas. Cheguei a apelidar o meu algoz interior de "guerreiro autossuficiente". Essa faceta da minha personalidade representava o escudo que criei para me proteger na minha carreira e nos meus relacionamentos. Se fizesse tudo sozinha, não precisaria depender de ninguém e ninguém poderia me decepcionar. Eu teria o controle total da minha própria felicidade e do meu próprio sucesso.

Só que não deu certo. Quanto mais eu me protegia, mais as pessoas se distanciavam. Quanto mais eu tentava avançar sozinha, mais eu me exauria.

Por outro lado, quando minha bateria ficou tão baixa que eu não tive outra escolha a não ser pedir ajuda, tudo ficou mais fácil. As pessoas começaram a entrar na minha vida no momento certo. Comecei a confiar na sabedoria que os eventos da minha vida tinham a me oferecer, nos desdobramentos, nos momentos certos, nas lições que pareciam ter sido escolhidas a dedo especialmente para mim, apesar de todas as dificuldades. Foi quando retornei ao ciclo de dar *e* receber.

A melhor estratégia para criar uma boa rede de relacionamentos não envolve cavar favores e acumular cartões de visita. A ideia é desenvolver relacionamentos mutuamente benéficos e fluidos que possibilitem uma troca de energia, ideias e contatos.

As pessoas constituem um importante alicerce em sua estratégia de pivotagem, mas ainda não chegou a hora de sair cobrando favores. O que motivará as pessoas a lhe oferecer ajuda antes mesmo de você ter de pedir?

6

Feche as lacunas

Que conhecimentos e expertise o levarão ao próximo nível?

Eu espero que neste ano que está por vir você cometa erros.
Porque, se estiver cometendo erros, quer dizer que você está
fazendo coisas novas, experimentando coisas novas,
aprendendo, vivendo, expandindo os seus limites, mudando a
si mesmo, mudando o seu mundo.

– NEIL GAIMAN[1]

A inovação tecnológica avança em uma velocidade tão exponencial que ninguém pode prever exatamente quais habilidades serão necessárias para complementar a tecnologia do futuro ou aquelas que se tornarão obsoletas. Desse modo, não basta mais simplesmente descobrir as habilidades que são necessárias e dominá-las.

Como diz o ditado, "dê a um homem um peixe e o alimentará por um dia. Ensine um homem a pescar e o alimentará por toda a vida". O que precisamos fazer é adaptar a segunda diretriz para: "Ensine um homem a *se ensinar a pescar* e o alimentará por toda a vida". Os pivotadores mais ágeis vão melhorando o próprio processo de aprendizagem para poderem se ajustar rapidamente à medida que surgem novas tecnologias.

Você *pode* acelerar a velocidade na qual consegue identificar as habilidades necessárias e a rapidez com a qual é capaz de aprendê-las. Enquanto a etapa da Estabilização o ajudou a identificar pontos fortes que você já desenvolveu, este capítulo o ensinará a sondar com eficácia as novas habilidades valorizadas. Você vai aprender a discernir as áreas nas quais vale a pena investir aprendizagem e pesquisas.

O que está faltando

Quando estiver firmemente ancorado nos seus pontos fortes definidos na etapa da Estabilização, você deve começar a fechar a lacuna entre o ponto onde está agora e o ponto onde quer terminar, como esboçou na sua visão para um ano. Você provavelmente vai precisar melhorar as suas habilidades ou ampliar e aprofundar os seus conhecimentos para preencher essas lacunas e refinar ainda mais a sua visão.

Antes de sair comprando manuais a torto e a direito, defina uma estratégia de aprendizagem identificando o que você *não* sabe. Pode parecer um contrassenso, mas parte da etapa da sondagem consiste em revelar pontos cegos. A base da aprendizagem e do crescimento é se forçar a ir além dos seus limites e dos seus níveis de consciência atuais.

E Repasse os exercícios referentes à sua visão na etapa da Estabilização. Identifique áreas nas quais gostaria de melhorar suas habilidades, experiência, reputação e rede de relacionamentos. Pondere as respostas para as questões a seguir:

- O que mais instiga a sua curiosidade?
- O que você poderia fazer para se desenvolver ainda mais nessas áreas? Como poderia aprender essas habilidades por conta própria?

- Com quem você poderia aprender por observação ou treinando para melhorar?
- Pare um pouco para ponderar também o que *não* está indo muito bem na sua carreira: quais habilidades o ajudariam a avançar ou corrigir a sua trajetória?

Aprenda a aprender

Quando você tiver algumas ideias sobre novas habilidades necessárias, não faltarão maneiras de desenvolvê-las enquanto faz experimentos com outros elementos da pivotagem. Parte de um bom processo de sondar – e pivotar – consiste em aprender a aprender. Livros como *The Art of Learning*, de Josh Waitzkin, *The 4-Hour Chef*, de Tim Ferriss, e *The First 20 Hours*, de Josh Kaufman, apresentam instruções e atalhos para aprender a aprender praticamente qualquer coisa em uma fração do tempo que você pensa que levaria.

Você também pode encontrar dezenas de plataformas de aprendizagem de baixo custo na internet, como Skillshare, Khan Academy, Codecademy, General Assembly, Udemy, Coursera, Udacity, entre outras. E, graças aos cursos on-line abertos e massivos (MOOCs, do inglês *massive open online course*), hoje temos acesso a cursos e professores do mundo todo, em universidades que abrem as portas para milhares de alunos todo semestre.

O desenvolvimento de uma nova habilidade segue quatro estágios ou níveis de aprendizagem, no que é conhecido como o modelo da competência consciente, desenvolvido por Noel Burch na Gordon Training International. O modelo o ajudará a avançar apesar dos inevitáveis pontos baixos e do desânimo que acompanham todo processo de aprendizagem.

Níveis de aprendizagem

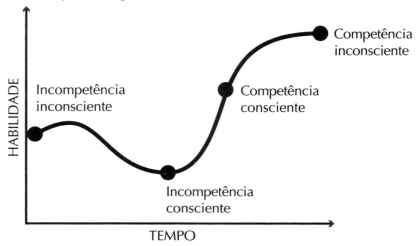

Níveis de aprendizagem

- **Incompetência inconsciente:** você não sabe o que não sabe e está feliz na sua ignorância. Você ainda não está ciente da habilidade nem faz ideia do que seria necessário para dominá-la.
- **Incompetência consciente:** um ponto baixo.[2] À medida que você começa a praticar, se conscientiza do quanto tem a aprender. Você pode se sentir incompetente, frustrado ou desencorajado ao se dar conta de que vai precisar de mais tempo ou prática do que imaginava para dominar a nova habilidade.
- **Competência consciente:** você começou a dominar a nova habilidade, mas ainda precisa ponderar ativamente se está fazendo certo. É mais ou menos como nos primeiros dias depois de tirar a sua carteira de motorista; você é capaz, mas precisa se manter bem vigilante ao dirigir.
- **Competência inconsciente:** você não precisa mais pensar ativamente sobre a habilidade. Agora, colocá-la em prática é natural e, consequentemente, você consegue atingir seus objetivos e ainda curte o processo. Você ganha mais ímpeto.

Use o ímpeto gerado pelos hobbies

Ajuda muito ter um hobby ou uma habilidade que você possa cultivar durante um pivô, algo que não tenha nada a ver com a sua carreira. Quando me mudei para Nova York, defini como meta pessoal começar a "plantar bananeira" no meio da sala durante a aula de ioga. Eu tinha tanto medo que, no primeiro workshop que fiz para aprender essa posição, não consegui tentar nenhuma vez durante a aula de duas horas.

No ano seguinte, defini a meta de ficar pelo menos uma vez de cabeça para baixo no meio da sala, manter a posição por alguns segundos e descer quando eu quisesse. Nas centenas (se não milhares) de tentativas daquele ano, consegui cumprir a minha meta apenas uma ou duas vezes, mais por sorte do que por habilidade.

No ano seguinte, fiz questão de praticar todos os dias no parque, onde nenhum conhecido estaria me vendo e onde a grama reduziria o impacto da queda. Aos poucos, minhas habilidades foram melhorando. Eu não tinha mais medo de tentar durante a aula e, no fim do ano, já conseguia ficar de cabeça para baixo, no meio da sala, por um bom tempo na maioria das tentativas. Parecia que eu tinha voltado à infância, plantando bananeira todo dia, e adorava o divertimento, o foco, o senso de realização cada vez maior e a confiança que eu sentia com a prática.

Um hobby pode melhorar de várias maneiras seu modo de ver as coisas durante uma pivotagem:

- Quando você está exausto de lidar com grandes questões, deixar os problemas cabeludos de lado e se distrair com um hobby envolvente pode ajudar bastante. O tempo gasto em outras atividades não raro abre em sua mente espaço para novos insights quando você retornar às suas grandes questões.

- Desenvolver uma nova habilidade aos poucos, com o tempo gera um tipo especial de confiança. É divertido constatar até o mínimo progresso e você terá algo para celebrar inclusive nos seus dias mais difíceis, em que teve de resolver complexas questões da sua pivotagem.
- O desenvolvimento de novas habilidades muda a configuração do nosso cérebro, aumentando o número de conexões neuronais e a produção de mielina.[3] Com isso, conseguimos um desempenho melhor, especialmente à medida que praticamos.
- Os hobbies nos ensinam a encarar fracassos. É inerente ao processo de aprendizagem aguentar firme no começo e, em muitos casos, você não tem como aprender a nova habilidade sem pisar na bola 100 vezes até finalmente conseguir na 101ª tentativa.
- Os hobbies o incentivam a sair da sua zona de conforto e você até pode acabar conhecendo pessoas que o ajudarão a pivotar de maneiras surpreendentes.
- Se o seu hobby envolver alguma atividade física, melhor ainda. Ao se exercitar, seu corpo vai produzir todas as substâncias químicas da felicidade, bem como a recompensa da endorfina quando a sua taxa de sucesso aumentar à medida que as suas habilidades se desenvolvem.

Albert Einstein chamava isso de *jogo combinatório*; muitas vezes, lhe ocorreram ideias inovadoras nos intervalos que fazia para tocar violino.[4] Essa prática era tão importante para o processo de Einstein que ele declarou, em uma frase célebre: "O jogo combinatório parece ser o fator essencial do pensamento produtivo".

Restrinja o pensamento linear

Quando perguntaram a Chris Rock qual era sua estratégia para escrever piadas para suas apresentações de stand-up, ele respondeu: "A ideia é esquecer que é um comediante e tentar ser um repórter. Qual é a pergunta que ninguém fez ainda?".[5] O mesmo se aplica ao processo de Sondagem: nessa etapa, você deve ser como um jornalista, investigando novas áreas com perguntas amplas e abertas para decidir o que aprender, com quem conversar e quais oportunidades tentar alavancar.

Nem sempre é fácil fazer perguntas abertas. Uma armadilha comum na pivotagem acontece quando as pessoas pulam a etapa das perguntas e acabam se desvalorizando com uma série de qualificações preparatórias. Elas passam tempo demais esperando até ter mais treinamento, mais experiência ou mais certificações em vez de desenvolver os pontos fortes que já têm.

Você sabe que está caindo nessa *armadilha do "quem sabe um dia"* quando impõe condições lineares a um resultado desejado, como *"Quando* eu ganhar US$150 mil por ano, vou poder viajar mais" ou *"Se* eu tirar meu MBA, vou poder abrir o meu próprio negócio". Algumas pessoas acabam adotando uma mentalidade perfeccionista como tática para postergar a decisão ou a ação: "Só vou lançar o produto *quando* o meu site estiver perfeito". Outras se apegam a uma mentalidade derrotista: "Se eu *só* conseguir cem assinantes, para que me dar ao trabalho?".

Se você já fez algum curso de improvisação, conhece um componente fundamental, a técnica do "Sim, e...".[6] De acordo com essa técnica, você deve usar qualquer coisa que o seu parceiro de improvisação disser. Desse modo, vocês dois podem combinar conceitos malucos, sem a menor conexão, acompanhando o que o outro disser. Na verdade, esse é o único jeito de manter a história fluindo.

O mesmo vale para as suas maiores questões de pivotagem. É bom refletir sobre o passado e é bom planejar para o futuro, mas o maior valor está entre essas duas coisas: na sua realidade presente. É só acompanhando a sua realidade atual, fazendo perguntas combinatórias em cima de afirmações aparentemente contraditórias, que você tem como manter seu diálogo interior fluindo.

Enquadre as suas crenças lineares em termos de perguntas combinatórias: "Como posso fazer o que adoro *e* ao mesmo tempo manter o meu emprego?" ou "Como posso sair do meu emprego *e* ao mesmo tempo manter a minha segurança financeira?".

Outra maneira de contornar uma lógica problemática do tipo "se--então" é perguntar o que você efetivamente ganharia caso o seu "se" de fato acontecesse. Se você tivesse um diploma de mestrado, "então" o que aconteceria? Se tivesse mais dinheiro, "então" o que poderia fazer? Essas perguntas do tipo "então, o que..." sinalizam o seu verdadeiro objetivo e lhe possibilitam começar a fazer perguntas muito melhores, por exemplo:

- Como posso testar as minhas ideias com um pequeno público?
- Como posso avançar no meu pivô mesmo sem ter o próximo trabalho ou cliente garantido?
- Como posso melhorar a minha saúde, aumentar a minha felicidade e me dedicar aos meus hobbies com o tempo livre que tenho?
- O que já tenho na minha vida pessoal e profissional pelo qual posso ser grato?

Também já vi muitas pessoas com medo de realizar uma mudança na carreira fazendo perguntas sobre o "pior cenário possível", geralmente uma variação de: "E se não der certo e eu perder o chão emocional e financeiramente?". Admito que foi isso que pensei quando me vi diante da decisão de me dedicar em tempo integral ao meu negócio de coaching e consultoria.

Quando me dei conta de que estava me deixando tomar por receios, recorri a um exercício de substituição de pensamentos. Sempre que cenários baseados no medo surgiam na minha mente, eu os combatia com uma pergunta mais produtiva: "Mas e se eu ganhar o dobro do que ganho hoje e na metade do tempo?". Com isso, pude voltar minha atenção para criar um negócio que me possibilitaria uma meta capaz de me motivar mais.

E Contorne a lógica linear equivocada

Faça uma lista com suas três maiores preocupações quanto ao seu pivô e reescreva cada uma delas no formato "Sim, e...". Em seguida, reescreva essas afirmações no formato de perguntas "como".

Veja um exemplo, começando com uma preocupação baseada no medo. "Quero abrir o meu próprio negócio, mas tenho medo de não ganhar o suficiente para garantir a minha segurança financeira."

Essa afirmação, escrita no formato "Sim, e...", seria algo como: "Quero abrir o meu próprio negócio *e* ter sucesso financeiro".

Por sua vez, essa afirmação reescrita como uma pergunta aberta, poderia ficar assim: "Como posso abrir o meu próprio negócio e ganhar o suficiente para manter meu estilo de vida atual?". Uma versão ainda mais direta seria: "Qual modelo de negócio se encaixaria melhor nos meus pontos fortes e me proporcionaria uma vida saudável?". E você poderia ser ainda mais específico: "Qual tipo de negócio me renderia pelo menos US$150 mil por ano e me possibilitaria manter um estilo de vida no qual eu poderia dar vazão à minha liberdade e vitalidade?".

Passe uma semana refletindo e veja o que acontece. De tempos em tempos, gosto de escrever perguntas abertas no topo de uma folha de papel ou em um post-it colado na minha porta da frente, onde sei que vou vê-las todos os dias, e ali vou incluindo ideias e possíveis soluções no decorrer da semana ou do mês.

Solte o balde com perguntas sem resposta

Meu pai e eu criamos uma brincadeira que batizamos de "Solte o balde". Imagine que o seu cérebro tenha um balde onde você coloca uma pergunta sem resposta. Se você soltar o balde no poço do seu cérebro, como um poço dos desejos, com o tempo poderá puxar o balde e ele virá com uma resposta. Pode demorar uma hora, pode acontecer quando você estiver no chuveiro, pode levar uma semana ou um mês.

De acordo com Steven Kotler, autor de *Super-humanos: como os atletas radicais redefinem os limites do possível*, "O segredo é se forçar a chegar à beira da frustração e parar.[7] Vá até o limite do insuportável para o seu cérebro e, quando chegar nesse ponto, mude de assunto. Pense em qualquer outra coisa que não seja o problema". Ao fazer isso, o nosso cérebro passa do processamento consciente ao processamento subconsciente e as respostas parecem surgir do nada.

Quando você estiver em busca de respostas ou ideias, formule perguntas abertas e solte o balde. Pode ter certeza de que, mais cedo ou mais tarde, o balde vai voltar com uma resposta. A parte mais difícil é fazer a pergunta certa. Uma vez elaborada, se você refletir sobre ela periodicamente no decorrer de dias ou semanas, sua mente vai processar a questão e se sair com algumas respostas.

Quais são as suas perguntas sem resposta no momento? Como o meu pai gosta de dizer: "Coloque esses 85 bilhões de neurônios para trabalhar!".

Escuta investigativa

Em uma entrevista para o webcast *Good Life Project*, de Jonathan Fields, a famosa especialista em vulnerabilidade Brené Brown contou como ela aborda as pesquisas e as descobertas.[8] Brown segue um método das ciências sociais chamado teoria fundamentada em dados. Trata-se de um sistema para descobrir teorias ou hipóteses, primeiro analisando e depois codificando os dados para revelar padrões. Esse processo é o inverso da maioria das metodologias tradicionais de pesquisa, de acordo com as quais o pesquisador deve começar com uma pergunta ou hipótese e comprová-la ou refutá-la com dados.

Brown explica que, com a teoria fundamentada, começamos observando a "experiência vivida" e usamos esses dados para tirar conclusões, que podem ou não contestar as teorias existentes, como ela explica: "É tudo uma questão de repercussão e adequação: os conceitos que você está encontrando repercutem na população estudada? As pessoas se enxergam nas vidas e nas histórias que você está criando com os seus dados?'".

De acordo com Brown, *confiança* e *surgimento* são dois dos axiomas mais importantes da teoria fundamentada. "Confie em tudo que surgir dos dados, confie nas experiências das pessoas e nas percepções que elas têm dessas experiências", ela recomenda.

O que isso tem a ver com um pivô? Em muitas ocasiões, você vai precisar começar analisando a situação para só depois procurar padrões e sinais. Esse é o objetivo da etapa da Sondagem: abrir um diálogo com muitos grupos diferentes – colegas, mentores, clientes, empresas, amigos e parentes, qualquer pessoa que possa ajudá-lo a encontrar novos padrões, temas, pontos fortes e oportunidades.

Foi exatamente o que Marques Anderson fez quando pivotou, deixando de jogar na Liga Nacional de Futebol Americano (NFL) para abrir sua organização sem fins lucrativos, a World Education Foundation. Desde o princípio, em 2010, a WE Foundation trabalha com uma rede internacional de especialistas, estagiários e voluntários, auxiliando na estruturação e na implementação de projetos em quatro importantes áreas de desenvolvimento: saúde, educação, infraestrutura e esportes.

Em vez de determinar o que deve acontecer com seus voluntários, parceiros e as comunidades que ajuda, Marques prefere adotar a atitude do "líder servidor". Em suas viagens para mais de 51 países, ele faz questão de mergulhar na cultura e na comunidade local. Seja comparecendo a festas de aniversário, tomando chá, jantando na casa de alguém ou dando uma caminhada com um líder da comunidade local, Marques ouve mais do que fala, sempre com curiosidade e interesse.

"Percebi muito cedo que eu precisava deixar as pessoas me guiarem, em vez de tentar guiar as pessoas", ele explica. "É muito importante para mim ouvir as histórias diretamente das pessoas e não ficar sentado numa torre de marfim dizendo aos outros o que fazer e o que é melhor para eles. Deixo que me digam o que é melhor e atuo como facilitador para levar oportunidades a eles", acrescenta.

Passei meses ruminando qual seria o modelo de negócio mais sustentável para mim durante a pivotagem que descrevi na introdução. Eu me perguntava o tempo todo: "Qual é um modelo de negócios escalável?", e nunca me ocorria uma boa resposta. Até que um dia percebi que a minha abordagem a essa questão estava errada. Eu precisava usar minha versão da teoria fundamentada em dados para me concentrar nas necessidades *das pessoas*, não no meu negócio: começar coletando o feedback e depois criar algo de valor com base no que a minha nova comunidade do site JennyBlake.me decidiria que fosse mais útil.

Essa experiência pode ser uma grande lição de humildade. Significa admitir que você não sabe. Que é preciso voltar à "mente de principiante", como diz o ditado budista, desapegando-se de ideias preconcebidas e mantendo-se aberto às respostas que surgirem.

Algumas semanas depois de me conscientizar disso, enviei um rápido questionário de duas perguntas aos leitores do meu blog, perguntando como eu poderia ser mais útil: "Qual é o seu maior desafio no momento?" e "O que eu posso criar para você este ano?".

Você pode fazer a mesma coisa, ainda que não tenha um público definido, perguntando a pessoas que atuam em áreas de seu interesse quais são seus maiores desafios. As empresas contratam empregados, terceiros e consultores porque têm um problema para resolver.

As respostas que recebi me ajudaram muito. Algumas pessoas estavam no meio de uma pivotagem na carreira, outras estavam em busca de ferramentas e táticas específicas de negócios, e outras ainda estavam tentando encontrar o equilíbrio e evitar a estafa. Eu já estava ciente de alguns desafios e dificuldades, mas desconhecia outros, e as respostas ao questionário me ajudaram a orientar a elaboração dos meus projetos.

De repente, eu estava me beneficiando do poder de centenas de mentes, não apenas de uma. Pude encontrar temas e padrões e depois incluir minha própria intuição sobre o que as pessoas poderiam considerar útil, sem tentar dar conta de todo o trabalho pesado sozinha.

Com os dados que coletei, acabei criando uma comunidade on-line privada que batizei de Momentum, na qual os impactadores poderiam trocar ideias, ferramentas e contatos para atingir suas metas criativas com a ajuda dos meus modelos, cursos, workshops e orientação. Criei uma seção no site chamada Brilliance Barter, inspirada no princípio da troca direta, para abrir um canal no qual as pessoas poderiam dar e receber feedback, e usei essa seção para avaliar vários elementos importantes deste livro.

Esse processo se encaixou perfeitamente no que Brown e Fields falaram em sua conversa no *Good Life Project*. "Você pode começar criando um produto e depois procurar clientes e um mercado para vendê-lo, ou pode se dedicar a conhecer a comunidade, ouvir o que estão falando e satisfazer as verdadeiras necessidades deles", explica Brown, acrescentando que os melhores pesquisadores e empreendedores "permanecem abertos para o mercado mostrar que estão errados. Eles ouvem o que o mercado diz que é certo e então decidem se querem criar isso ou não. No fundo, esse processo envolve muito desconforto e vulnerabilidade".

Uma ressalva: *apenas* ouvir não vai levá-lo a inovar. Como disse Henry Ford sobre entrar no negócio de automóveis, "se eu tivesse perguntado às pessoas o que elas queriam, teriam respondido que queriam cavalos mais rápidos".

E Escuta investigativa para a sua pivotagem

1. **Identifique o seu público ideal:** pessoas ou empresas sobre as quais gostaria de saber mais.
2. **Elabore algumas perguntas para fazer a esse público:** exemplos que costumam ser eficazes em todas as áreas incluem:
   - Quais são seus atuais desafios ou problemas?
   - Qual é o seu objetivo? O que você quer criar ou fazer em seguida?
   - O que é o sucesso para você? Como você vai saber que chegou lá?
3. **Use a sua ferramenta de escuta ou método de pesquisa:** você pode lançar uma rede bem larga criando um questionário para enviar a um público amplo, composto de amigos, colegas de trabalho, a sua comunidade, ou pode começar com um público mais restrito, marcando conversas com cada um; também pode usar uma combinação dos dois. Na comunidade de design thinking, esse tipo de conversa é chamado de *entrevistas de empatia* e busca descobrir o máximo possível sobre as experiências dos possíveis clientes a respeito de alguma área ou ambiente, mesmo sem perguntar diretamente sobre produtos ou serviços.[9]
4. **Colete os dados e analise os principais temas encontrados:** quer você tenha enviado questionários ou preferido conversar cara a cara com as pessoas, reúna todas as suas

anotações em um só lugar. Quais são os temas em comum nas respostas? Quais são os maiores desafios que as pessoas estão enfrentando? Como esses desafios podem se relacionar com os pontos fortes e interesses que você identificou na etapa da Estabilização?

5. **Identifique os próximos pequenos passos:** com base no seu processo de escuta ativa, quais poderiam ser os seus próximos passos? Você está pronto para começar a criar um protótipo, um piloto, uma solução potencial, ou prefere outra rodada de pesquisa? Você pode fazer as duas coisas ao mesmo tempo: continuar escutando ativamente e já ir avançando, o que tende a ser o melhor caminho, pois mantém o diálogo fluindo.

O paradoxo da pivotagem: por que a ignorância é uma bênção

Algumas das pessoas mais inteligentes e autoconscientes que conheço dizem que às vezes também se sentem extremamente incertas ou inseguras. É o efeito Downing em ação.[10] De acordo com a teoria do efeito Downing, também conhecido como *superioridade ilusória*, quanto mais inteligente a pessoa é, menos ela acredita ser inteligente. Quanto mais *baixo* é o QI da pessoa, mais inteligente ela acha que é. As pessoas de fato são felizes na ignorância, pelo menos em sua autoavaliação.

À primeira vista, a dúvida quanto à própria capacidade pode aparentar ser prejudicial para os impactadores, mas há implicações positivas por trás disso:

- Você está sempre se forçando a ir além da sua zona de conforto, buscando conhecimentos de novos e diversificados campos para aplicar à sua área.

- Você sabe que, quanto mais aprende, mais se dá conta de tudo o que não sabe.
- Você busca se cercar de pessoas que o questionam. Você não quer ser a pessoa mais inteligente da roda, pelo menos não na maior parte do tempo. Você procura relacionamentos simbióticos nos quais todos contribuem com algo especial, de valor.
- Você não tem medo de romper com tradições e convenções e não segue feito um carneiro o ideal de sucesso da sociedade. Por essa razão, você pode se sentir deslocado em situações tradicionais. É preciso coragem para violar normas culturais profundamente enraizadas.

Em seu livro de 1951, *A sabedoria da insegurança*, Alan Watts implorou que os leitores aceitassem o fato de que a segurança é algo inexistente e que, na verdade, a maioria das alegrias da vida humana é tão prazerosa devido à mudança envolvida.[11] "A música é um deleite devido ao seu ritmo e fluxo. Mas, assim que você interrompe o fluxo e tenta prolongar uma nota ou acorde além de seu tempo, o ritmo é destruído", ele escreveu. "Como a vida também é um processo fluido, a mudança e a morte são elementos necessários. Tentar excluí-las seria lutar contra a vida."

Medo, insegurança e incerteza são o preço que pagamos por uma existência consciente, totalmente desperta, vivida em sua plenitude. Em vez de se enganar com sentimentos de medo e insegurança nas sinuosas estradas da mudança, reverencie o medo e a insegurança como sinais de uma vida corajosa.

Tenha discernimento quanto ao que aprender

Apesar da velocidade alucinante das mudanças, ainda há esperança de você se posicionar estrategicamente para o sucesso em nossa economia. O melhor é concentrar a sua energia em *como* identificar as habilidades necessárias, especialmente as fundamentadas nos seus pontos fortes existentes.

Em seu livro *A segunda era das máquinas: trabalho, progresso e prosperidade em uma era de tecnologias brilhantes*, Erik Brynjolfsson e Andrew McAfee argumentam que as métricas fundamentais da nossa economia mudaram: "Cada vez mais, na segunda era das máquinas, nos importamos com ideias, não com coisas... com interações, não transações".

De acordo com Brynjolfsson e McAfee, precisamos manter algumas diretrizes em mente ao escolher quais habilidades desenvolver e quais oportunidades buscar para *complementar* a tecnologia e não competir com ela.[12] As pessoas que terão mais sucesso e as que mais avançarão na carreira são aquelas que demonstram:

- **Pensamento estratégico, ideação, curiosidade e inovação combinatória:** os seres humanos ainda são muito mais criativos do que as máquinas quando se trata de inventar novos produtos ou fazer melhorias em produtos ou processos existentes. Também temos a inigualável habilidade de fazer perguntas poderosas, capazes de levar a novas soluções, combinando componentes complementares ou aparentemente discrepantes para criar algo novo.
- **A capacidade de se tornar "superastros" por meio de sua reputação, plataformas e alavancagem:** se você conseguir ficar conhecido como o melhor em alguma coisa no seu mercado-alvo e criar uma plataforma para divulgar sua expertise ou seus produtos correlatos, vai se posicionar de modo a obter ganhos enormes. A *alavancagem* se refere à capacidade de conseguir

mais exposição e, portanto, mais oportunidades para sua reputação e sua plataforma (falaremos mais a respeito no próximo capítulo). [13]

- **A capacidade de trabalhar com a tecnologia:** um computador mediano pode vencer um humano em um jogo de xadrez, mas equipes de seres humanos trabalhando *com* os computadores serão capazes de vencer as máquinas.

Mesmo assim, a situação pode não ser sempre essa. Como Geoff Colvin escreve em *Os humanos subestimados: o que as pessoas de sucesso sabem que as máquinas mais brilhantes jamais saberão*, é pura futilidade perguntar o que os computadores jamais serão capazes de fazer, já que a resposta mais provável é "nada".[14]

Pelo contrário, deveríamos nos concentrar no valor sem igual que as pessoas têm a oferecer à medida que passamos de trabalhadores do *conhecimento* a trabalhadores de *relacionamentos*. Colvin sugere que o melhor seria nos orientar pela seguinte pergunta: "Quais são as atividades que nós, seres humanos, motivados por nossa natureza mais profunda ou pela realidade da nossa vida cotidiana, faremos questão que sejam realizadas por outros seres humanos, independentemente do que os computadores serão capazes de fazer?". Ele acrescenta: "Olhar nos olhos de uma pessoa será, metafórica e muitas vezes literalmente, o elemento de maior valor na economia do futuro".

—

Esta parte do processo de Sondagem se concentra em fazer perguntas investigativas, observar as respostas que surgem, encontrar lacunas no mercado e identificar possíveis habilidades para desenvolver. Mas a etapa da Sondagem ainda não está completa. O outro lado de fazer perguntas e ouvir as respostas envolve construir uma "máquina de reputação" que vai trabalhar a seu favor no decorrer de toda a sua pivotagem e muito além dela.

Se uma árvore cair na floresta e ninguém estiver por perto para ouvir, ela fará barulho? Se você tem uma visão para um ano e as habilidades para chegar lá, mas ninguém está por perto para ajudá-lo a criar oportunidades ou para se beneficiar da sua expertise, será que você realmente terá como avançar como gostaria?

7

Ajude as pessoas a encontrá-lo

Como você pode criar um valor especial e
aumentar a sua visibilidade?

*O acaso tem um poder enorme. Deixe seu anzol sempre na
água; no lago em que menos se espera, haverá um peixe.*

— OVÍDIO, HEROIDES

O bluetooth é aquela tecnologia mágica que conecta dois dispositivos
sem usar cabos. Conectar dois dispositivos equipados com a tecnologia
bluetooth, como o seu celular ao seu carro ou a um alto-falante sem
fio, requer que os dois dispositivos sejam "encontráveis". Quando um
dispositivo com bluetooth é encontrável, outros dispositivos podem
detectá-lo, se emparelhar e se conectar com ele.

No contexto da sua carreira, o emparelhamento funciona do mesmo
jeito. Você terá mais facilidade para realizar mudanças na sua carreira
ou mudar de clientes se for "encontrável", o que implica expor as suas
ideias em uma plataforma própria ou pegando carona em alguma
plataforma existente. Para isso, você precisará defender suas opiniões
e se comprometer a compartilhar sua expertise e ideias originais.

Até este ponto na etapa da Sondagem, vimos com quem nos conectar e quais tipos de habilidades seria mais interessante desenvolver.

Agora é a hora de nos voltar a oportunidades específicas e a atividades de criação de plataformas para montar o portfólio da sua pivotagem. Este terceiro passo da etapa da Sondagem envolve usar seu tempo de pesquisa com sabedoria e esclarecer suas metas e sua estratégia: expor às pessoas o direcionamento que você deseja e desenvolver uma estratégia que permita às oportunidades o encontrarem, aumentando sua visibilidade e reforçando sua reputação.

Defina o seu propósito baseado em um projeto

Na etapa da Estabilização, exploramos a ideia do propósito, um tema inspirador que impulsiona todo o seu trabalho. Se você se sente impelido por uma força que o atrai a um tipo específico de trabalho ou a um determinado grupo de pessoas, pode ter mais clareza na sua pivotagem. Mas e se você ainda não souber qual é o seu propósito? Você pode ter pulado essa seção por parecer abstrata demais.

Algumas pessoas ficam assoberbadas e desnecessariamente angustiadas com a pressão de definir um propósito ou elaborar sua declaração de missão. Em muitos casos, especialmente no meio de um processo de pivotagem, tentar criar um propósito específico *demais* e definitivo gera muita ansiedade. Então, esqueça. Em vez disso, concentre-se em objetivos de prazo mais curto.

Se a sua visão para um ano for o *"o quê"*, ou o seu próximo destino profissional desejado, o seu propósito baseado em um projeto é *"por quê"*. No nosso mundo de hoje, pontuado por jobs de prazo mais curto, definir o seu *por que* com um propósito baseado em um projeto o ajudará a selecionar melhor as oportunidades potenciais durante o processo de Sondagem, sem a pressão de basear todo o resto da sua vida em uma declaração mágica capaz de incluir todas as facetas da sua vida.

Definir projetos pessoais e, por extensão, o seu propósito baseado em um projeto, não é um exercício trivial. Esse é um processo fundamental para o nosso sentimento de felicidade. Brian R. Little, professor da Universidade de Cambridge e autor de *Me, Myself, and Us: The Science of Personality and the Art of Well-Being*, acredita que, quando alguém nos pergunta "como vai? Tudo bem?", a nossa resposta depende de como nos sentimos em relação aos nossos projetos pessoais. Ele escreve: "O seu bem-estar aumenta se os seus projetos forem significativos, exequíveis e efetivamente conectados com as pessoas".[1]

Nerissa Gaspay é professora de uma pré-escola para crianças com deficiência, incluindo paralisia cerebral, síndrome de Down, distúrbios genéticos raros e epilepsia, em San Francisco. Ela tem um propósito baseado no projeto de incluir mais brincadeiras em sua sala de aula depois de observar que as atividades lúdicas ajudam muito a acelerar o desenvolvimento de seus alunos. Um dos experimentos introduzidos para atingir esse propósito baseado em um projeto foi começar todos os dias percorrendo uma pista de obstáculos. Professores mais tradicionais podem questionar os méritos dessa técnica, mas os alunos de Nerissa adoram a atividade e ela já constatou um enorme progresso. O propósito de longo prazo de Nerissa é ajudar os pais a entender e se comunicar melhor com seus filhos deficientes e desenvolver novos métodos para ajudar seus alunos a aprender e a se ambientar melhor.

Julien Pham, o médico e empreendedor que conhecemos no Capítulo 2, tem um propósito baseado num projeto para seu site, a Startup Clinic: conectar os médicos entre si para que possam trocar conhecimentos, compartilhar ideias inovadoras e ajudar a levar a medicina ao século 21, encorajando as instituições que os empregam a pensar como startups. O pai de Julien é médico e sua mãe é fundadora de uma empresa; Julien nasceu no Vietnã e cresceu em Paris. Talvez isso explique por que seu propósito de longo prazo seja conectar culturas para melhorar a comunicação entre medicina e tecnologia e entre médicos e pacientes.

À medida que faz uma sondagem em busca de projetos que possam interessá-lo, procure identificar o propósito por trás deles. Por que você aceitaria esse trabalho? O que você quer realizar ou que objetivo espera atingir? Qual impacto você espera causar e como? Se alguém lhe enviasse uma efusiva mensagem de agradecimento pelo projeto daqui a um ano, o que a mensagem diria?

Se você ainda estiver com dificuldade de identificar um propósito para a sua próxima etapa, pergunte-se: como posso ajudar ao máximo o maior número possível de pessoas? E, neste contexto, "o maior número possível de pessoas" não quer dizer uma multidão. Pode ser apenas a sua família. Ou você pode parar de pensar e botar as mãos na massa, oferecendo-se para trabalhar como voluntário em organizações da sua cidade, como abrigos para sem-teto, serviços de distribuição de alimentos, hospitais veterinários e lares para idosos.

A única coisa que me tranquilizava nos meus momentos profissionais mais incertos era me voltar a ajudar os outros. É isso. Não precisa ser nada complicado.

Plataforma e alavancagem

Sempre ajuda se tornar um especialista na sua área e desenvolver uma sólida reputação, mas você não irá muito longe se as pessoas com quem você gostaria de trabalhar não souberem quem você é, nem como encontrá-lo.

Criar uma *plataforma* voltada para o público, um cantinho do mundo no qual você pode compartilhar as suas ideias e conhecimentos com uma comunidade cultivada por você, aumenta consideravelmente a sua *alavancagem* durante e depois de um pivô. Como o atleta de salto com vara que usa a vara para se lançar por cima da barra, a sua plataforma lhe dá a alavanca para encontrar oportunidades novas e até então invisíveis.

Eu saí do Google com planos grandiosos para escrever meu livro e desenvolver meus cursos on-line. Mas, para pagar as contas enquanto trabalhava para atingir esses objetivos, ofereci sessões individuais de coaching profissional, o que representava 20% do trabalho que eu fazia no Google. Esse trabalho acabou sendo a minha fonte mais confiável de renda durante cinco anos. Com isso, pude contar com um fluxo de caixa razoavelmente previsível, tive flexibilidade para trabalhar mais ou menos de acordo com as minhas necessidades e pude atuar em qualquer lugar, fazendo as sessões de coaching pela internet. Quando, em 2013, decidi passar dois meses em Bali e na Tailândia e trabalhar no meu escritório virtual, tive medo de meus clientes se recusarem a trabalhar comigo devido à imprevisibilidade do acesso à internet ou à diferença de fusos horários. Mas me surpreendi por ter tido então o maior número de clientes da história do meu negócio. Em grande parte, esse grau de aceitação resultou da confiança que eu tinha passado anos a fio desenvolvendo entre os leitores da minha plataforma, o que compensou as possíveis dificuldades causadas pela distância.

Leva tempo cultivar uma comunidade, e laços fortes são mais valiosos do que estatísticas impressionantes. A sua plataforma pode ter 50, 500 ou 5 mil pessoas, mas o que mais importa não é o tamanho, e sim o nível de engajamento das pessoas. Os integrantes da sua comunidade se tornarão os seus maiores e melhores defensores, aliados, conexões e, quem sabe um dia, clientes. Kevin Kelly, editor-executivo e fundador da revista *Wired*, sugere visar "mil fãs ardorosos"[2] ou pessoas que comprarão "tudo e qualquer coisa que você oferecer".

Não tente desenvolver uma comunidade e se tornar um formador de opinião só para ganhar fama. Como Dorie Clark, autora de *Stand Out: How to Find Your Breakthrough Idea and Build a Following Around It*, explica: "O objetivo deve ser resolver problemas concretos e fazer uma diferença, criando valor para si mesmo e para as pessoas. Você precisa estar disposto a ser corajoso, aberto e a se dividir. Você se expõe ao risco de ter as suas ideias contestadas e questionadas porque realmente acredita que pode ajudar os outros".

Nem todo mundo precisa se tornar um empreendedor, um blogueiro ou uma "marca pessoal". Hoje em dia, com as mídias sociais, muitas pessoas acham que devem "transformar a vida em uma vitrine constante para sua marca pessoal", como diz minha amiga Stacy Sims. Nem todo impactador precisa ser apaixonado pelo desenvolvimento de sua marca e querer se tornar um formador de opinião em sua área de atuação. Mas tornar-se *especialista* no seu campo – não apenas tecnicamente o melhor, mas ser reconhecido e publicamente conhecido por isso ao dividir generosamente seu conhecimento e experiência com as pessoas – se tornará seu maior gerador de novas oportunidades. Em vez de precisar bater de porta em porta em busca de trabalho, as portas se abrirão quando você passar.

Julie Clow, autora de *The Work Revolution*, trabalhava como vice-presidente sênior de RH em um fundo hedge ao mesmo tempo que escrevia e publicava seu livro. Quando começou a sentir que não tinha mais como crescer na empresa, recebeu uma mensagem pelo LinkedIn perguntando-lhe se tinha interesse em fazer uma entrevista para o emprego dos sonhos: vice-presidente sênior global de desenvolvimento de pessoas na Chanel. Ela conseguiu o emprego e hoje divide seu tempo entre Paris e Nova York, e o cargo veio acompanhado de grandes mordomias.

Julie se posicionou à perfeição para ser recrutada por outra empresa devido ao empenho com que se dedicou à construção de sua plataforma: atingiu continuamente excelentes resultados na empresa, escreveu um livro baseado em suas experiências com comportamento organizacional e cultura corporativa, atuou no conselho de administração de uma prestigiosa organização global de aprendizagem e desenvolvimento e ajudou a organizar uma conferência da Work Revolution. Julie desenvolveu uma sólida reputação em sua área e criou uma plataforma que pôde alavancá-la para conseguir o emprego perfeito para ela.

Julie não tem uma plataforma voltada ao público, já que não tem interesse em abrir seu próprio negócio. Ela adora trabalhar em empresas grandes e inovadoras e fazer diferença na vida de seus funcionários e nos programas de liderança da organização. Adora escrever e aplica essa habilidade à publicação de conteúdos de alta qualidade, mas só o suficiente para se manter engajada em conversas em seu setor. Além de ter uma vida profissional mais prazerosa, sua contribuição para grandes plataformas de mídia a ajuda a expandir sua influência e a se manter visível, ou "encontrável".

O fotógrafo Daniel Kelleghan também tem uma plataforma que o mantém visível, ou "encontrável", possibilitando-lhe aproveitar as oportunidades que surgem. Depois de seis meses fotografando produtos para o Groupon em Chicago, Dan largou o emprego para se dedicar ao seu negócio de fotografia, viajando para fazer fotografias ligadas a moda e arquitetura enquanto reforçava a renda com clientes corporativos. Trabalhou com dedicação, postando fotos artísticas de alta qualidade no Instagram a fim de desenvolver uma comunidade de seguidores.

Nos três primeiros anos criando sua plataforma no Instagram, Dan acumulou mais de sete mil seguidores. Devido à ótima qualidade de suas fotos, o Instagram o incluiu em sua lista de sugestões por duas semanas, dando um enorme destaque à conta de Dan para novos usuários do mundo todo. Ao fim da segunda semana, seu número de seguidores decolou para mais de 100 mil pessoas. Hotéis e marcas de roupas começaram a entrar em contato com ele, oferecendo hospedagem e produtos de graça se Dan compartilhasse fotos dos produtos entre seus seguidores.

Hoje, Dan se hospeda de graça em muitos lugares, oferecendo proativamente oportunidades de patrocínio para empresas em cidades para as quais estará viajando. Novos clientes, como a Audi e a marca de óculos Warby Parker, o procuram oferecendo trabalho sem ele ter de bater à porta dessas empresas. Dan se tornou o quinto instagrammer mais seguido de Chicago depois desse empurrão inicial, o que reforçou ainda mais a sua plataforma. Por um lado, tudo isso pode parecer ter sido um mero golpe de sorte, mas Dan passou anos produzindo um trabalho de alta qualidade, sabendo que, se algo assim acontecesse, ele estaria pronto para capitalizar esse "golpe de sorte".

E Opções de plataforma: maneiras de alavancar a expertise

Ao contrário de Julie e Dan, você pode não ter interesse em usar as suas ideias ou a sua expressão criativa para criar uma plataforma. Você talvez prefira ensinar, interpretar dados ou criar aplicativos. Veja a seguir uma ampla lista de ideias para plataformas de alta alavancagem. Só a título de exercício lúdico, imagine três maneiras – mesmo se forem ideias absurdas – para você se beneficiar destas oportunidades:

- **Professor especialista:** ensinar grandes grupos de pessoas, pessoalmente ou pela internet. Por exemplo: criar tutoriais para usar programas de computador ou ensinar a tocar violão em vídeos no YouTube ou em plataformas de cursos on-line.
- **Coach ou consultor:** você ou uma equipe de aprendizes podem usar a sua expertise para ajudar pessoas ou organizações. Por exemplo: realizar workshops de gerenciamento de tempo como David Allen, criador do sistema clássico de produtividade *A arte de fazer acontecer*, ou trabalhar como organizador profissional, como Marie Kondo, autora do enorme sucesso *A mágica da arrumação*.
- **Expert:** compartilhar ideias, soluções e melhores práticas da sua área de atuação; elaborar projeções ou interpretar tendências no setor; divulgar conhecimentos e projeções fora da sala de aula. Por exemplo: além de ensinar ciência da computação na

Universidade Georgetown, Cal Newport dá dicas para atingir o sucesso profissional em seu blog e em seus livros.

- **Software como serviço (SaaS):** crie aplicativos ou sistemas de computador para melhorar a eficiência ou automatizar uma necessidade específica do mercado. Por exemplo: ferramentas de agendamento, como o Calendly e o ScheduleOnce, facilitam o agendamento de reuniões; um serviço de monitoramento de metas, como o AskMeEvery.com, que envia para o seu e-mail uma pergunta que você mesmo elaborou, por exemplo "Você se exercitou hoje?", em um horário especificado por você, e monitora as suas respostas, positivas ou negativas, para você poder visualizar o seu progresso.

- **Inovação combinatória e curadoria:** reorganizar montanhas de informação de diferentes áreas de interesse, selecionando e consolidando o conteúdo. Por exemplo: Dave Pell, criador da NextDraft.com, abre mais de cem abas em seu browser todo dia de manhã e elabora um resumo das dez notícias mais importantes do dia, com artigos bem escritos (e divertidos) que podem ser acessados no aplicativo da NextDraft no seu celular.

- **Desenvolvimento de comunidades especializadas para conectar as pessoas:** criar um espaço para reunir pessoas de mentalidade afim possibilitando-lhes reforçar sua rede de relacionamentos, fazer contatos em um ambiente interessante e unir forças em torno de uma missão ou grande ideia comum. Por exemplo: Nick Grey fundou o Museum Hack "para pessoas que não curtem museus". Nick e sua equipe levam grupos para museus nas cidades de Nova York, San Francisco e Washington, D. C., em "visitas interativas, subversivas, divertidas e originais".

- **Intermediação entre compradores e vendedores, criando um mercado e facilitando a comparação de ofertas:** sistematizar o processo de compra e venda ou encontrar maneiras de reduzir os preços em setores tradicionais, criando uma ponte entre compradores e vendedores. Por exemplo: o Airbnb, para encontrar um lugar para se hospedar, ou o Upwork, para encontrar freelancers.

- **Agregar e analisar dados e realizar pesquisas originais:** com um volume cada vez maior de dados disponíveis sobre tudo, incluindo quantos passos damos por dia, nossa frequência cardíaca e o mapeamento do nosso genoma, as pessoas vão precisar de ajuda para organizar e interpretar esses dados, "separando o joio do trigo", ou melhor, "separando o sinal do ruído", uma tarefa que o pesquisador político Nate Silver, por exemplo, se propõe a realizar. Algumas pessoas dizem que "os dados são o novo petróleo" na nossa economia digital e que devem ser refinados (como faz uma refinaria de petróleo) para agregar valor.[3]

Aproveite o trabalho que os outros rejeitam

Depois de quatro anos trabalhando em uma empresa de Relações Públicas, Amy Schoenberger, que conhecemos na Introdução, começou a perder a inspiração. Ela sabia que tinha chegado a hora de dar uma chacoalhada nas coisas, mas adorava a empresa, a cultura e as pessoas e não queria sair. Amy acabou criando um novo cargo para si na empresa quando encontrou uma oportunidade em um lugar inusitado: depois de procurar, ela assumiu um trabalho que ninguém queria fazer e se destacou.

Em 2009, as mídias sociais e os blogs começavam a fazer grande sucesso e a ser incluídos nas recomendações de estratégias de Relações Públicas. Muitos colegas menosprezavam as mídias sociais, mas Amy mergulhou de cabeça. Ela se dedicou a aprender tudo o que pôde, acompanhando a evolução do novo setor e, em pouco tempo, ganhou fama de especialista em mídias sociais da empresa. Então, começou a ser requisitada para prestar consultoria para a maioria dos clientes da companhia. Depois Amy transformou esse trabalho em um novo cargo: diretora de entretenimento digital, uma posição que ela criou do zero, demonstrando como seu trabalho poderia beneficiar a organização.

Enquanto eu escrevia este livro, Amy foi convidada por uma ex-chefe e mentora para trabalhar em outra empresa. A semente dessa oportunidade só pôde germinar porque havia o terreno fértil de seus excelentes resultados e de sua sólida reputação. Hoje, ela é a vice-presidente de estratégia social da M Booth.

O conselho de Amy é adotar uma abordagem inovadora às oportunidades: "Se você não souber direito o que quer fazer e parecer que chegou a um beco sem saída, comece a fazer o trabalho que mais ninguém quer. Você pode acabar se surpreendendo ao descobrir um trabalho que gosta de fazer, em que é bom e no qual pode se diferenciar dos colegas do setor, especialmente se já tiver muita gente atuando na área".

Avance aos saltos: dê um passo para trás para poder saltar dois passos para a frente

Se você ainda estiver achando difícil escolher oportunidades ou definir um propósito baseado em um projeto alinhado à sua visão, pode tentar a *abordagem do avanço aos saltos*.

Muitas pessoas já têm uma ideia do que querem alcançar com dois "saltos" adiante, mesmo se não souberem exatamente o que querem neste momento. Imagine um sapo pulando de uma vitória-régia a outra. Muitas vezes, as pessoas conseguem identificar a vitória-régia que está dois saltos à frente, mas simplesmente são cegas para a que está bem debaixo do nariz delas, ou seja, o próximo salto necessário para atingir seu objetivo. A abordagem do avanço aos saltos o ajudará a sondar a situação em busca de oportunidades dois saltos à frente, para então ir retrocedendo até encontrar um pivô de transição.

Em 2005, quando me candidatei para trabalhar na equipe de treinamento do AdWords no Google, parte da atração do cargo para mim era o fato de que, no fundo, eu sabia que um dia queria ser autora e palestrante. Na época, eu ficava tão nervosa só de pensar em falar em público que usava camisas de gola alta quando precisava fazer apresentações importantes, para cobrir as manchas vermelhas que apareciam em meu pescoço e peito. Eu sabia que seria uma boa terapia de imersão ter um trabalho que exigisse falar em público todos os dias... e realmente foi o que aconteceu. Nesse caso, a minha ambição de um dia ser autora e palestrante estava dois saltos à frente e aquele emprego no Google me ajudou a avançar na direção da vitória-régia mais adiante no caminho.

Fazer uma pós-graduação é outro exemplo de um pivô intermediário que ajuda a cobrir a distância entre a situação atual e o salto desejado, aquele salto que está dois passos adiante. Uma pós-graduação requer um considerável investimento de tempo, dinheiro e custo de oportunidade, mas pode gerar muitos benefícios, incluindo networking, desenvolvimento de habilidades, tempo para explorar as possibilidades em um ambiente estruturado, conhecimentos especializados na área desejada e, em alguns casos, valiosas credenciais profissionais.

Adam Chaloeicheep, que conhecemos na Introdução, subiu rapidamente na hierarquia de uma empresa de desenvolvimento imobiliário até chegar ao cargo de diretor de criação. Mas, aos 26 anos, ele estava absolutamente exausto. Vendeu tudo o que tinha e foi morar na Tailândia para estudar em um mosteiro budista e recomeçar do zero. Quando voltou para casa, Adam sabia que queria fazer mais do que design gráfico. Ele se via atuando em altos cargos de estratégia de marca, como diretor de experiência, fazendo a ponte entre o CEO e as equipes de design de produto para garantir que os objetivos da empresa fossem atingidos.

No entanto, Adam deu de cara com a parede quando tentou ser contratado para esse tipo de trabalho. Mesmo quando seu currículo e sua carta de apresentação chegavam à mesa dos executivos e ele conseguia agendar uma entrevista, nenhuma oferta de emprego se materializava. Aquilo foi um sinal de que ele estava se adiantando demais às suas qualificações, pelo menos em termos do que as pessoas podiam imaginar com base em seu currículo e sua plataforma. Afinal, sua plataforma ainda era inexistente e ele não tinha um site nem presença profissional na internet além de seu perfil no LinkedIn.

Enquanto procurava um bom emprego, Adam começou a explorar opções de pós-graduação. Ele sabia que era um *bom* designer gráfico, mas que jamais seria "o melhor". Adam se perguntou: "Como é que vou crescer e me tornar o que quero ser, um diretor de experiência, se não confiar 100% na minha capacidade de aplicar essas ideias para agregar valor às empresas?".

Depois de muito ponderar, Adam concluiu que a melhor coisa a fazer naquele momento seria dedicar alguns anos a um curso de pós-graduação. Ele sairia com um melhor conhecimento de administração, fortaleceria seu currículo e sua rede de relacionamentos e ganharia tempo para pivotar seu próprio negócio freelance. Adam foi aceito com uma bolsa de estudos no programa de Business of Design, da Parsons, e se mudou para Nova York com apenas US$5.000 no bolso. Em um ano, graças à estrutura, aos contatos e à mentoria que recebeu na pós-graduação, Adam abriu sua própria empresa de estratégia de marca, contratou uma equipe de colegas da faculdade e em pouco tempo sua renda anual já tinha ultrapassado a marca dos US$500 mil, uma renda de seis dígitos... e tudo isso antes de se formar.

Adam compensou as dificuldades de estudar e trabalhar ao mesmo tempo vinculando os projetos dos cursos diretamente ao seu negócio, fazendo experimentos práticos e não apenas em sala de aula.

"Foi difícil engolir uma mudança da Califórnia para Nova York, com a conta bancária praticamente zerada e bancando o custo de dois anos de mensalidades", ele conta. "E decidi que, se fosse fazer isso, faria de um jeito que me permitisse aplicar as coisas no mundo real o mais rápido possível." Em todo o seu curso de pós-graduação e em sua vida em geral, ele encara esse tipo de experimento com a perspectiva de um impactador: "Faça o que puder, mas sem nenhuma expectativa".

Hoje, Adam atua como diretor de experiência, sua visão dois saltos adiante, tocando sua própria empresa de estratégia de marca. A pós-graduação foi a alavanca que lhe possibilitou atingir seu objetivo.

A abordagem do avanço aos saltos tem três benefícios principais: ajuda a desenvolver habilidades e a acumular experiências para fazer a transição, permite explorar o que você mais gosta de fazer e possibilita formar importantes relacionamentos na área na qual você almeja pivotar, antes mesmo de saber quais serão todos os próximos passos.

Avise as pessoas que você está em busca de novas oportunidades

Até este ponto, grande parte do trabalho de preparação do seu pivô foi um processo solitário, envolvendo a identificação de seus valores, visão, pontos fortes, interesses e aliados. Você identificou, no início da etapa da Sondagem, as pessoas com quem pretende se conectar, mas ainda não está se beneficiando ao máximo de sua rede de relacionamentos.

Esta é a hora de detalhar com clareza quais são os alvos da sua Sondagem e como as pessoas que você conhece podem ajudar. Mesmo que as pessoas que você abordar não tenham uma oportunidade imediata para lhe oferecer, elas podem ficar de antena ligada, caso surja algo relacionado aos seus interesses.

Dois anos depois de se formar, Casey Pennington começou a sentir que não tinha mais para onde ir, apesar de ter "passado a vida inteira fazendo tudo certo". Ela conta: "Só tirei notas máximas na escola, entrei em uma das melhores faculdades de Administração, consegui um estágio e depois uma oferta de emprego efetivo em uma grande empresa. Achei que estava feita para o resto da vida. Dois anos depois, eu já me horrorizava com a ideia de passar a minha carreira inteira enfrentando a burocracia e a politicagem corporativa. Eu sabia que alguma coisa tinha de mudar".

Casey começou identificando o que queria, as variáveis conhecidas de sua visão para um ano, projetando um ambiente de trabalho que lhe proporcionasse oportunidades de aprendizagem, desafios, autonomia, flexibilidade, formação de relacionamentos, e o tempo e o dinheiro para ter uma vida fora da empresa. Ela até gostava da ideia de trabalhar por conta própria, mas sabia que ainda não estava pronta para se aventurar como autônoma. Quando decidiu pivotar dentro da empresa, saindo da contabilidade para o setor de TI, a primeira coisa que fez foi informar os chefes. Feito isso, ela alavancou seus pontos fortes, fazendo a transição para um cargo na contabilidade de outra equipe que em breve começaria a trabalhar em um projeto de implementação de software.

Ela ampliou mais um pouco sua Sondagem, conversando com qualquer pessoa que tivesse alguma experiência em desenvolvimento de software e aprendendo tudo o que pudesse sobre os sistemas de TI existentes para se se preparar para sua nova função. Quando o primeiro projeto de software de sua nova equipe foi adiado, ela encontrou uma chance de ajudar em uma tarefa temporária correlata.

"Como eu já tinha preparado o terreno, informando os meus chefes que eu tinha interesse, eles me recomendaram para o projeto e consegui entrar", Casey conta. "Muita gente pode ter achado que a oferta tinha vindo do nada, mas eu já tinha passado algum tempo falando do meu interesse em ir para o departamento de TI."

Já ouvi muitas histórias como a de Casey. Quando as pessoas sabem com clareza o tipo de oportunidade que desejam e informam sua rede de relacionamentos, as oportunidades e as perspectivas se materializam de maneiras surpreendentes. Elas podem não ter buscado ativamente essas oportunidades exatas, mas o simples fato de informar seus interesses para as pessoas já bastou para gerar um movimento "nos bastidores", mesmo que esse movimento fosse invisível para os outros.

Chamo esse fenômeno de "o universo estendendo o tapete vermelho". Quando você está na direção certa, todos os seus passos levam a alguma nova oportunidade, como um tapete vermelho se estendendo a seus pés. Todas as ações audaciosas revelam novas pessoas e novas oportunidades, encorajando-o a continuar adiante e lembrando que você está no caminho certo.

Quando você estiver pronto para espalhar a notícia, mande um e-mail para os seus amigos mais próximos, parentes e contatos profissionais confiáveis contendo as seções a seguir:

- Uma introdução, resumindo brevemente o pivô que você espera fazer: o que está fazendo agora e aonde quer chegar (uma a duas frases, no máximo).
- O que você tem a oferecer: três a cinco itens concisos, listando seus principais pontos fortes e experiências.
- A empresa ou os clientes ideais que você está procurando: alguns itens contendo os tipos de trabalho e cidade e como você pode contribuir.
- Chamada para a ação: como os destinatários podem ajudar; por exemplo, encaminhando o e-mail e ficando de olho em oportunidades afins.

Ainda que você não saiba exatamente o que procura, expor o processo para os seus contatos confiáveis pode gerar próximos passos proveitosos. Quando Carlos Miceli tomou a difícil decisão de se afastar da empresa de três anos que havia cofundado na Argentina, ele enviou um e-mail para a sua rede de relacionamentos com um link para um documento no Google Docs intitulado "A situação atual de Carlos", que ele descreveu como um "perfil do LinkedIn privado e mais vulnerável".

No documento, compartilhou fatores conhecidos e desconhecidos. Descreveu o que estava procurando e como sua rede de relacionamentos poderia ajudá-lo ou colaborar com ele. "Sinto que este ano está sendo um período de transição para a minha visão de longo prazo", Carlos escreveu. "Não estou preocupado com *qual* vai ser o meu próximo grande projeto ou se eu deveria entrar no 'foguete' de outra pessoa em vez de lançar o meu próprio. Estou mais interessado em decidir *com quem* e *onde*."

O documento delineava as preferências de Carlos e suas ideias sobre possíveis direções para sua carreira, as habilidades que queria melhorar, seus interesses e as maneiras pelas quais sua rede de relacionamentos poderia ajudar. Ele concluía o e-mail deixando claro que adoraria dar conselhos, ideias, contatos e recursos em troca.

O paradoxo da pivotagem: quando a grama de fato é mais verde

"A grama do vizinho é sempre mais verde." Não raro, esse ditado é usado para convencer as pessoas a se conformar. "Nem se preocupe em ficar descontente. A grama do vizinho é sempre mais verde!" A ideia é se contentar, ser feliz com o que você tem. Se você tem emprego, não se dê ao trabalho de procurar outro. Não dê ouvidos à sua intuição. Aceite cegamente, pois não interessa o que fizer ou para onde for, você vai ser sempre acompanhado dessa inquietação. Você até pode dar uma olhada no outro lado da cerca, mas depois relaxe e valorize o que tem.

É importante estarmos presentes em nossa vida, sermos gratos pelo que temos, saber que qualquer mudança será acompanhada de inconvenientes e dificuldades. Deveríamos resistir a ir atrás de desejos ou de metas aparentemente fáceis e de basear a nossa felicidade em situações impermanentes. Relacionamentos, empregos e a vida cotidiana inevitavelmente enfrentarão dificuldades, mas as nossas experiências de crescimento mais gratificantes estão do outro lado do desconforto.

Dito isso, há momentos em que a grama *de fato* é mais verde! Uma vez, li um livro sobre empreendedorismo que, a cada capítulo, parecia ter sido escrito para me impedir de largar o meu emprego. O livro apresentava uma visão "realista" das dificuldades que o leitor encontraria pelo caminho e se detinha em estatísticas de empresas que eram forçadas a fechar as portas. No fim, ficou claro que o conselho da autora era largar a minha fantasia de ter uma grama mais verde, baixar a cabeça e ficar no meu estável emprego corporativo.

A autora parecia ter se esquecido, porém, da sensação revigorante de se aventurar em uma mudança. De ter o dia inteiro, todos os dias, para usar minha melhor energia criativa no meu próprio negócio e no meu próprio sucesso. Foi bom ter uma visão realista das dificuldades que eu poderia encontrar nos primeiros anos depois de abrir o meu próprio negócio, mas sou muito mais grata por não ter seguido o conselho da autora.

Para mim, a grama do vizinho de fato é mais verde, com base nos meus valores e na minha visão. Continuo trabalhando com grandes empresas de tecnologia, incluindo o Google; apenas preferi a liberdade de decidir a minha própria agenda e a minha própria estratégia para fazer isso. Para mim, um ou outro tufo de grama seca no meu quintal vale muito a pena. É bem verdade que enfrento dificuldades, mas estou do lado certo da cerca e vou continuar melhorando a minha capacidade de cuidar dessa grama e fazê-la crescer.

As suas experiências podem ser diferentes das minhas, mas é importante dar ouvidos à sugestão da sua intuição de que existe um gramado mais verde e mais adequado do que o seu gramado atual.

No fim das contas, você só vai saber direito quando coletar mais dados concretos do mundo real. Não saia agindo com base em especulações.

E é exatamente isso que a próxima etapa da pivotagem, a etapa dos Projetos-piloto, vai ajudá-lo a fazer: pisar em um pedaço de grama de cada vez para decidir se, de fato, você gosta mais dela. Quanto mais pedaços de grama você testar, mais clareza poderá ter do gramado inteiro.

No entanto, em uma pivotagem, esses testes com pedaços de grama não podem nunca representar a experiência como um todo. Usando outra metáfora, é como a diferença entre um pedaço de bolo e uma padaria inteira: um pedaço de bolo vai lhe dar uma boa ideia do sabor do bolo inteiro, mas provar um pedaço de bolo não vai lhe dar uma visão completa de todos os outros produtos da padaria. Uma segunda fonte de renda, que lhe rende US$200 por semana, pode lhe mostrar se você gosta de trabalhar nisso, mas você não tem como saber, com base nisso, como seria tentar ganhar a vida dedicando-se exclusivamente a essa atividade.

—

Algumas pessoas ficam atordoadas durante a etapa da Sondagem de um pivô porque não têm um plano e acabam paralisadas, procurando e pensando demais: *O que vou encontrar no novo território? Com quem eu posso falar? E agora? QUEM SOU EU?!*

Se você se sentir sem rumo ou frustrado durante a Sondagem, volte à etapa da Estabilização. Retome a sua visão, seus valores, pontos fortes e o que efetivamente está dando certo na sua vida. A partir daí, decida qual exploração seria uma extensão lógica dessas variáveis conhecidas.

Seja como Sherlock Holmes: use como uma pista todas as conversas que tiver e todas as novas informações que coletar. O modo *como* você reage às suas descobertas é tão importante quanto *o que* você está descobrindo. Fique atento a como você se sente com as diferentes opções. Eliminar as soluções das quais você não gosta pode ser tão importante na sua etapa da Sondagem quanto escolher as novas ideias que gostaria de explorar.

No entanto, os resultados do exercício de buscar, sondar e selecionar têm seus limites. O que fazer quando você finalmente chegar a algumas boas ideias? Se estiver diante de uma encruzilhada na sua trajetória da pivotagem, qual caminho seguir?

Sondagem: para saber mais

Visite o site PivotMethod.com/scan para encontrar ferramentas adicionais, modelos e recomendações de livros relevantes para esta etapa [em inglês].

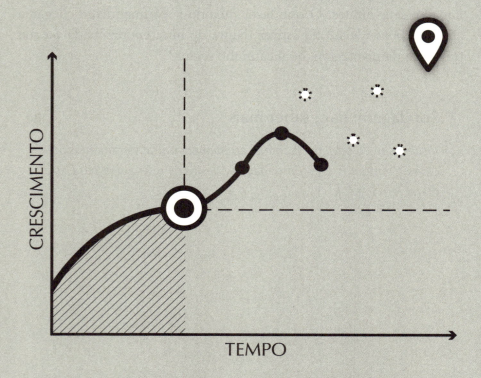

ETAPA 3

PROJETOS-PILOTO

Teste o que vem em seguida

Visão geral

Na indústria do entretenimento, "piloto" é um episódio de teste, usado para vender o conceito de uma série ou programa a uma rede de TV. Antes de a rede contratar a série inteira, eles assistem a uma amostra e às vezes a exibem para um grupo de espectadores para avaliar o interesse e estimar a viabilidade financeira. O termo "piloto" vem de chama-piloto, uma pequena chama usada como fonte de ignição para um aquecedor, como a unidade de aquecimento central de uma casa ou um balão de ar quente.

No contexto deste livro, os principais objetivos da fase dos Projetos-piloto são a ignição e a validação: gerar ideias, testar essas ideias e correr riscos pequenos e inteligentes para decidir os próximos passos.

Depois de identificar oportunidades e ideias potenciais na etapa da Sondagem, você provavelmente terá várias hipóteses sobre quais dessas oportunidades e ideias vão valer mais a pena explorar. Em vez de fazer uma grande aposta, é melhor se você puder realizar projetos--piloto – reduzir o risco fazendo pequenos testes – e expandir o que está dando certo para se lançar na direção mais promissora.

De acordo com a primeira lei de Newton, um objeto em movimento tende a permanecer em movimento, ao passo que um objeto em repouso permanece em repouso a menos que seja afetado por uma força externa. Os projetos-piloto são cruciais por tirarem você da inércia. Pequenos projetos-piloto vão ajudá-lo a se livrar da paralisia sem a pressão de ter de saber *todas* as respostas logo de cara.

O pivô é um estado de espírito, e os impactadores mais ágeis têm o hábito de aprender e fazer projetos-piloto continuamente. Como regra geral, mantenha-se aberto e curioso, testando uma hipótese de cada vez, de preferência a várias hipóteses.

Eu já sei o que você está pensando: *Mas seria exaustivo! Eu preciso mesmo ficar sempre em busca da próxima grande ideia ou oportunidade?*

Não necessariamente. Os projetos-piloto podem ser tão simples quanto pequenos ajustes na sua rotina matinal. Podem ser pessoalmente gratificantes, como passar um tempo morando no exterior. Ou podem ser tão ambiciosos quanto fazer experimentos com um programa de âmbito comunitário, nacional ou global na sua empresa ou negócio.

Suposições são diferentes de hipóteses

Em seu livro *The Voice of Knowledge*, don Miguel Ruiz diz: "Fazer suposições e levar essas suposições para o lado pessoal é o início de uma vida infernal neste mundo".[1] Tendemos a dar de cara com becos sem saída quando fazemos suposições sobre o que *deveria* acontecer, em vez de abordar as nossas ideias com uma curiosidade desapegada. Os projetos-piloto ajudam a formar hipóteses abertas para que possamos testar suposições e decidir os próximos passos com base em informações.

Prepare-se para estar errado durante o processo de projetos-piloto. Você pode ter a impressão de que deu dois passos para a frente só para dar dois passos para trás logo em seguida. Uma reação a esse processo pode ser: "Sou um idiota e as minhas ideias são terríveis". Cabe a você mudar essa mentalidade para: "Incrível. Não tinha pensado nisso. Mais uma lição aprendida!".

Muitas vezes, um fracasso ou objetivo não atingido pode ser uma lição importantíssima. Você já deve ter ouvido a famosa frase de Thomas Edison: "Se eu encontrei dez mil soluções que não funcionam, não fracassei. Eu não desanimo porque as tentativas erradas e descartadas costumam representar um avanço".

8

Não seja perfeccionista

Quais pequenos experimentos você poderia fazer?
Quais dados do mundo real você pode coletar?

*Se você construiu castelos no ar, seu trabalho não precisa ser
perdido; é no ar que os castelos devem estar. Basta construir
alicerces debaixo deles.*

— HENRY DAVID THOREAU, *Walden*

Em seu livro *A startup enxuta*, Eric Ries popularizou o conceito do produto mínimo viável (MVP, na sigla em inglês).[1] De acordo com a definição do autor, o produto mínimo viável "ajuda os empreendedores a dar início ao processo de aprender o mais rápido possível. O produto mínimo viável não é necessariamente o menor produto imaginável. É simplesmente a maneira mais rápida de percorrer o ciclo de feedback envolvendo construir-medir-aprender com o mínimo de esforço". Quando se trata de desenvolvimento de produto, a ideia é não atrasar o lançamento por meses ou anos para que você possa produzir cada detalhe à perfeição nos bastidores. O melhor é usar as informações que você tem para elaborar uma hipótese e testá-la logo com o seu público-alvo.

Na minha época no Google, chamávamos isso de "processo incompleto". A gente sabia que as condições ou o produto do nosso trabalho não seriam perfeitos, mas era importante lançar mesmo assim, "lançar e repetir". A ideia é lançar, testar, coletar feedback, rever e fazer tudo de novo. A mentalidade de *lançar e repetir* nos impelia a lançar produtos mínimos viáveis dentro da empresa, pedir para os colegas testarem os programas e usar o feedback deles para fazer as próximas versões. Lançar o produto, até mesmo uma versão imperfeita e incompleta – digamos, 70% completa –, era melhor do que esperar obter 100% de perfeição. Esse ideal pode nunca se concretizar e, se um dia acontecer, as necessidades dos usuários provavelmente já mudaram.

Para muitos dos meus clientes que estão abrindo o próprio negócio, um produto mínimo viável pode ser criar um site usando um pacote gratuito muito antes de contratar um webdesigner para criar um site mais sofisticado e personalizado. Um site profissional não é a maior prioridade para um novo negócio, voltado a gerar renda. Esses novos negócios são capazes de atrair novos clientes sem precisar ter um site. A notícia do produto mínimo viável pode muito bem ser disseminada só por e-mail e telefone usando as redes de relacionamentos existentes.

Pamela Slim, autora de *Escape from Cubicle Nation* e *Body of Work*, é uma mentora de longa data e uma "tia" sábia e generosa para os milhares de pessoas de sua comunidade que se beneficiam de seus conselhos profissionais e de negócios. Pam fez um experimento com seu público quando criou um workshop que batizou de "Indispensable Community" [Comunidade Indispensável], um programa voltado a ensinar desenvolvimento de comunidade a empreendedores. Ela definiu parâmetros claros para o seu piloto e testou a ideia, perguntando a seus leitores em que cidades eles gostariam que ela ministrasse os cursos presenciais.

Mais de cem pessoas responderam. Pam reduziu a lista de sugestões a 23 cidades e montou uma turnê de quatro meses, viajando pelos Estados Unidos e o Canadá. Ela firmou parcerias com patrocinadores que atuavam no mercado de microempresas e acabou contando com a participação de mil empreendedores. Com base no sucesso do piloto, ela aumentou a aposta e incluiu o workshop como um elemento central de sua estratégia de negócios para o futuro. A turnê-piloto de Pam demonstrou a receptividade do público ao seu desejo de fazer a transição de mais de dez anos construindo uma plataforma na internet baseada em conteúdos sobre carreira e negócios para programas relacionados a seus conhecimentos e experiência com o desenvolvimento de comunidades e lideranças.

Depois de sua turnê, Pam exibiu sua filosofia com orgulho e destaque na página inicial de seu site: "A comunidade sustenta o crescimento pessoal, profissional e econômico". O experimento a levou ao seu próximo piloto: a criação de um programa escalável de desenvolvimento de comunidades para ajudar as pessoas a "concretizar sua missão mais profunda e resolver os grandes problemas no mundo".

Comece pensando em quantidade, não em qualidade

Há muitas maneiras de transformar em projetos-piloto as suas hipóteses sobre o que fazer a seguir, variando de baixo a alto risco; de meramente observar a botar a mão na massa; e de um breve tempo de execução e um baixo investimento a um maior envolvimento em termos de tempo, energia e recursos.

Menciono a seguir alguns projetos-piloto que tenho visto com frequência. Eu o convido a pensar em pelo menos uma maneira pela qual você poderia aplicar cada um deles à sua situação atual:

- Atuar em conselhos consultivos de outras empresas.
- Organizar jantares com os amigos, voltados a conversar sobre algum tema interessante ou para realizar pesquisas baseadas na teoria fundamentada em dados que vimos na etapa da Sondagem.

- Conduzir grupos de foco informais com clientes ou funcionários e criar um protótipo de solução com base nas necessidades deles.
- Testar 10% ou 20% dos projetos no trabalho, além das suas responsabilidades.
- Oferecer-se para trabalhar de graça em uma equipe ou grupo de interesse relacionado à sua visão para um ano.
- Criar um grupo ou programa informal, como um clube do livro.
- Testar um novo serviço, pegando um novo cliente nessa área.
- Ajustar o custo, o formato ou esses dois elementos dos serviços que você já presta.
- Compartilhar algumas novas ideias nas mídias sociais para ver quais delas repercutem mais e explorar essas ideias mais profundamente.
- Oferecer-se para fazer um estágio ou entrar em um programa de aprendiz em uma empresa ou com uma pessoa com quem você gostaria de trabalhar. (A escritora Melani Dizon chama isso de "estágios de retorno" para profissionais no meio da carreira.)
- Inscrever-se em programas experimentais de estudo e trabalho.
- Anunciar alguns serviços diferentes para conferir quais áreas apresentam maior demanda.

Quais são as características de um bom projeto-piloto?

Ao considerar um projeto-piloto, vise atingir os seguintes critérios:

- **Vincule seus experimentos à etapa da Estabilização:** quantos pontos de contato o seu experimento tem com os seus pontos fortes, o seu portfólio profissional e a sua visão para um ano?
- **Comece aos poucos:** como você poderia conduzir um projeto-piloto de baixo custo em termos de dinheiro, energia e tempo?

- **Ajuste a relação risco-benefício a seu favor:** quais pequenos experimentos teriam maiores vantagens potenciais e desvantagens limitadas?

Vamos esmiuçar cada um desses critérios.

Vincule seus experimentos a seus pontos fortes

Se você estiver numa encruzilhada, precisa decidir estrategicamente qual dos vários caminhos tem as maiores chances de levar ao sucesso. Qual seria o melhor investimento de seu tempo e energia?

Repasse os insights que você teve na etapa da Estabilização. Os melhores projetos-piloto são vinculados a:

- **Valores:** o que mais importa para você.
- **Visão:** o que é mais empolgante para você.
- **Portfólio profissional:** as suas habilidades valorizadas, experiências, resultados e reputação ou, em outras palavras, o que já está dando certo.
- **Finanças:** o que se encaixa no seu orçamento e no seu fundo de emergência e apresenta um bom potencial de renda futura e viabilidade no longo prazo.
- **Rede de relacionamentos:** mentores, amigos, grupos de afinidade, grupos profissionais, clientes e ex-colegas ou colegas atuais que podem lhe oferecer conselhos e apoio.

Um bom projeto-piloto é vinculado a um desses critérios. Um *excelente* projeto-piloto é vinculado diretamente a todos os cinco.

Escolher um experimento não ancorado em seus pontos fortes, suas experiências ou no futuro que você deseja provavelmente só o levará a patinar em falso. Algumas pessoas se enganam achando que vale a pena fazer esses tipos de experimentos não ancorados provavelmente porque acham que deveriam tentar a fim de se adequar às normas sociais ou porque viram que deu certo para alguma outra pessoa. Nada disso importa se você não tiver um talento inato ou interesse pelas mesmas habilidades necessárias para obter sucesso nesse caminho.

Christian Roberts e Bill Connolly são comediantes de improviso que montaram um espetáculo mensal em Nova York chamado *Angry Landlord* [Senhorio Furioso]. Na terceira apresentação da dupla, eles se viram diante de um ponto baixo desanimador: só oito pessoas na plateia. Foi uma vergonha ter de tirar dinheiro do próprio bolso para pagar o espaço, e decepcionante ter deixado na mão os comediantes que tinham convidado para se apresentar com eles naquele dia.

Christian e Bill repassaram seus planos com foco naquilo que estava dando certo para eles: fazer parcerias com outros comediantes que tinham seguidores e investir em seus próprios canais de desenvolvimento da marca e mídias sociais. Montaram uma página no Facebook para expandir sua plataforma e ganhar visibilidade (em outras palavras, tornar-se "encontráveis") e começaram a fazer experimentos com publicidade nas mídias sociais quando viam que os espetáculos não iam lotar.

Além dos pilotos no *Angry Landlord* – testando novos formatos para atrair o público –, o próprio espetáculo é um projeto-piloto, ancorado nos pontos fortes e interesses do grupo. O *Angry Landlord* é um projeto paralelo, já que os dois fundadores têm um emprego em período integral. Bill trabalha em uma empresa de marketing visual, onde também conduz workshops de improvisação para profissionais e executivos, com base em seu primeiro livro, *Funny Business*. Christian trabalha como garçom em um restaurante e também é ator. Os dois se dedicam a aplicar e desenvolver seus pontos fortes – seu amor pelas pessoas, por escrever e provocar riso – mesmo quando não estão trabalhando no *Angry Landlord*.

Os próximos projetos-piloto do *Angry Landlord* se concentrarão em expandir o show para ocupar um local maior, postar vídeos curtos no

YouTube e ampliar sua rede de relacionamentos, firmando parcerias, trabalhando em colaboração com outros comediantes e convidando--os para se apresentar com eles. É uma evolução constante. Depois da experiência do auditório vazio, ao retomar as referências do que mais os empolga e o que funciona melhor com o público deles, Christian e Bill lotaram praticamente todos os espetáculos desde então.

Comece aos poucos com projetos-piloto enxutos

Seguindo o conceito do produto mínimo viável (MVP) de Eric Ries, recomendo uma abordagem enxuta à realização dos projetos-pilotos, tendo em vista grandes mudanças na carreira. Um projeto-piloto enxuto não requer grandes investimentos de tempo, dinheiro ou energia. São pequenos testes para ajudá-lo a decidir se você gosta de atuar na área, se tem as habilidades necessárias para obter sucesso e se diferenciar e se tem o potencial necessário para gerar renda (ou qualquer outro valor prioritário para você). Que experimentos você poderia fazer, usando entre 10% e 20% do seu tempo livre, sem precisar apostar tudo o que tem em uma grande mudança?

Projetos-piloto enxutos versus *de alto risco*

Veja alguns exemplos:

Enxuto / baixa pressão	*Não enxuto / Alta pressão*
Trabalho fixo em uma empresa	
Encarregar-se de um pequeno projeto no trabalho, que ocupará cerca de 10% do seu tempo, além das suas responsabilidades para testar uma ideia e as suas oportunidades de expansão.	Esperar para se envolver só quando fizer a transição completa para o novo cargo. Esperar uma promoção em vez de sugerir projetos com os quais você poderia aprender e se desenvolver.

Enxuto / baixa pressão	Não enxuto / Alta pressão
Segunda fonte de renda	
Começar a escrever um blog dedicando de uma a duas horas de atenção focada por semana.	Largar o emprego para abrir seu negócio... começando do zero.
Trabalho autônomo	
Apresentar um novo produto ou um novo formato a um cliente em potencial.	Abrir mão de todos os seus clientes atuais enquanto concretiza novos clientes mais desejáveis.

Meu amigo Ryan White – não é o nome real dele e você vai entender por que daqui a pouco – é um consultor de negócios ágeis que trabalha para empresas da *Fortune 100*. Ryan tinha interesse em criar um curso de *bondage* para iniciantes, voltado a casais interessados em jogos sexuais seguros amarrando e imobilizando o parceiro. O livro e o filme *Cinquenta tons de cinza* tinham disseminado mitos que ele achava necessário esclarecer depois de anos realizando workshops privados.

Em vez de largar o trabalho para se dedicar exclusivamente ao seu curso – apostando inclusive a sua reputação –, ele criou uma série de projetos-piloto. Primeiro, elaborou um guia gratuito sob o pseudônimo de Ryan White e uma página na internet que lhe permitiria anunciar o programa com o Google AdWords para ver se o assunto geraria interesse suficiente. Ele não investiu dezenas de milhares de dólares criando um site complexo, uma identidade de marca completa e toda uma série de livros ou vídeos. Pelo contrário, fez um projeto-piloto criando um guia simples em poucos meses, um guia que ele poderia desenvolver se tivesse tempo e as pessoas manifestassem interesse suficiente pela ideia.

Ryan mandou um e-mail para os amigos explicando seu processo: ele começaria criando uma página na internet que coletaria endereços de e-mail em troca de um PDF gratuito de "Dicas e ferramentas de *bondage* para iniciantes". O PDF incluía um link que geraria tráfego para um grupo no Facebook. Se tudo corresse bem com o PDF grátis e o grupo no Facebook, ele escreveria um e-book mais extenso e o publicaria por conta própria na Amazon. Se isso desse certo, criaria um curso na internet para aprofundar o conteúdo do e-book.

Procure projetos-piloto com retornos assimétricos

Em seu livro *Antifrágil*, Nassim Nicholas Taleb fala sobre o princípio da "opcionalidade", oportunidades assimétricas com potencial para proporcionar muito mais ganhos do que perdas.[2]

Procure projetos-piloto com grandes vantagens potenciais e desvantagens limitadas. Refinanciar a sua casa para explorar uma ideia de um novo negócio implica um risco enorme: você pode acabar endividado, tendo de pagar altas taxas de juros ou até falido, se sua ideia não der em nada. Por outro lado, investir uma pequena parcela das suas economias no protótipo de um projeto-piloto – ver se as pessoas têm interesse e se você curtiria trabalhar na sua ideia – não o deixa tão exposto e vulnerável a riscos.

Os projetos-piloto para o curso de *bondage* de Ryan White contavam com retornos assimétricos ou, em outras palavras, mais vantagens do que desvantagens. Se ele decidisse abandonar a ideia, não teria perdido muito dinheiro e tempo. Por outro lado, cada projeto-piloto, se tivesse sucesso, o encorajaria a avançar à próxima fase e ir assumindo riscos cada vez maiores, investindo mais tempo e dinheiro na mesma proporção dos ganhos.

Valeu a pena colocar em ação uma série de pequenos projetos--piloto, mas não do jeito que Ryan esperava. Ele se deu conta de que queria, sim, divulgar seus conhecimentos sobre *bondage*, mas sem se dedicar a isso em período integral. Como Ryan explicou, "não foi o mercado que rejeitou a ideia, fui eu mesmo". Ele queria continuar investindo em sua carreira como consultor de negócios ágeis em vez de se dedicar totalmente ao desenvolvimento e à venda de seu curso de *bondage* na internet.

Em vez se esconder nos bastidores, Ryan percebeu que poderia agregar muito valor assumindo suas peculiaridades e escrever sobre esse lado de sua vida paralelamente ao seu trabalho com consultoria de negócios. Esse grau de autenticidade foi assustador no começo, mas no fim Ryan acabou experimentando uma liberdade muito maior, incluindo a possibilidade de inspirar as pessoas a também compartilhar suas histórias e expressar esse lado até então oculto de sua personalidade.

Desde então, Ryan abandonou o pseudônimo. Seu nome é Bob Gower e ele continua implantando projetos-piloto em seu trabalho de contar sua história ao público e em seu trabalho principal como consultor de negócios ágeis.

O paradoxo da pivotagem: não tenha pressa e cozinhe em fogo baixo

Em algumas situações, você pode querer fazer projetos-piloto rápidos, coletando informações e feedback assim que possível, de maneira ágil e incompleta. Em outros momentos, pode adotar uma abordagem mais deliberada aos projetos-piloto, com o objetivo não de fazer uma mudança acontecer em um ano, mas sim como uma estratégia de longo prazo para o desenvolvimento de sua carreira. No primeiro cenário, você pode sacrificar a qualidade avançando com rapidez, tentando forçar o amadurecimento de ideias e fluxos de renda antes que estejam prontos.

Theodor Geisel foi um cartunista que ganhou a vida durante a Grande Depressão vendendo textos e ilustrações para jornais, revistas e agências de publicidade. Para pagar as contas, trabalhou com quadrinhos, poesia e filmes de propaganda.[3] Em 1936, Geisel escreveu seu primeiro livro de poesia, inspirado em suas viagens, mas seu manuscrito foi rejeitado por várias editoras. A caminho de casa, decidido a queimar o manuscrito, topou com um amigo que o ajudou a publicar o livro. Aos 49 anos de idade, seu primeiro e único longa-metragem foi lançado. O filme foi um fracasso de crítica e público, o que o desencorajou de tentar fazer outro filme e o levou de volta para suas histórias mais simples e cômicas.

Em 1954, a revista *Life* publicou um relatório sobre o analfabetismo infantil, concluindo que as crianças não estavam aprendendo a ler porque os livros eram tediosos demais. O editor de Geisel compilou uma lista de 348 palavras que considerava importantes para as crianças aprenderem e contratou Geisel para escrever um livrinho usando 250 termos dessa lista. Geisel aceitou a missão e, aos 50 anos, escreveu e lançou um livrinho de histórias rimadas. Você já deve ter ouvido o título desse: *The Cat in the Hat*, publicado sob seu pseudônimo da faculdade, Dr. Seuss.

Dr. Seuss, como a maioria dos profissionais, não foi um sucesso da noite para o dia. Ele se empenhou em seus projetos criativos e sempre manteve várias panelas no fogo ao mesmo tempo. Dedicou-se a projetos-piloto, explorando uma variedade de gêneros literários e de expressão, investindo mais tempo no que estava dando certo e abandonando os projetos que não estavam avançando. Com facetas e atividades tão variadas quanto desenhar quadrinhos para o jornal da faculdade, escrever poesia, o interesse por desenhos animados e sua veia cômica, Dr. Seuss evoluiu até que finalmente encontrou seu público. Mesmo trabalhando com publicidade para pagar as contas, sempre manteve acesa sua chama criativa.

Não importa qual fosse seu emprego fixo, Geisel sempre reservou algum tempo para explorar projetos que lhe interessavam. Ele assumiu riscos ponderados e nunca deixou de explorar trabalhos que o empolgavam bem antes de atingir o sucesso comercial e muito depois. Para mim, essa história serve como um incentivo, não para almejar o minúsculo cume no topo de uma pirâmide de sucesso, mas sim para curtir o processo de explorar o interior da pirâmide, valorizando todos os corredores e cômodos escondidos.

Meu finado avô Harold também gostava de avançar aos poucos usando projetos-piloto, mas em seu próprio estilo. Seu grande pivô profissional levou trinta anos de meticuloso planejamento. Ele começou na rede de televisão ABC em 1949, escrevendo onomatopeias à mão para filmes, incluindo o *Pow!* e o *Bonk!* do clássico seriado *Batman*, além de letreiros para as cerimônias do Oscar e do Emmy. Ao mesmo tempo, se empenhou em criar uma fonte de renda que viria a sustentar sua família no futuro. Seu primeiro passo foi comprar e reformar um imóvel, muito antes de essa atividade virar moda.

Ele transformou o edifício em um prédio de seis apartamentos e se mudou para lá com a família. Em seguida, vendeu o prédio e reinvestiu os lucros para comprar um prédio maior e foi fazendo isso até administrar um prédio de 24 apartamentos. Aos 58 anos de idade, era diretor criativo da ABC, depois de 35 anos na empresa, e já tinha um segundo fluxo de renda pronto e esperando por ele. Quando a segunda renda superou sua renda fixa, ele se viu com a liberdade e a confiança de sair da ABC quando bem entendesse.

Meu avô trabalhou até seus últimos dias, muito além da aposentadoria, apesar de ter mudado seu perfil de risco com o tempo, passando a comprar refinanciamentos em vez de comprar e reformar prédios. Suas fontes de renda alternativas também lhe permitiram passar muitos anos viajando com minha avó; eles conheceram a China, a Índia, a África, o Alasca e muitos outros lugares interessantes. Ele viveu com frugalidade, trabalhou com diligência e nunca abandonou uma fonte de renda antes de preparar a próxima para tomar seu lugar.

Projetos-piloto incrementais nas organizações

Seth Marbin entrou no Google em 2006 para trabalhar na avaliação da qualidade de buscas, uma atividade que implicava rever centenas de sites da pior qualidade, todos os dias, para se certificar de que fossem incluídos nos resultados de buscas. Desnecessário dizer, aquele emprego não tinha nenhum vínculo direto com a verdadeira vocação de Seth.

Em 2007, Stacy Sullivan, diretora de cultura do Google, convocou os Googlers a apresentar ideias para o desenvolvimento de equipes, considerando que a empresa tinha dobrado de tamanho, de 7 mil para 14 mil funcionários. Seth propôs dedicar um dia para que todos os funcionários da empresa pudessem se conectar uns com os outros e com a comunidade local. Ele tinha comprovado pessoalmente o poder do voluntariado para derrubar barreiras sociais quando trabalhara na AmeriCorps e se inspirara no programa "Serve-a-palooza", da Timberland, no qual a empresa fechava todas as operações por um dia para se dedicar a projetos de voluntariado para ajudar a comunidade.

Seth usou seu tempo livre para recrutar uma pequena equipe (ainda sem ser oficialmente incluída nos famosos projetos dos 20% do Google) e, juntos, lançaram uma iniciativa batizada de GoogleServe, envolvendo a empresa inteira. De acordo com o programa, todos os funcionários poderiam tirar um dia de folga em uma semana determinada para prestar um serviço voluntário. No primeiro ano, a equipe do GoogleServe recrutou três mil participantes em 45 escritórios da empresa. Em dois anos, dobraram esse número para seis mil em 70 escritórios, e o programa passou a ser reconhecido como uma bandeira do engajamento comunitário do Google. Em 2015, o GoogleServe já contava com 14 mil participantes.

Apesar do enorme sucesso de seu projeto-piloto, Seth seguiu adiante com sua pivotagem. Depois de três anos liderando o GoogleServe como projeto paralelo, Seth fez sua grande transição e assumiu um cargo focado nas ações filantrópicas do Google em período integral, um pivô interno encorajado por seu chefe na época. Hoje é o gestor de programa da equipe GooglersGive, trabalhando com um grupo de dez pessoas dedicadas a programas de voluntariado e doações o ano inteiro.

A trajetória de Seth demonstra vários princípios importantes para a realização de bons projetos-piloto:

- Ele começou com um pequeno teste para determinar a viabilidade e o interesse.
- Conduziu o projeto-piloto sem nenhuma expectativa de transformá-lo em um emprego de período integral, embora soubesse que isso poderia ser possível um dia.
- Demonstrou taxas crescentes de adoção e sucesso a cada ano, integrando o GoogleServe ao seu trabalho depois de provar seu valor para a organização.
- Ele não esperou a criação de um cargo oficial para começar, apesar de ter obtido permissão de seu chefe para trabalhar na iniciativa como um projeto paralelo.
- Criou uma visão compartilhada para a empresa, para os funcionários e para si mesmo, esboçando as possibilidades de projetos na área.

Seth escolheu um projeto-piloto e o repetiu a cada ano, expandindo-o cada vez mais e levando todas as partes envolvidas a ganhar: ele pôde trabalhar alinhado com seus valores, seus pontos fortes e sua visão; os funcionários do Google adoraram a chance de prestar um serviço voluntário e ajudar a comunidade; o Google expandiu suas ações de impacto social; e milhares de projetos comunitários ao redor do mundo receberam recursos e ajuda.

Reduza o risco com a redundância

Em engenharia, o termo "redundância" é definido como a existência de componentes adicionais, não estritamente necessários para o funcionamento normal, mas incluídos para o caso de falha de algum componente. Embora nem sempre seja possível ter uma redundância completa na carreira quanto ao timing de uma mudança, pode ser interessante almejar pelo menos alguma sobreposição.

Ao conduzir projetos-piloto simultâneos para testar novas ideias, além da sua fonte atual de estabilidade profissional, você tem a chance de coletar importantes informações antes de fazer uma grande aposta em uma nova direção. É melhor evitar o pânico de não saber como vai conseguir pagar o aluguel no meio de uma grande mudança, seja passando para uma nova base de clientes, se você trabalha por conta própria, seja encontrando um novo emprego, se trabalha em uma organização.

Os projetos-piloto podem ajudá-lo a construir sistemas de backup e testar ideias com baixo risco de modo a se posicionar para fazer a sua mudança quando precisar. Marisol Dahl, a diretora de comunicação do meu negócio, desenvolveu sua empresa lentamente, aprendendo e realizando projetos-piloto pouco a pouco. Ela criou uma redundância em sua carreira já na faculdade para maximizar as oportunidades disponíveis quando se formasse.

Conheci Marisol quando ela estava no terceiro ano da faculdade em Yale. Ela e seu amigo Davis Nguyen me convidaram para dar uma palestra no campus para a série "Master's Tea", um chá da tarde organizado por um professor ("master"), convidando um palestrante para falar com os alunos. Durante a minha visita, comentei que estava em busca de um gerente de comunidade para a plataforma do meu livro *Life After College*. Começamos com um projeto-piloto no formato de um estágio. Deu tão certo que, no trimestre seguinte, Marisol foi efetivada e eu continuei a ampliar suas responsabilidades com o tempo. Ela aprendia rápido, não deixava passar nenhum detalhe e concluía todas as tarefas no prazo, com excelente qualidade. Em seis meses, estava me ajudando a transformar completamente o meu negócio. Por minha vez, eu lhe ensinei todos os sistemas e ferramentas que usava para administrar minhas operações. Em um ano, estávamos em total sintonia, cada uma enriquecendo o ecossistema da carreira da outra.

No último ano da faculdade de Marisol, comecei a indicá-la a amigos que estivessem em busca de uma excelente gerente de conteúdo e de comunidade. Com mais tempo sobrando no último semestre de faculdade, Marisol foi pegando novos clientes aos poucos, elevando os preços um pouco de cada vez e conduzindo projetos-piloto para explorar sua estratégia e seus sistemas de captação de clientes. À medida que os clientes verificavam que podiam confiar no trabalho dela, também foram aumentando suas responsabilidades, sua carga horária e a complexidade dos projetos.

Quando se formou, Marisol já tinha ofertas de emprego em período integral e mais clientes potenciais do que podia dar conta. Ao criar redundância e conduzir projetos-piloto trabalhando por conta enquanto ainda estava na faculdade – em que cada novo cliente era um projeto-piloto –, ela se formou com um amplo leque de possibilidades profissionais nas mãos. E só tinha a ganhar com a situação: como o seu currículo já estava apinhado de projetos interessantes em mídias sociais e marketing on-line, ela podia conseguir um excelente emprego em uma boa empresa ou se dedicar a trabalhar por conta própria. Depois de alguns meses de exploração, escolheu a segunda opção.

Enquanto muitos de seus colegas recém-formados se queixavam da falta de oportunidades, Marisol expandia sua expertise e sua rede de relacionamentos e fazia um trabalho espetacular gerando resultados para seus clientes. Ela sabia que, mesmo aceitando um emprego em período integral depois de se formar, poderia manter a redundância de uma segunda fonte de renda e de realização profissional, continuando a tocar seu próprio negócio nas horas vagas.

Depois de ser preterido para a promoção naquele fatídico dia no Iraque, Kyle Durand, sobre quem lemos na Introdução, passou os dez anos seguintes desenvolvendo um portfólio de negócios vinculados a seus pontos fortes em Direito e Contabilidade, enquanto ainda trabalhava meio período como reservista militar, atuando como advogado de direitos humanos internacionais em zonas de combate. Foi essa redundância que facilitou sua transição definitiva, quando ele se aposentou das Forças Armadas depois de 27 anos de serviço. Kyle observou que sua segunda grande mudança pareceu mais fácil do que a primeira: "Esta [última mudança] não me pareceu tão difícil porque eu já tinha feito o trabalho mais difícil dez anos antes".

Sobre a redundância dos últimos dez anos, Kyle observou que sua decisão de criar um portfólio diversificado também o ajudou em suas atividades profissionais atuais. "Foi excelente, porque outros negócios que abri deram com os burros n'água", disse ele. "Só consegui continuar avançando porque tinha criado a redundância. Em várias situações nos últimos dez anos, um dos meus negócios entrou em coma. Se fosse a minha única fonte de renda, eu também estaria na UTI."

Mesmo enquanto estava no serviço militar, Kyle fez questão de acumular habilidades, experiência e conhecimentos que poderia aplicar no setor civil. "Quando era jovem, via pessoas saindo pelo mundo sem ter ideia do que fazer e sem muitas habilidades transferíveis. Eu sempre quis evitar essa situação", ele explicou. "Por isso continuei explorando caminhos nas Forças Armadas, fazendo cursos de especialização e obtendo certificações em Direito e Contabilidade. Ao contrário da maioria das pessoas que entra no serviço militar e se atém a um único plano de carreira, eu tinha vários."

O paradoxo da pivotagem:
os perigos da síndrome da falsa inspiração

Um furacão de grandes ideias e boas intenções está girando na sua cabeça, mas você está tendo dificuldade em concretizá-las no mundo real? Você pode estar sofrendo da síndrome da *falsa inspiração* se:

- Fica inspirado depois de ler dezenas de artigos e posts de blog, mas está cansado ou desanimado demais para fazer alguma coisa depois.
- Leu dezenas de livros para aprender uma nova habilidade... e nunca chega a praticá-la.
- Navega no site de pessoas que admira para descobrir como fazer o que elas estão fazendo... só para ser atacado pelo monstro da comparação, que o convence de que você é uma fraude, sem nada de original, e que tudo que vale a pena fazer já foi feito.
- Você fica atolado na paralisia por análise, sem conseguir sair das fases de pesquisa ou esboço, que podem ser os grandes lobos maus da procrastinação.

Todos os impactadores caem nessa armadilha de tempos em tempos simplesmente por serem impelidos pelo desejo de aprender, crescer, compartilhar e fazer a diferença; por serem energizados pela interação humana e por um sentimento comunitário e, em algumas situações, cair na tentação de querer viver indiretamente por meio da criatividade e da coragem dos outros. E também por caírem na tentação de se munir interminavelmente de informações a fim de evitar o remorso que costuma acompanhar uma decisão errada.

Contudo, levar adiante um projeto-piloto não equivale a ler, remoer, selecionar, organizar, esboçar, arquivar, reorganizar, mandar e-mails, esperar, fazer café, tomar café, tomar outra xícara de café. É bem verdade que algumas dessas atividades até podem fazer parte do processo criativo, mas elas não são um *resultado*.

Durante o processo de pivotagem de seu trabalho em uma organização sem fins lucrativos a fim de deslanchar uma carreira de palestrante, Gigi Bisong forçou-se a sair do modo de coleta interminável de informações quando percebeu que, apesar de sua sondagem parecer proveitosa, ela só estava se sentindo mais paralisada e as informações que coletava mostravam-se muito distantes do conhecimento prático, obtido no mundo real.

"Eu estava me inscrevendo para todas as conferências na internet que conseguia encontrar e percebi que estava ficando ainda mais confusa depois de todas as minhas pesquisas", ela conta. Seu mentor comparou esse processo a ler manuais para aprender andar de bicicleta em vez de montar na bicicleta, cair e repetir até conseguir pedalar sem dificuldade. Gigi passou da sondagem aos projetos-piloto, oferecendo-se para fazer palestras em eventos menores, para coletar feedback em tempo real, e começou a confiar em sua própria intuição para decidir o que fazer em seguida.

Viagens para dar uma agitada no pensamento estagnado

Se os seus projetos-piloto não estão gerando o ímpeto necessário para avançar, fazer uma viagem pode ser uma maneira incrível de dar uma bela agitada nas coisas.

Mergulhar em novas culturas nos possibilita romper as velhas rotinas e nos libertar das obrigações enquanto nos abrimos para o desconhecido. As viagens nos ensinam a superar medos, encontrar a coragem de explorar tanto o nosso mundo interior como o exterior e nos obrigam a desligar o piloto automático. O que acaba acontecendo é que ficamos naturalmente mais presentes à medida que, ao percorrer estradas desconhecidas, conhecemos novas pessoas, provamos comidas exóticas e cometemos gafes em outros idiomas.

A aventura e a espontaneidade de estar longe de casa podem estimular a criatividade e provocar uma onda de novas ideias. Os momentos de solidão e tranquilidade abrem espaço para a introspecção e a percepção de novos rumos. Se você viajar para um país com custo de vida mais baixo, pode até esticar o orçamento e ganhar mais tempo para pivotar. Conhecer pessoas de outras culturas é uma verdadeira injeção de amizade e diversão. As viagens podem nos ajudar a recuperar o sentimento de gratidão e apreço, abrindo nossos olhos para a diversidade do mundo ao observar culturas muito diferentes da nossa.

Tudo isso me faz pensar no velho ditado "o que importa não é o destino, mas a jornada", mas, às vezes, durante processos de grandes mudanças, o que mais importa é o destino. Um lugar diferente pode ser exatamente o catalisador criativo do qual precisamos.

Muitas pessoas dizem que querem viajar e até passar um tempo morando fora, mas a incerteza e os custos que acompanham uma empreitada como essa podem ser intimidadores. Uma viagem implica fatores logísticos: fazer ou renovar o passaporte, economizar para a viagem, comprar passagens, reservar hotéis.

Outros fatores são mais subjetivos: *para onde devo viajar? Por quanto tempo? Com quem eu deveria ir? E o trabalho, como fica? Ou seria melhor fazer uma viagem a trabalho?*

Também podemos nos ver diante de uma verdadeira ladainha de temores: *será que consigo fazer isso sozinho? E se alguma coisa der errado? E se eu não curtir a viagem? E se eu me perder? Como vou me comunicar com as pessoas sem falar a língua delas?*

O processo dos projetos-piloto é tão eficaz para viagens quanto para uma mudança de carreira. Elisa Doucette nunca tinha saído dos

Estados Unidos quando aceitou um emprego em uma empresa de expatriados, a Tropical MBA, para ocupar o cargo de diretora de comunicação. Ela tirou seu primeiro passaporte, comprou uma passagem só de ida para Bali e começou a prestar consultoria para a empresa enquanto viajava por todo o Sudeste Asiático. O plano seria que seu projeto-piloto tivesse a duração de seu primeiro contrato, seis meses, mas não demorou para ela se provar indispensável e adorar seu novo estilo de vida, de modo que foi estendendo sua estadia a cada seis meses. Elisa passou três anos trabalhando na Tropical MBA nesse esquema antes de retomar sua atividade como escritora e editora em período integral em sua empresa, a Craft Your Content.

Antes da viagem mais longa que pretendia fazer por Bali e pela Tailândia, em 2013, também botei em prática, em 2012, um projeto-piloto, me afastando do meu negócio por um mês para ir conhecer esses dois países. O que mais me amedrontou foi comprar as passagens para aquela viagem. Depois disso, o resto foi se encaixando naturalmente, até o modo como eu viria a trabalhar com meus clientes de coaching enquanto estivesse fora. Gostei tanto da minha estadia de dois dias em Ubud, Bali, que no ano seguinte voltei para passar um mês inteiro lá e dois anos depois para passar mais um mês trabalhando neste livro. Cada viagem me deu mais coragem para a próxima. Um dos meus maiores medos era que as viagens prejudicassem o meu negócio e a minha produtividade, mas na verdade o que aconteceu foi o contrário.

Usar viagens como projetos-piloto é diferente de simplesmente sair de férias, no sentido de que os projetos-piloto o forçam a deixar a sua zona de conforto. A zona de desafio pode ser o tempo de viagem, o seu destino ou as suas intenções. Você pode querer fazer um curso no exterior, explorar um novo setor para a sua próxima mudança ou uma cidade diferente para morar.

As viagens como projetos-piloto lhe possibilitam fazer experimentos com estadias longas ou destinos distantes, sem se comprometer com um salto gigantesco, como se mudar para um país estrangeiro, apesar de às vezes uma mudança como essa talvez ser justamente a sacudidela da qual seu sistema precisa para pegar no tranco.

—

O foco da etapa dos Projetos-piloto é a ação: colocar suas ideias em prática para coletar dados e tomar decisões bem fundamentadas sobre os próximos passos. Contudo, parece que as oportunidades sempre caem do céu no colo de algumas pessoas de sorte. O que essas pessoas fazem de diferente?

Pense no ditado "mais vale um pássaro na mão do que dois voando". Para o processo de pivotagem, é mais interessante ajustar esse ditado para "mais vale um pássaro na mão, com um segundo pássaro pousado *no comedouro que eu construí*, do que um bando de pássaros voando". Como você poderia construir o seu comedouro de pássaros? Qual dos seus projetos-piloto, se você investir nele, tem mais chances de fazer as oportunidades caírem no seu colo?

9

Pare, revise, repita

O que deu certo? O que deu errado?
O que você poderia fazer diferente?

Nada espere. Viva na frugalidade.
Na surpresa.

— ALICE WALKER

Carros vintage elegantes e excêntricos que fariam qualquer colecionador babar. Close-ups tão vívidos de xícaras de café expresso que é quase possível sentir o cheiro do café e o sabor da espuma. Comediantes conversando informalmente em restaurantes, falando abertamente sobre fama, humor, família, neurose e trabalho.

Jerry Seinfeld pivotou da comédia stand-up e de seu programa de TV *Seinfeld* para produzir uma série na internet chamada *Comedians in Cars Getting Coffee*, e a série é tão viciante quanto sua coadjuvante, a cafeína. É bem verdade que é divertido ver duas celebridades em seu habitat natural, batendo papo por 20 minutos. Mas ainda mais contagioso é o modo como o programa representa a personificação do talento inigualável de uma pessoa. Seinfeld encontrou uma maneira de explorar seus interesses – seu amor por carros, comédia, café e restaurantes – ao mesmo tempo que lançava mais uma inovação na indústria do entretenimento e criava um modelo de negócio viável em torno de seu experimento. O resultado é uma delícia de assistir.

Comedians in Cars não representa uma virada de 180 graus em relação ao seu seriado cômico, mas uma mudança de uns 90 graus. Os episódios de *Seinfeld* não raro mostravam amigos se encontrando em restaurantes e falando sobre as pequenas irritações do dia a dia, no que foi descrito como "uma série sobre nada". *Comedians in Cars* segue uma linha parecida, no sentido de que as predileções de Seinfeld se unem para compor o que ele descreve como "uma antissérie sobre um não evento". Em um episódio memorável, o presidente Barack Obama brinca: "Eu sempre quis estar em uma série sobre nada, e aqui estou". Seinfeld responde: "Não tem nada... nada mais 'nada' do que isto".

Em uma entrevista para a *Fast Company* sobre o que o inspirou a fazer esse experimento com uma série na internet e não um programa de TV tradicional, Seinfeld explicou: "Apenas me parece que a internet está convocando os artistas a serem criativos. É como uma loja de materiais para desenho, pintura e artesanato: você entra e se vê cercado de papéis, tintas, pincéis, lápis... É como se alguém o estivesse desafiando a fazer arte".[1]

Seinfeld usou a primeira temporada de sua série na internet como um projeto-piloto e foi refinando o estilo e o valor de produção com o tempo até conquistar o público e receber ofertas de patrocínio. No momento em que escrevo este livro, *Comedians* já tinha concluído sua sétima temporada.

Seinfeld fez questão de garantir que seus projetos-piloto gerassem uma renda viável rapidamente. Apesar de ele provavelmente não precisar do dinheiro, ao avaliar esse próximo passo de sua carreira, disse que era importante gerar lucro suficiente para a série valer a pena para ele e seus convidados. Em uma entrevista a David Letterman, ele disse: "Eu queria que fosse como um negócio. Nunca ninguém tinha criado uma série [na internet] que ganhasse dinheiro. Era uma parte do quebra-cabeça que eu queria resolver".[2]

Assim como um piloto de uma série de TV, um projeto-piloto na carreira é um experimento que deve ser avaliado... e rapidamente. Livre-se do seu apego aos resultados e mantenha uma postura curiosa: que lição eu tenho a aprender aqui? Como isso pode orientar o meu próximo passo? Como posso expandir a minha visão original?

Depois de ter concluído um projeto-piloto, ou vários ao mesmo tempo, o próximo passo é avaliar o que funcionou e o que não funcionou. O que você faria de outra forma? Qual ideia tem mais potencial? Feito isso, identifique uma nova rodada de experimentos e repita o processo de projetos-piloto.

O processo dos projetos-piloto não é uma proposta única e isolada. Você provavelmente vai experimentar vários projetos-piloto até descobrir a melhor oportunidade para você. Que apostas menores você pode querer expandir? Cada vez que percorrer esse processo você aprenderá mais sobre si mesmo e esclarecerá ideias sobre com quem quer trabalhar e no que quer trabalhar.

Pare e revise

Depois de concluir um projeto-piloto, responda às três perguntas a seguir:

- **Satisfação:** eu curti fazer isso? A atividade é envolvente? Fico empolgado para voltar à atividade?
- **Expertise:** sou bom nisso? Se não, tenho como desenvolver minhas habilidades na área? Fico empolgado para aprender mais? A atividade é uma extensão natural dos meus pontos fortes?
- **Expansão:** consegui identificar se existem oportunidades de me expandir nesse mercado? Tenho como ganhar a vida fazendo isso?

Os projetos-piloto eliminam a pressão de ter de encontrar o próximo passo *perfeito*, estimulando a criatividade e um planejamento dinâmico à medida que avançamos. Conduzir projetos-piloto deve ser um processo divertido. Se não for, você pode estar tentando dar um passo maior que a perna. Divida os seus experimentos em etapas, tirando-os da sua zona de pânico e colocando-os na sua zona de desafio. Se você não se empolgar com um projeto-piloto, abandone-o ou revise-o e então siga em frente.

Thomas Frank conseguiu fazer a transição de responsável por um blog com dicas para recém-formados na faculdade para se tornar um especialista em produção de vídeos no YouTube por meio de uma série de projetos-piloto ponderados e deliberados. Ele foi fazendo pequenos experimentos, avaliando-os a cada passo do caminho, à medida que reforçava a sua reputação e ampliava sua plataforma:

- O primeiro vídeo foi um experimento para expandir seu blog. Thomas se contentou com uma má iluminação (recorrendo a luminárias de mesa depois de construir uma luminária improvisada que quase pegou fogo), filmou sem roteiro e postou o vídeo quase sem nenhuma edição.

- Em seguida, tentou misturar assuntos acadêmicos com videogames. Em um vídeo intitulado "Vale a pena fazer faculdade? Use o método do Tony Hawk", Thomas incluiu movimentos de skate do game *Tony Hawk's Pro Skater* como metáfora para ajudar seus espectadores a decidir se e quando fazer faculdade. Thomas acredita que essas primeiras iniciativas, "combinando referências geek com conteúdo acadêmico", o ajudaram a se destacar, criando uma identidade diferenciada.

- Outro projeto-piloto foi a criação de um vídeo divertido, de seis minutos, resumindo uma popular palestra de uma hora no YouTube. O vídeo acabou se tornando o terceiro mais popular de seu canal, com mais de 100 mil visualizações, o que indicou que esse tipo de conteúdo seria bem-aceito.

Enquanto trabalhava na expansão de seu número de seguidores no YouTube, Thomas explorou em paralelo outras oportunidades de desenvolver sua plataforma em diversas mídias, incluindo podcasts e um livro para estudantes universitários intitulado *10 Steps to Earning Awesome Grades* (Dez passos para tirar notas incríveis). O livro acabou sendo um grande catalisador, fazendo o número de assinantes de sua mala direta por e-mail saltar de duas mil para 27 mil pessoas, o que atraiu um punhado de convites para dar palestras.

Nesse meio-tempo, Thomas também se expôs ao público, ajudando a apresentar um podcast chamado *Listen Money Matters*, em outro projeto-piloto. Em um episódio, ele falou sobre seu objetivo de se aposentar aos 40. Um jornalista do *U.S. News & World Report* ouviu o episódio e o convidou para uma entrevista, o que levou a um convite para falar em rede nacional, no estúdio da Fox em Manhattan, um marco em sua carreira.[3]

Thomas dominou a arte dos projetos-piloto melhorando aos poucos, desenvolvendo relacionamentos e criando redundância ao testar novas ideias simultaneamente em sua plataforma. Repassando as três perguntas anteriores para o caso de Thomas, fica claro que ele adorava criar vídeos e podcasts, foi capaz de aprender rapidamente e desenvolver suas habilidades de produção de vídeos, e recebeu uma resposta favorável do mercado – demonstrada por e-mails de seguidores, propostas para dar palestras, convites para entrevistas e uma base crescente de assinantes que rapidamente ultrapassou a marca das 100 mil pessoas.

Corra riscos cada vez maiores

Mesmo se estiver seguindo o Método da Pivotagem em um nível menos detalhado, você pode voltar às duas primeiras etapas para avaliar um projeto-piloto específico:

- **Estabilização:** o que deu certo e você pode repetir?
- **Sondagem:** de quais informações adicionais você pode precisar? Seria interessante entrar em contato com mais alguém?
- **Projetos-piloto:** qual variação do teste inicial você poderia explorar em seguida?

Depois de coletar os dados, você estará mais preparado para assumir riscos maiores, mesmo se ainda se sentir intimidado com o tamanho da oportunidade. Em pouco tempo você atingirá um ponto no qual o próximo passo mais lógico incluirá um lançamento maior, na etapa final da pivotagem.

Enquanto estava pivotando da contabilidade para o setor de TI em sua empresa, Casey Pennington também explorava projetos-piloto para desenvolver uma segunda fonte de renda. Ela executou um pequeno experimento, trabalhando como assistente virtual para um empreendedor, à noite e aos fins de semana. Ela até gostou do trabalho, mas a experiência a ajudou a corrigir seu rumo.

"Eu achava que ia gostar de trabalhar em tempo integral para um empreendedor, dando suporte às operações", ela explica, "mas, depois de fazer meu networking, conversar com outros empreendedores e trabalhar um tempo como assistente virtual de um deles, vi que as pequenas empresas são tão imprevisíveis e mudam tanto de foco que eu não teria segurança no emprego trabalhando para um empregador só."

O projeto-piloto de Casey esclareceu sua visão de longo prazo e seu desejo de trabalhar por conta própria: "Percebi que teria mais segurança financeira se me tornasse uma especialista em sistemas e prestasse consultoria para muitas empresas. Eu teria mais de uma fonte de renda, poderia aprender mais e encarar novos desafios".

Em seguida, ela voltou à etapa da Sondagem e se matriculou em um curso on-line de Administração na internet; além disso, começou a conversar com empreendedores para se inteirar de seus maiores desafios e dificuldades.

Os projetos-piloto subsequentes de Casey incluíram ampliar sua carteira de clientes em vez de focar em apenas um. Com isso, ela se aproximou de seu objetivo de se dedicar em período integral à sua própria empresa de consultoria, aprimorando aos poucos seus sistemas e reduzindo os riscos ao se inteirar mais da realidade de trabalhar com vários clientes.

Quando Casey decidiu dar seu salto para se dedicar em período integral ao trabalho autônomo no ano seguinte, sabia que ainda enfrentaria incertezas, mas já tinha desenvolvido sua expertise e reforçado sua tolerância a riscos com projetos-piloto e feito ajustes ao longo do caminho.

E Repasse a sua decisão depois de 30 dias

Faça de um jeito, faça de outro. Rumine, esmiúce, analise, pondere, medite, deixe de molho. ONDE ESTÁ A RESPOSTA E POR QUE EU AINDA NÃO SEI QUAL É?

Sempre que me vejo tentando intelectualizar demais uma situação na qual estou presa, conversando repetidas vezes a esse respeito com os amigos, em um ciclo interminável, ou avaliando um próximo passo sem conseguir esclarecer as coisas, sei que é hora de parar um pouco. Eu adoro toda essa ruminação mental, ficar bastante preocupada, mas na prática nada disso ajuda muito.

Nesse ponto, duas coisas podem ser feitas, ou uma combinação das duas:

- **Ficar em silêncio:** relaxe, medite, sintonize-se com a sua intuição. Se lhe faltar clareza, aceite o desconforto e acredite que mais cedo ou mais tarde você vai enxergar o caminho a seguir. Entregue-se à incerteza. Confie que tudo vai dar certo e veja o que você pode aprender nesse meio-tempo.
- **Manter acesa a curiosidade:** veja a situação como se fosse um cientista. Procure experimentos para conduzir. Colete mais dados. Faça perguntas diferentes, mais elaboradas. Passe um tempo observando os pensamentos que passam pela sua cabeça.

Se você estiver tendo dificuldades para avaliar um projeto-piloto ou uma decisão e essa confusão o estiver impedindo de seguir em frente, tente passar trinta dias monitorando essa área.

Classifique a sua satisfação com o projeto-piloto ou a sua decisão, todos os dias, em uma escala de 1 a 5. Ao mesmo tempo, faça breves anotações diárias para acrescentar um componente de observação qualitativa ao exercício de monitoramento. Muitas vezes, o simples fato de focar a sua consciência durante esse período já basta para inspirar novas e pequenas ações a cada dia.

Ao fim do período de observação, repasse os dados. Quais tendências ou padrões você consegue identificar agora?

Como a minha amiga Jenny Ferry gosta de dizer: "Seja um eterno curioso; ou as situações estão se resolvendo ou estão se dissolvendo". O mesmo pode ser dito para qualquer outro motivo de paralisia. Mantenha-se curioso e aberto ao rumo que a situação está tomando, em vez de forçar uma solução ou se sobrecarregar com expectativas. Desse modo, você pode observar objetivamente se a situação está se resolvendo ou se dissolvendo e quais são os melhores passos a tomar diante disso.

O processo dos projetos-piloto não deve ocorrer no vácuo. A etapa de avaliação é crucial para obter feedback, analisar as suas observações e pedir a opinião e as sugestões das pessoas. Desse modo, quando você chegar ao lançamento, não estará agindo às cegas. Cada projeto-piloto é uma oportunidade, um pequeno teste para você decidir se de fato gosta de fazer o que será necessário para concretizar a sua visão para um ano. Os projetos-piloto ampliam os seus conhecimentos e habilidades e o ajudam a preencher a lacuna entre o ponto onde você está agora e o ponto aonde quer chegar.

A maneira mais simples de avaliar um projeto-piloto é com a brincadeira do "quente ou frio": o seu projeto-piloto foi *quente*, no caminho certo; *morno*, meio certo, meio errado; ou *frio*, um grande fiasco? Você saiu revigorado do projeto-piloto, teve resultados positivos e ficou animado para prosseguir nessa direção? Ou saiu frustrado ao deparar com um obstáculo após o outro, sem obter o retorno desejado de todo o seu investimento?

Se o seu indicador da avaliação foi "morno", qual seria um próximo projeto-piloto a conduzir, dessa vez com riscos um pouco maiores ou um alcance um pouco mais amplo? Se o seu indicador de avaliação foi "frio", ou você ainda não estiver atingindo os resultados desejados quanto a satisfação e impacto, volte à etapa da Estabilização para ver como pode retomar o alinhamento com os seus pontos fortes ou a sua visão. Você também pode precisar passar mais tempo sondando, perguntando a opinião das pessoas, encontrando colegas para monitorar as metas uns dos outros e aprendendo novas habilidades.

Você pode passar meses (se não anos) satisfeito com os seus projetos-piloto, contanto que os seus experimentos estejam alinhados com a visão que você definiu para a sua carreira. No entanto, alguns projetos-piloto têm uma carga tão positiva que se transformam em ímãs potentes, com um poder de atração impossível de resistir.

Você vai saber quando deparar com algo promissor. Mas como saber quando promover um projeto-piloto da liga amadora para o time profissional? Quando é a hora de entrar com tudo?

Projetos-piloto: para saber mais

Visite o site PivotMethod.com/pilot para encontrar ferramentas adicionais, modelos e recomendações de livros relevantes para esta etapa [em inglês].

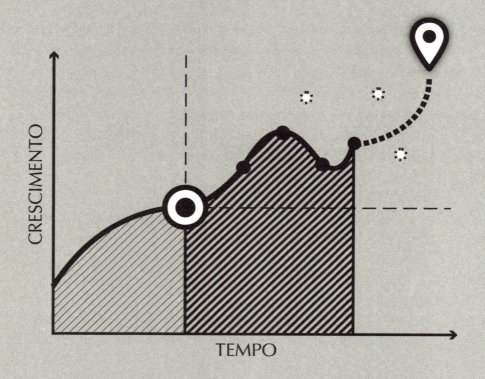

ETAPA 4

LANÇAMENTO

Mergulho de cabeça

Visão geral

Enquanto a etapa dos Projetos-piloto envolve uma série contínua de pequenos experimentos que lhe dão informações sobre o seu próximo passo, a etapa do Lançamento marca o momento em que você toma a grande decisão que completa o seu pivô. Essas decisões não são garantia de sucesso, apesar de você ter reduzido os riscos na etapa dos Projetos-piloto.

Como você poderia avaliar esses passos finais para evitar um lançamento cedo ou tarde demais? Lembre que, se esperar *demais* para pivotar, ficará à mercê da mudança em vez de ter controle sobre ela. Como você poderia tomar decisões inteligentes na sua carreira diante das incertezas e dos temores que ainda restam? E se tomar a decisão errada e as coisas não se desenrolarem como você tinha planejado? Nesta etapa, você vai enfrentar as incertezas que sobraram, decidir o melhor momento de lançar a mudança e quais critérios deve atingir para poder fazer a transição com confiança.

Tricia Krohn conseguiu seu emprego dos sonhos no setor financeiro, mas se decepcionou ao ver que o trabalho não era tudo aquilo que esperava. Ela se descreveu como uma "alpinista da hierarquia corporativa" entre seus 20 e 30 anos até que acabou atingindo o cargo dos sonhos, que, segundo ela, era "O cargo, O emprego, O trabalho que passei tantos anos ambicionando". Não demorou para se sentir infeliz e insatisfeita no trabalho, apesar de ter realizado seu maior sonho. Tricia não conseguia se imaginar naquele trabalho até se aposentar.

Percorrendo sua própria versão das etapas da pivotagem, Tricia foi conquistando uma liberdade cada vez maior para fazer uma mudança na carreira e sua decisão ficou clara: voltar à faculdade para se tornar professora de inglês enquanto reforçava sua renda trabalhando como garçonete num restaurante e professora substituta.

Ela não poderia ter escolhido um momento melhor para sair do setor bancário. O mercado entrou em colapso duas semanas depois. Tricia tinha sacado seu fundo de aposentadoria pela empresa dias antes de o investimento perder metade do valor. Ela contou que a parte mais difícil de seu lançamento foi tomar a decisão: "Desde que larguei aquele emprego, a minha vida tem sido um sonho. Claro que tenho os meus altos e baixos, mas não estou mais tão descontente e sinto que o futuro me reserva muitas outras surpresas agradáveis".

Ouço muito esse tipo de relato de impactadores. Apesar dos solavancos do novo caminho, a maioria nunca olha para trás nem se arrepende de sua decisão de partir para o lançamento. Mas como ter certeza?

10

Faça primeiro e
deixe a coragem para depois

Quando você vai dar o seu grande salto?
Quais são os seus principais critérios de decisão?

> *Eu só tenho um propósito na vida: tornar o homem livre,*
> *impulsioná-lo para a liberdade, ajudá-lo a romper todas as*
> *limitações, pois somente isso lhe dará a felicidade eterna, lhe*
> *dará a realização incondicional de si mesmo.*
>
> — J. KRISHNAMURTI, *Total Freedom*

Seja trocando de equipe na companhia, mudando de organização, abrindo um negócio, fazendo mudanças ou fechando as portas da sua empresa, todo lançamento envolve uma boa dose de fé, riscos ponderados e adrenalina. Você vai saber que chegou a hora do seu lançamento quando estiver pronto para arriscar um fracasso – sabendo que teve a coragem de ir em frente – pela possibilidade de atingir o sucesso, superar desafios e promover seu crescimento pessoal. Ou, nas palavras de Joseph Campbell, pela "magnífica experiência de estar vivo".[1]

Não espere que a coragem caia no seu colo antes de fazer uma grande mudança. Ela virá com a sua ação. A coragem não vai aparecer por inteiro *antes* do lançamento. Ela vai surgir depois, quando você se sentir mais confiante de que tomou a decisão certa. Um dos meus lemas é: "Faça primeiro e deixe a coragem para depois". Quanto mais sua ação for corajosa e alinhada à sua visão e aos seus valores, mais confiança você terá ao longo do caminho.

Ao seguir o Método da Pivotagem, você terá reduzido os riscos, traçado um planejamento inteligente para uma série de possíveis resultados e reduzido as opções para os próximos passos e o momento de colocá-los em prática. Neste capítulo, veremos os critérios que você pode rever para chegar a uma decisão sobre o seu limiar de lançamento e o melhor momento de fazê-lo. Você pode não ter como prever com exatidão os *resultados* do seu lançamento, mas pode assumir o maior controle possível para se direcionar para o sucesso.

Identifique os seus critérios para decidir o melhor momento para o lançamento

Uma das questões que mais preocupam as pessoas durante um processo de pivotagem é "como saber qual é o melhor momento para me lançar?". A resposta é pessoal e intransferível, mas você pode usar alguns indicadores para saber quando promover um dos seus projetos-piloto e fazer dele um lançamento completo.

Em primeiro lugar, esclareça da maneira mais objetiva possível os seus critérios para decidir o momento de se lançar. Com isso, você poderá observar os seus projetos-piloto para saber quando está efetivamente progredindo na direção de uma mudança mais profunda. Você terá uma ideia mais clara de quando se lançar monitorando seu avanço na direção de determinados limiares, e saberá quando for preciso fazer ajustes, caso os seus experimentos não estejam indo como planejado.

Veja a seguir alguns critérios comuns para decidir quando se lançar, incluindo indicadores financeiros, prazos marcados no calendário, marcos de progresso, intuição e decisões que dependem de outras pessoas.

Observe quais são os fatores mais importantes para você e organize a lista em ordem de importância: itens "indispensáveis" para a sua decisão, itens "interessantes de se ter" e itens que "não fazem diferença". Você também pode identificar uma amplitude para cada item, de um mínimo necessário até a ideal. Se achar que alguma das melhores práticas sugeridas por mim não passa de uma grande perda de tempo, fantástico! Isso também lhe dará informações importantes sobre o que se mais adequa a você.

Critérios financeiros

- **Dinheiro poupado (fundo de emergência para o seu pivô):** de preferência, você deve ter poupado pelo menos seis vezes o equivalente ao total de suas despesas mensais regulares para chegar ao momento do lançamento. Planeje para não entrar em pânico quando largar o emprego ou seus clientes, evitando o estresse financeiro. Tenha um fundo de emergência suficiente para ganhar tempo até se consolidar na nova situação.
- **Dinheiro ganho (quando a segunda fonte de renda gerar determinada quantia ou mais):** mesmo se a sua segunda fonte de renda ainda não chegar ao seu salário atual, analise suas chances de gerar um fluxo de caixa estável. Essas atividades paralelas de fato poderão lhe proporcionar uma receita regular? Caso contrário, a aposta pode ser arriscada demais e a nova atividade deve permanecer apenas como uma segunda fonte de renda.
- **Fique até receber uma oferta melhor:** só mude se a oferta valer a pena.
- **Especifique a remuneração desejada:** ao analisar diferentes propostas, veja se a nova oferta equivale ou supera a sua remuneração atual (salário + benefícios). Qual seria a remuneração mínima para aceitar outra oferta? Qual seria uma oferta *ideal*? Se a nova oferta oferecer oportunidades de crescimento empolgantes,

mas um salário mais baixo, será que essa troca vale a pena para você? A oferta inclui outros benefícios, como mais tempo de férias, horários flexíveis ou dias de trabalho em casa, para compensar o salário mais baixo?

- **Incentivo financeiro vinculado a uma data específica (quando receber o bônus ou quando o negócio fechar):** pode valer a pena adiar a mudança se você perceber que está deixando para trás alguns ganhos ainda não realizados (algo que explicarei em mais detalhes no fim deste capítulo), por exemplo, se você tiver um bônus que passou o ano inteiro dando duro para ganhar. No entanto, tome cuidado com incentivos cada vez maiores oferecidos, muitas vezes, apenas para convencê-lo a ficar, diluindo a sua insatisfação e sua disposição para tentar algo novo. Alguns impactadores acabaram de ter filhos, têm direito a ações da empresa, estão pagando a escola das crianças ou quase chegando à idade de se aposentar, de modo que optam por ficar alguns anos a mais do que poderiam ter ficado, se estivessem no início da carreira. Contanto que conheça as razões pelas quais decidiu ficar e o que mais importa para a sua carreira, você pode ver o seu empregador atual ou o seu maior cliente como um parceiro que o ajuda a atingir seu principal objetivo, não como um obstáculo. O importante é não ficar preso na areia movediça da insatisfação, infeliz, mas sem se dispor a abrir mão dos incentivos e promover uma mudança. Se você ficar, saiba por que decidiu ficar e ajuste a sua atitude de acordo com esses motivos.
- **Financiamento externo aprovado (quando receber um empréstimo, um capital de risco ou um financiamento de um investidor-anjo):** recomendo que você pondere se realmente precisa de um financiamento ou de um empréstimo para avançar, ou se isso não seria apenas uma forma de procrastinação ou de um pensamento linear do tipo "se-então". Se fosse forçado a se virar com apenas US$1.000, o que você faria?

Tom Meitner era qualificado demais para a posição que ocupava – respondendo a e-mails do serviço de atendimento ao cliente – e ainda por cima trabalhava à noite. Sua mulher, Amanda, trabalhava na mesma empresa, só que de dia. Recém-casados, raramente se viam ou jantavam juntos. Eles se comprometeram a mudar o cenário, mesmo se isso levasse a uma situação financeira precária.

Esclarecer seus indicativos financeiros e prazos foi fundamental para levar Tom dos projetos-piloto até o lançamento. Ele descreve nos seguintes termos o momento em que tomou a decisão de abrir seu próprio negócio: "Uma noite, voltei do trabalho às 22h30. Minha mulher, Amanda, me olhou bem nos olhos e disse: 'O que você precisaria fazer para largar esse emprego e abrir o próprio negócio?'".

Tom disse a Amanda o que ele teria de fazer: uma lista das trezentas empresas que poderiam contratá-lo para trabalhar como redator publicitário; depois, enviar e-mails e fazer ligações até conseguir um fluxo de trabalho que lhe garantisse pelo menos US$2.500 mensais, o que, de acordo com suas estimativas, levaria um mês.

Em três semanas, Tom fechou acordos com três clientes e garantiu uma renda mensal de US$3.000. Apesar de trabalhar com otimização para ferramentas de busca, não exatamente o tipo de redação publicitária que mais o empolgava, ele aumentou seus honorários e redirecionou seu trabalho para a redação publicitária de respostas diretas para os próximos clientes. Tom passou de funcionário descontente a redator publicitário autônomo, ganhando seis dígitos por ano e trabalhando principalmente em casa.

Agora, além da redação publicitária, Tom conduz projetos-piloto para uma segunda iniciativa paga que, ele espera, um dia será sua principal fonte de renda: uma revista na internet voltada ao público masculino para ajudar "recém-formados e homens que acabaram de ter filhos a assumir o controle de sua vida".

Faça primeiro e deixe a coragem para depois   229

Prazos marcados no calendário

- **Concluir e lançar o projeto X no trabalho:** se você está em uma equipe, trabalhando em um grande projeto, é importante ir até o fim, para o seu próprio bem, reforçando a sua carteira de resultados, e para o bem da sua equipe, para não deixar seus colegas na mão e se indispor com eles. Dito isso, em algumas situações, os projetos podem levar anos para ser concluídos. Pode não fazer muito sentido postergar demais a sua saída, o que também poderia afetar negativamente a equipe, considerando que você só está lá presente de corpo, pois sua cabeça já está em outro lugar. Nesse caso, identifique algumas etapas que você efetivamente tem como concluir no trabalho e documente com clareza suas funções e eventuais pendências para facilitar a transição para o seu substituto.

- **Reserve X meses para explorar ou tirar uma licença sabática:** é ineficaz para a mente ficar ruminando a mesma questão, entra dia e sai dia, durante a etapa de exploração. Se estiver sondando, sonde. Se estiver na etapa dos Projetos-piloto, faça projetos-piloto. Não perca tempo e energia analisando todos os dias se chegou ou não a hora de se lançar. Eu costumo ajudar os meus clientes a se livrar dessa pressão dizendo: "Você não tem permissão nem de *pensar* numa decisão durante as próximas duas semanas. Tire uns dias de folga e depois vamos rever isso juntos". Dê a si mesmo um tempo para respirar, marcando no calendário uma data para rever a questão de se lançar ou não.

- **Tome a decisão de se lançar ou não até a data X:** definir um prazo final pode lhe dar um grande alívio e ser uma maneira importante de motivá-lo a agir, sabendo que você talvez nunca se sinta totalmente preparado. Uma grande mudança envolve muitos fatores: tomar a decisão, comunicá-la e aplicar a sua decisão. Reduza a pressão, separando esses três elementos. Se você marcar no calendário um prazo para *decidir*, sem se preocupar com *como* vai comunicar a sua decisão ou *quando* o fará, pode ficar mais fácil tomar a decisão.

- **Faça a mudança até a data X:** uma vez que você se decidiu, é hora de agir. Estabeleça um prazo para se lançar.

Marcar uma data no calendário em geral depende de outros fatores, especialmente os financeiros. Muitos pivotadores começam identificando os outros critérios que podem afetar sua decisão. Feito isso, eles se dão um prazo para definir quando devem fazer a mudança.

Depois de uma década subindo na hierarquia de uma grande empresa de tecnologia, Brian Jones, que conhecemos na Introdução, decidiu sair da organização, mesmo sem ter recebido outra oferta. Ele tinha economias suficientes para ficar um ano sem trabalhar, e foi o que decidiu fazer. Ou ele aproveitaria o tempo explorando uma variedade de interesses ou, se recebesse uma oferta interessante nesse meio-tempo, poderia muito bem aceitá-la. Quando sua decisão de sair da empresa ficou clara, ele se deu um prazo para pedir demissão depois dos feriados de fim de ano.

Marcos de progresso

- **Criar o protótipo X na minha empresa:** concluir no projeto um marco que seja um precursor crucial para o lançamento.
- **Fechar X novos clientes:** indica que a nova direção é viável e pode gerar renda.
- **Usar o planejamento para se preparar:** defina todas as medidas a serem tomadas, saiba quais são os resultados ideais e conheça os limites entre o sucesso e o fracasso nos piores cenários possíveis.
- **A plataforma atinge determinado tamanho:** isso levará a mais oportunidades e contatos.

Esses itens acrescentam uma dimensão de profundidade e especificidade aos seus critérios financeiros e aos critérios baseados em datas. Uma das maiores redes de segurança durante o lançamento é o tamanho da sua plataforma e o alcance da sua reputação. Quanto mais robusto e público for o seu perfil, seja na sua empresa ou fora dela (ou os dois), maiores serão as chances de as oportunidades caírem no seu colo. Você pode preferir adiar o lançamento até a sua plataforma atingir determinado tamanho. Você também pode esperar ter determinado número de oportunidades potenciais, na forma de ligações de *headhunters*, se quiser mudar de empresa, ou de consultas a possíveis clientes, se a ideia for trabalhar por conta própria.

Recomendo verificar se os itens desta seção podem afetar a sua decisão ou se, no seu caso, não passam de táticas de procrastinação. Em algumas situações, eles podem representar um meio para atingir um fim, mas não o fim em si. Por exemplo, o que o protótipo o ajudaria a realizar ou aprender? O número de novos clientes de fato importa ou a sua meta de renda mensal é mais importante? Você precisa mesmo receber uma oferta melhor antes de dar o salto ou tomar a decisão agora trará novas oportunidades? Será que um dia você vai se sentir completamente pronto no seu planejamento ou está se deixando atolar em detalhes? As perguntas propostas nesta seção podem ou não representar critérios indispensáveis para você, mas seja honesto consigo mesmo ao classificar esses itens numa escala que vai de "incompletos e enxutos", em um extremo, até "procrastinação perfeccionista", no outro.

Jennie Nash passou, em sua própria definição, de autora mediana de livros a coach de autores, tocando um próspero negócio. Ela lecionava em tempo parcial uma disciplina sobre a arte de escrever no programa de extensão para escritores da Universidade da Califórnia, em Los Angeles, e os alunos viviam pedindo aulas particulares. Como ela não sabia ao certo o que tinha a oferecer, sempre rejeitava as propostas. Um dia, um colega a elogiou por sua abordagem estratégica e orientada aos processos e pediu sua ajuda no projeto de um livro. Uma luzinha se acendeu na cabeça dela. De repente, Jennie percebeu como poderia agregar valor aos aspirantes a autor.

Depois do sucesso daquele primeiro projeto, ela mudou o nome de seu site de "Autora Jennie Nash" para "Jennie Nash, Coach de Autores". O que começou com um pequeno projeto-piloto acabou tendo importantes implicações. "Foi um jeito de me permitir fazer uma coisa nova", Jennie explicou.

Ela fez um curso de estratégia para microempresas, como um movimento de sondagem, e aprendeu a precificar seus serviços para atrair os clientes certos e atingir suas metas de renda. Munida de uma visão clara para seu novo negócio e das ferramentas necessárias para concretizar sua visão, Jennie começou a aceitar novos clientes e seu negócio decolou.

Pensando naquela fase de transição, Jennie falou sobre um sentimento parecido com o de muitas pessoas do outro lado do pivô: "Percebi que tudo o que tinha feito na vida havia me preparado para o que estou fazendo agora. Eu só não fazia ideia do que estava acontecendo".

Ainda mais interessante, e também muito comum, foi a maior decepção que Jennie teve na vida e que a levou a essa nova direção: "O fracasso do meu livro, que eu achava que seria um enorme *best-seller*, me libertou. Foi horrível, mas me permitiu parar, dar uma olhada ao meu redor e ver o que eu já tinha e não o que eu poderia ter um dia". No caso de Jennie, foi a demanda por sua expertise que orientou sua decisão, e não o contrário.

Instinto/intuição

- **Algo me diz que...:** "Estou pronto" ou "Vou saber quando estiver pronto".

- **Não dá mais:** "Estou muito infeliz aqui." "Qualquer coisa vai ser melhor do que isto." "Não é mais saudável ficar aqui."
- **Já dei tudo de mim:** "Sei que tentei tudo o que pude."
- **Estou disposto a mergulhar de cabeça:** "Estou pronto para dar tudo o que tenho nessa minha próxima incursão, não importa o que aconteça." "Tentar e correr o risco de fracassar é mais importante do que nunca tentar."

Achei especialmente interessante que, nas entrevistas que realizei, muitas pessoas disseram que, no fim das contas, tinham tomado a decisão orientadas por sinais do corpo. Elas sentiam que o estômago revirara, dava uma sensação de nó (muitas vezes o primeiro indicador físico de que alguma coisa precisa mudar) e que, quando não davam ouvido a esses alertas, a saúde delas piorava até o corpo começar a gritar, clamando por uma mudança.

No final, mais cedo ou mais tarde, muitas pessoas "simplesmente sabiam" que tinha chegado a hora porque sua saúde estava piorando e os níveis de estresse aumentando, ou porque o novo rumo as atraía na direção das fronteiras mais empolgantes de sua zona de desafio e não provocavam mais pânico. A decisão de fazer o lançamento estava tão atrelada à visão dessas pessoas que elas se dispunham a arriscar um fracasso. Quando conseguir sustentar a mentalidade de pivotagem, você não vai precisar mais esperar até seu corpo clamar por ajuda para fazer as mudanças necessárias.

Peter Carr tinha 25 anos e achava que tinha conseguido o emprego de seus sonhos, trabalhando com produção de vídeos esportivos. Mas não demorou a perceber que o emprego e as condições de trabalho estavam longe de ser ideais. Trabalhando mais de 80 horas por semana, levava uma vida que não tinha como manter por muito tempo e que não o levaria a um futuro feliz: "Eu sabia que tinha atingido um ponto pivotal porque estava absolutamente infeliz e meu corpo estava me dizendo o que a minha mente não queria admitir: que eu precisava fazer uma mudança e me arriscar".

Peter viu que todos os seus colegas estavam estressados e sobrecarregados e não tinham tempo para a família. Ele decidiu que, se fosse para trabalhar tanto, seria melhor trabalhar por conta própria em uma empresa que pudesse ajudar as pessoas, ou então encontrar um emprego mais alinhado com sua visão. "Se eu não tivesse conseguido realizar meu sonho de infância e a experiência não tivesse sido tão terrível, jamais teria corrido o risco de pivotar na minha carreira", ele explica.

Ver como o estilo de vida de seus colegas entrava em conflito com seus valores pessoais e sentir os sinais de seu próprio corpo levaram-no a fazer a mudança. O pivô também o motivou a mudar radicalmente seus hábitos de trabalho e os cuidados com sua saúde. No ano seguinte, ele viajou para mais de 37 cidades e participou de mais de 30 provas de corrida, de acordo com seus valores de viajar e levar uma vida saudável, e estava caminhando ao encontro de sua visão para um ano: concluir uma prova do Ironman 70.3.

Nas mãos dos outros

- **Aprovação ou oferta de um "guardião" do setor:** você recebe uma proposta de uma editora para publicar seu livro, fecha um contrato com uma gravadora para lançar seu álbum ou consegue um financiamento.
- **Aceitação em um programa seleto:** você foi aceito em um excelente curso de pós-graduação, no Corpo da Paz, no Teach for America ou em uma incubadora ou aceleradora de startups.
- **Seu marido ou mulher ganha um salário X ou atinge a meta Y:** seu marido ou sua mulher ganha uma promoção no trabalho, termina a pós-graduação ou encontra outro emprego.

- **Consentimento ou apoio do cônjuge e/ou de outros membros da família.**

Algumas grandes decisões estão fora do nosso controle direto, principalmente quando estamos esperando uma resposta de uma entrevista de emprego, uma inscrição na pós-graduação ou em qualquer outro programa com vagas limitadas. Se você estiver nesse momento de espera, é interessante aproveitá-lo bem, envolvendo-se ativamente nos primeiros exercícios de pivotagem.

Pense em suas respostas para as questões a seguir:

- Qual é o meu plano B? O que farei se não for aprovado no processo de seleção? Faça uma sondagem e explore opções enquanto aguarda a resposta.
- Quais projetos-piloto posso colocar em prática enquanto espero, projetos que me mantenham seguindo em frente ou estejam alinhados aos mesmos valores e aspectos da minha visão?
- Quanto tempo posso me dar ao luxo de esperar antes de começar a explorar outras opções? Como vou saber se esperei demais?

Caso o seu plano original não vingue, lembre que a rejeição muitas vezes é uma dádiva oculta, levando a uma abordagem ainda mais criativa para seguir em frente.

Tara Decoda era cabeleireira em Nova York. Depois de um curso de cosmetologia, trabalhou como assistente em vários salões sofisticados antes de se candidatar a um emprego na Glamsquad, uma empresa de serviços de beleza sob demanda. A Glamsquad a rejeitou duas vezes, o que Tara não entendeu, já que suas clientes adoravam seu trabalho.

Alguns meses depois de ser rejeitada, ela decidiu dar seu próprio toque especial ao lema "Se você não puder vencê-los, junte-se a eles" e declarou com convicção: "Se você não puder se juntar a eles, vença-os". Assim motivada, abriu sua própria empresa, a Blow On The Go.

Pouco tempo depois, já estava incluindo a seu negócio principal uma linha de produtos naturais e artesanais para os cabelos chamada Bare Mane. Depois de quase dois anos tocando a Blow On The Go, ela pivotou o negócio mais uma vez, para se voltar ao alongamento de cílios.

Falando sobre o que mais a empolga na Plush Lash, sua nova iniciativa, Tara diz: "Eu queria me reposicionar na indústria da beleza em geral, e não apenas como cabeleireira, para poder compartilhar meus conhecimentos e experiência em mais de uma área. E posso conseguir isso me consolidando como especialista em várias áreas". Tara continua a direcionar seus serviços de maneira alinhada com seus valores, proporcionando uma experiência valorizada por suas atarefadas clientes. Seu talento para oferecer um serviço espetacular fideliza as clientes que sempre voltam e indicam outras.

De todos os critérios apresentados nesta seção, o mais estressante costuma ser esperar o consentimento da família. A verdade é que você pode nunca conseguir a aprovação da sua família ou isso pode acontecer só depois do lançamento. Decida quais são as pessoas cuja aprovação seria crucial para a sua decisão ou as que apenas seria "interessante ter". Por exemplo, se você é casado, a sua decisão pode precisar do consentimento do seu cônjuge, o que é diferente de tomar uma decisão para agradar os seus pais ou fazer o que a sociedade aprovaria.

Minha mãe não aprovou a minha decisão de sair do Google, na época. E ainda não aprova! Posso entender o ponto de vista dela e respeitar de todo o coração seus conselhos e o direcionamento que ela deu para a própria carreira, mas também sei que o meu processo e o momento que escolhi para o meu lançamento eram os mais acertados para mim, apesar de nossas opiniões divergentes.

A nossa família e os nossos amigos mais próximos são os que têm o maior interesse emocional em nossa segurança e sobrevivência. O limiar de risco deles para você pode ser mais baixo do que o seu ou eles podem submetê-lo a uma enorme enxurrada de "e se..." que talvez lembre muito os seus próprios temores. Decida quais desses temores você tem condições de enfrentar e está disposto a encarar e quais deles prefere incluir na categoria de riscos que só poderão ser reduzidos pela ação.

O paradoxo da pivotagem: faça concessões de curto prazo, se necessário

"Será que você não está sendo exigente demais?" Você já deve ter ouvido essa pergunta em algum momento da sua carreira (ou na sua vida amorosa). Acredito que *não* seja o caso na maioria das situações. Pelo contrário, em geral não somos exigentes ou criativos o suficiente! Com uma exceção: você está sendo exigente demais se estiver paralisado no meio de um pivô e ficando cada vez mais desanimado com o processo. Nesse ponto, você deve escolher entre vários dos seus critérios mais importantes, mesmo que pareçam competir com outros valores importantes. Escolha um ponto de estabilidade e avance com base nele, mesmo se ele parecer abaixo do padrão no início.

Talvez você precise aceitar uma oferta de emprego nem um pouco empolgante para coletar novas informações e ganhar tempo. Talvez seja um contrassenso, mas pode ser a melhor coisa a fazer no momento.

Agora, antes de a Polícia do Desenvolvimento Pessoal começar a protestar que "Tudo é possível!" e que você precisa "Sonhar grande!", permita-me dizer que é possível encontrar carreiras capazes de atender aos seus critérios mais importantes, mesmo se parecerem conflitantes. Mas, às vezes, para sair da paralisia, você precisa encontrar uma solução transitória, fazendo concessões enquanto procura o pivô alinhado à maioria dos seus valores ou a todos eles.

O hexágono da pivotagem

Falando em concessões, meu pai, um arquiteto, me contou que, para qualquer projeto arquitetônico, o cliente pode otimizar no máximo duas das três variáveis essenciais: tempo, custo e qualidade. Se o cliente quiser que sua casa fique pronta rapidamente e com a maior qualidade possível, vai ter de pagar mais. Se tiver urgência mas não puder gastar muito, a qualidade vai sair prejudicada. Se quiser a casa com baixo custo e alta qualidade, o cliente terá de aceitar que vai levar mais tempo. Existe até um nome para isso: Triângulo do Gerenciamento de Projetos.[2]

As escolhas do Triângulo do Gerenciamento de Projetos se revelam para os impactadores como o que chamo de *hexágono da pivotagem*. Existem três pares recíprocos de valores que as pessoas costumam expressar em meio a uma mudança na carreira, e esses valores podem ser conflitantes. Três desses valores representam o nosso desejo de segurança e três, o nosso desejo de liberdade.

Em geral, os impactadores se voltam mais a um elemento de cada par do que a outro, apesar de todos parecerem importantes de algum modo:

- **Segurança:** minimizar o medo, o risco e a incerteza; buscar proteção externa, ter backups, sistematização ou aprovação *versus*
- **Liberdade:** liberdade financeira, capacidade de escolher os próprios projetos, onde trabalhar e com quem.

- **Dinheiro:** um fluxo de caixa e potencial de ganho constantes; quantidade e regularidade da renda *versus*
- **Flexibilidade de tempo:** quanto tempo a pessoa quer ou precisa para realizar um trabalho; flexibilidade de escolha a respeito de como passar o tempo todos os dias e os horários de trabalho.

- **Estrutura:** rotina, previsibilidade, um cronograma e um ambiente definidos *versus*
- **Aventura:** empolgação, criatividade, viagens, variedade, possibilidade de encontrar novas pessoas.

Hexágono da pivotagem

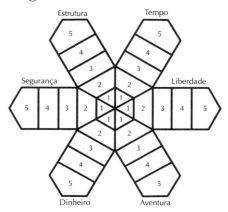

Enquanto você não realiza a próxima mudança que o aproximará do limiar desejado para todos os seis critérios, pode valer a pena levar em consideração opções transitórias que satisfaçam pelo menos alguns valores do seu hexágono da pivotagem, mesmo que impliquem concessões. Por exemplo:

- Trabalhar como barista em um café lhe dará alguma segurança, estrutura e dinheiro, mas pode reduzir o seu tempo livre e liberdade. E você pode ter ganhos na dimensão da aventura, conhecendo muitas pessoas novas e até acabar curtindo o trabalho.
- Um cargo de liderança na sua empresa pode promover o seu crescimento, aumentar o seu impacto e reforçar a sua segurança, mas pode não lhe dar tanta liberdade ou flexibilidade.
- Um trabalho em uma promissora startup pode lhe trazer dinheiro (potencialmente) e aventura, mas você pode acabar sem tanta segurança e menos tempo livre.

- Abrir o seu próprio negócio pode lhe dar liberdade, flexibilidade (mas nem sempre, já que o dono está sempre pensando na empresa) e talvez até mais dinheiro, mas você pode precisar abrir mão da segurança financeira, pelo menos no começo.
- Voltar a estudar para fazer uma pós-graduação pode lhe proporcionar aventura em termos de crescimento e contatos, e até liberdade e segurança em certa medida, mas requer tempo e dinheiro.

E Avalie o seu hexágono da pivotagem

Você pode avaliar os seus valores no hexágono da pivotagem de duas maneiras:

- Primeiro, faça uma avaliação da importância de cada um desses seis valores para você, em geral, sendo que 0 é "nem um pouco importante" e 5 é "crucial para o meu bem-estar". Se você não se identificar com algum dos valores do hexágono, exclua esse valor dos critérios mais importantes para tomar sua decisão.
- Em seguida, se estiver analisando duas ou mais oportunidades potenciais, faça um hexágono para cada uma e avalie em que medida cada opção se encaixa nos seis valores, sendo que 5 é "satisfaz completamente essa necessidade" e 0 é "não satisfaz nem um pouco essa necessidade". Como cada oportunidade se encaixa no seu hexágono e nos seus valores pessoais?

Saiba quando persistir e quando desistir

Um dos aspectos mais difíceis da pivotagem é saber quando fazer seu lançamento, especialmente quando isso implica abrir mão de uma opção a favor de algo que pode ser espetacular, mas não apresenta nenhuma garantia. Como Kenny Rogers canta em seu sucesso "The

Gambler", "You've got to know when to hold 'em, know when to fold 'em" (Você precisa saber quando segurar e quando largar).[3]

Todo mundo conhece pelo menos uma pessoa que vive pensando na próxima grande ideia, sem jamais concluir a ideia atual. Essas pessoas são famosas por pular fora assim que sentem o cheiro de alguma dificuldade, ou largar a última grande ideia por uma nova, fazendo de tudo para encontrar problemas ou defeitos no plano anterior. Isoladamente, a escolha de abandonar um projeto ou se redirecionar não é necessariamente ruim, mas o efeito cumulativo é que essas pessoas nunca se dão tempo para atingir algum ímpeto ou massa crítica em termos de resultados, reputação ou plataforma.

Essa atitude é o que Brad Zomick, cofundador da SkilledUp, chama de Síndrome do Roomba Profissional.[4] Roomba é um aspirador de pó robótico que aspira o piso sozinho, mudando de direção sempre que bate em algum obstáculo. De acordo com a definição de Brad, a Síndrome do Roomba Profissional é "um distúrbio caracterizado por uma série de diferentes empregos, alguns relacionados com o último e outros, não. As pessoas que sofrem desse problema não são apaixonadas por esses empregos e, sempre que o 'paciente' atinge um beco sem saída, ele volta e redireciona sua carreira, mas, em geral, esse novo direcionamento não é decidido com base em nenhuma estratégia clara".

Se você abandonar os planos antes de eles terem uma chance de criar valor para você e para os outros, ficará preso no mesmo ciclo de sentir que está começando do zero, sem uma estratégia clara ou um fundamento lógico. Como é possível evitar isso e ao mesmo tempo deixar espaço para tomar a difícil decisão de mudar algum aspecto da sua vida que não está dando certo, apesar de todo o seu empenho?

Se você desistir cedo demais, corre o risco de deixar *ganhos não realizados* para trás e se arrisca a incorrer em *rendimentos decrescentes* sobre seu investimento de tempo e empenho. Vamos dar uma olhada nessas duas armadilhas da pivotagem.

Ganhos não realizados

Se você tem sucesso no seu cargo ou posição atual – o que provavelmente é o caso, se você for um impactador –, este caminho ainda tem alguns frutos para você colher. Em termos de investimento, os *ganhos não realizados* se referem ao lucro existente no papel, que ainda não foi liquidado, como uma ação que valorizou e ainda não foi vendida. No contexto profissional, os ganhos não realizados em geral se enquadram em três categorias:

- **Incentivos financeiros:** uma grande comissão, um bônus ou opções da sua empresa.
- **Resultados e reputação:** concluir um projeto ou ganhar uma promoção.
- **Crescimento:** desenvolver habilidades e experiência que o ajudarão a atingir suas metas no futuro.

Os seus ganhos não realizados podem incluir uma promoção, trabalhar em um grande projeto, um bônus anual ou, no caso de trabalho comissionado, negociar vários grandes acordos ao longo de muitos meses que lhe renderão uma bolada quando e se forem concretizados.

Alguns empregadores acenam com "cenouras" para os funcionários para incentivá-los a ficar. Se os incentivos forem interessantes e você se beneficiar deles regularmente ao longo do tempo, isso não é um problema, mas um privilégio. Mas, quando eles se tornam uma promessa distante que o leva a postergar a sua decisão de mudar, são mais uma distração e uma tentação do que uma recompensa pela qual vale a pena esperar.

Se eu tivesse saído do Google quando comecei a cogitar a ideia, teria cometido um grande erro em termos de ganhos não realizados, não só por razões financeiras. Eu estava prestes a sair com três anos de empresa quando topei por acaso com uma colega, Becky Cotton, no estacionamento. Ela me perguntou como eu ia e contei que estava desanimada, fazendo algo que não tinha nada a ver comigo e não me sentia mais engajada no trabalho.

Quando Becky me falou de uma nova equipe de desenvolvimento de carreira, me candidatei à última vaga restante. Consegui pivotar na empresa, o que me rendeu mais dois anos no Google, e tive a chance de contribuir de maneira mais expressiva no trabalho. Se eu tivesse feito a transição para o trabalho autônomo naquele primeiro momento, teria prescindido de ganhos não realizados em termos de resultados e experiência em duas áreas que vinham me interessando cada vez mais: coaching de carreira e treinamento de gestores, duas áreas que hoje são fundamentais no meu negócio.

Rendimentos decrescentes

Você vai ter de decidir se quer correr o risco de deixar importantes ganhos não realizados para trás. Por outro lado, podemos ficar obcecados com esses ganhos potenciais por medo ou apego emocional ao sentimento de segurança. Podemos nos agarrar à segurança, ignorando o fato de que, como o sapo na água fervente, o nosso ambiente deixou de ser favorável.

Na economia, a *lei dos rendimentos decrescentes* afirma que, passado determinado ponto na produção, acrescentar mais recursos deixará de produzir resultados favoráveis. Na verdade, todo empenho ou recurso adicional leva a retornos cada vez menores.

Melissa Anzman era gerente sênior de comunicação no RH de uma empresa de dispositivos médicos e largou o emprego para abrir seu próprio negócio, chamado Launch Yourself, voltado a ajudar os clientes a lançar livros, marcas e mudanças na carreira. Seis meses depois, ela percebeu que precisaria de uma renda-ponte até seu negócio decolar e começou a trabalhar meio período em uma empresa de transição profissional, orientando pessoas que haviam sido demitidas a encontrar o próximo emprego. Melissa trabalhava quinze horas por semana na empresa de recolocação profissional, que se tornou seu maior cliente, proporcionando-lhe uma renda mais estável.

Apesar de o trabalho ter sido excelente para Melissa nos seis primeiros meses, ela começou a se entediar e sentia que não estava mais tendo um retorno proporcional ao seu empenho. Mesmo assim, ela permaneceu na empresa, temendo perder sua maior fonte de renda.

"Fiquei tempo demais por medo de perder aquela rede de segurança", disse Melissa. "Daquele ponto em diante, eu já não estava aprendendo nada e passei a odiar o trabalho. Eu estava muito descontente. Depois de orientar tantos clientes com os mesmos problemas e dificuldades, o trabalho se tornou repetitivo e nem um pouco desafiador ou interessante."

Mesmo sabendo disso, Melissa levou um bom tempo – nas palavras dela, *tempo demais* – para sair. Ela ficou mais dois anos. A última gota foi quando precisou recusar um cliente em sua própria empresa, aquela mesma pela qual tinha largado um emprego bem remunerado para abrir. "Eu tinha saído de um emprego com registro em carteira e um bom salário em nome de um projeto e lá estava eu, ganhando por hora, por quinze horas semanais, na mesma labuta, e recusando clientes ideais", ela conta. "Para mim, aquilo se tornou inaceitável." Em seu primeiro ano como autônoma, a empresa de transição profissional foi um colete salva-vidas para Melissa. Ela reconhece que aquele trabalho de meio expediente salvou sua empresa em um momento crucial, quando ela estava com medo e ainda não tinha uma boa fonte de renda. No entanto, no segundo ano, aquele mesmo colete salva-vidas tinha se transformado em um impedimento.

"Parece que o telefone só tocava para me trazer mais problemas, e os e-mails que entravam na minha caixa postal só me drenavam a energia", Melissa descreve. "Eu estava fazendo tudo aquilo para salvar a Launch Yourself e acabei ficando tão estafada que passei meses sem dar atenção ao meu negócio."

O lado bom dos rendimentos decrescentes de Melissa foi que, depois de sair da empresa de recolocação profissional e tirar alguns meses para refletir, ela redirecionou completamente seu negócio. Em vez de concentrar toda a sua energia em clientes individuais, procurou clientes corporativos mais alinhados com sua experiência em Recursos Humanos. "Decidi que só trabalharia com o tipo certo de clientes, fazendo o tipo certo de trabalho", ela conta. "A minha desagradável experiência na empresa de recolocação profissional me ajudou a atentar para a importância desses dois fatores para mim."

Ao avaliar os seus projetos-piloto e seus critérios para o lançamento, veja se você não está passando do ponto dos rendimentos decrescentes sobre o seu investimento de tempo, dinheiro e empenho. Se ganhos não realizados indicam que você pode ter saído cedo demais, como saber se está demorando muito para abandonar um emprego ou projeto? O exercício a seguir o ajudará a analisar os dois lados da questão.

🅴 Quando persistir e quando desistir

1. Observe em que ponto você está no espectro dos ganhos não realizados *versus* rendimentos decrescentes: você pode aplicar as perguntas a seguir tanto à sua vida profissional quanto à sua vida amorosa.

- Você tende a ficar (no seu emprego ou relacionamento) por mais tempo do que deveria, sem ter certeza das suas decisões?
- A sua resposta em geral fica no meio do espectro, sem tender a um ou outro extremo?
- Ou você é mais impulsivo? Tende a abrir mão das coisas cedo demais e ficar se perguntando se não deveria ter tentado mais um pouco?

Em seu livro *Apegados*, os autores Amir Levine e Rachel S. F. Heller dizem que a maioria das pessoas se encaixa em três tipos de relacionamento: ansioso, seguro ou evasivo. Pense em como as perguntas a seguir se relacionam com o seu trabalho: você está seguro na sua posição e em relação ao valor das suas contribuições? Ou vive ansioso com a possibilidade de não estar fazendo o suficiente ou de que deveria fazer uma mudança? Ou é do tipo evasivo, que nunca fica muito tempo num só lugar, abandonando um emprego, projeto ou cliente ao primeiro sinal de dificuldade ou insatisfação?

2. Separe os ganhos indispensáveis dos ganhos meramente "interessantes de se ter": nas categorias de ganhos não realizados – em termos financeiros, de resultados, reputação ou crescimento pessoal –, faça a diferenciação entre ganhos de curto prazo (de três a seis meses) e ganhos não realizados de longo prazo (um ano ou mais). Comece eliminando os ganhos que não afetariam consideravelmente a decisão de fazer seu lançamento. Em seguida, observe aqueles ganhos que você poderia considerar indispensáveis, que não teria como deixar de concluir. Por fim, reflita:

- Quanto tempo valeria a pena ficar por esses ganhos indispensáveis?
- Se você decidir ficar mais tempo, do que estaria abrindo mão?
- Em que ponto os ganhos potenciais de um novo direcionamento suplantariam as suas possíveis perdas?

3. Afaste-se para ter uma visão mais abrangente: as pessoas podem ter dificuldade com projetos-piloto menores por ainda não terem vislumbrado o pivô mais amplo que abrirá espaço para todos esses projetos-piloto. Se você não souber em quais projetos individuais se concentrar, responda às perguntas a seguir:

- O que todos eles têm em comum?

- Qual é o objetivo geral que liga todos eles?
- Como eles se encaixam nos valores e na visão que você já identificou?

4. Supere os pontos de estagnação dos projetos: em seu livro *A ideia é boa, e agora?*, Scott Belsky escreve que o nosso vício por novas ideias muitas vezes nos impede de levar os projetos até o fim.[5] "A maneira mais fácil e mais sedutora de escapar da estagnação de um projeto também é a mais perigosa: ter uma nova ideia. O resultado final é um período de estagnação, repleto de esqueletos de ideias abandonadas." Para combater isso, Belsky recomenda "desenvolver a capacidade de prolongar o período de estagnação e até se beneficiar dele".

Antes de desistir cedo demais ou declarar que chegou a hora de outra pivotagem, considere as perguntas a seguir:

- Você atingiu um período de estagnação natural ou a sua situação de fato indica que você não deveria prosseguir nesse caminho?
- Por que é importante seguir em frente, mesmo sem o apelo da novidade?
- Há algum aspecto da sua abordagem que você pode mudar?
- Você tem como pedir ajuda para atravessar mais rapidamente essa fase de desmotivação?

O paradoxo da pivotagem: não apresse o rio

As células do corpo humano vivem em média sete anos.[6] As células da pele se regeneram a cada duas semanas e as que revestem o nosso intestino são substituídas a cada cinco dias. Nosso corpo segue ritmos circadianos – mudanças físicas, mentais e comportamentais – a cada 24 horas.[7] Ouvimos falar da crise dos sete anos nos relacionamentos. E agora também ouvimos falar da crise dos dois a quatro anos para as carreiras, e de oito segundos em nosso intervalo de atenção. É isso mesmo, hoje em dia, o poder de concentração das pessoas dura em média oito segundos, um segundo a *menos* do que o intervalo de atenção de um peixinho dourado.[8]

Então, por que as mudanças e os períodos arrastados ou de baixa motivação no nosso trabalho podem ser tão desorientadores? Porque a nossa cultura valoriza a ação, a produção e a realização.

"Não apresse o rio" é um ditado zen que me lembra de não forçar os ritmos da minha vida. A sociedade enaltece "gente que faz" e pessoas que "pegam o touro pelos chifres", mas algumas questões mais complexas da vida requerem muito tempo para processar. Como já vimos, se as respostas sobre os próximos passos fossem fáceis, nós já estaríamos dando esses passos. Os pivôs requerem empenho e não podem ser forçados. O tempo é um fator desconhecido e grandes mudanças não podem ser forçadas só para satisfazer grandes expectativas.

Além disso, quem é que pode dizer qual exatamente é o melhor momento? Períodos de incerteza são o próprio indicador de "não" ou "ainda não". Um dia, você vai acordar sabendo que chegou a hora de fazer seu lançamento. Enquanto isso não acontecer, mantenha a postura mais imparcial possível, como se fosse um observador externo.

Posso dizer que, na minha vida, períodos nos quais nada parecia dar certo não raro passaram a fazer muito sentido assim que ficaram no passado, por mais difíceis que possam ter sido na ocasião. Resultados inesperados aceleram o nosso crescimento. Confiar nessa verdade requer não saber todas as respostas desde o começo e manter uma dose de fé no decorrer de todas as fases da mudança.

A razão da intuição

Você já teve alguma intuição que o abalou profundamente? No seu trabalho ou no seu relacionamento, você já foi varrido pela sensação física de que chegou a hora de fazer uma mudança?

Essa voz interior muitas vezes começa como um sussurro e pode nos deixar confusos se ainda não soubermos o que fazer com ela. Mas, se você não der ouvidos a esse sussurro, prepare-se: um dia ele vai se transformar em uma gritaria nada agradável. *Acorde!*, grita a nossa voz interior. *Ouça o que estou dizendo!*

Você pode registrar essa intuição como um aperto no estômago, um nó na garganta ou uma sensação de peso no peito. *Mas qual é o significado dessas sensações?* Se você pular direto para a fase da resolução de problemas usando apenas a mente, pode deixar a verdadeira mensagem passar.

Afinal, o instinto tem suas razões. Ou, dito de maneira mais precisa, a sua intuição é uma forma de razão, apesar de não ter a sofisticação verbal da mente. A nossa intuição funciona com base em palpites, como uma hipótese de que algo não vai bem e que podemos encontrar uma oportunidade adiante. Cabe a nós investigar ou não o sentido dessa batida à porta da nossa consciência e o que fazer a respeito. Devemos usar a nossa inteligência, tanto a intuitiva quanto a mental, para interpretar o sentido da mensagem e encontrar maneiras de agir com deliberação.

Podemos ficar intimidados com a nossa intuição. No fundo, até podemos saber que chegou a hora de agir – largar aquele emprego ou aquele relacionamento, mudar de cidade, discutir a relação ou encarar alguma verdade –, e mesmo assim a ação em si requer uma enorme coragem. Muitas vezes, a nossa primeira reação é negar tudo. *Nãããããão.* De jeito nenhum. Não pode ser. Não estou pronto para isso. Seria impossível para mim fazer isso. Não tenho forças para encarar isso.

Esses insights são difíceis porque a nossa intuição é uma defensora dos nossos limites e da nossa identidade, dois fatores cruciais para a nossa saúde e felicidade. A intuição constitui uma fonte de inteligência fascinante e, em geral, inexplorada.

De acordo com Grant Soosalu e Marvin Oka, autores de *mBraining: Using Your Multiple Brains to Do Cool Stuff*, o intestino contém mais de 500 milhões de neurônios, o equivalente em tamanho e em complexidade ao cérebro de um gato, e é a fonte de 90% da produção de serotonina do nosso corpo. A intuição visceral é primal, sendo formada no útero antes do que no cérebro e no coração. Ela processa motivações fundamentais baseadas na identidade, como as necessidades de segurança e de proteção. A maior parte das mensagens do sistema nervoso é gerada em nossas vísceras e levada ao cérebro, não o contrário: 90% das fibras do nervo vago comunicam ao cérebro a situação do nosso organismo, enquanto apenas 10% são encarregadas da comunicação na direção oposta. Talvez o mais surpreendente seja que a nossa inteligência visceral tem plasticidade e a capacidade de aprender e formar memórias.

Em outras palavras, as suas vísceras se comunicam com você quando grandes decisões precisam ser tomadas, se você prestar atenção a essas mensagens, e soam alarmes quando suas necessidades mais primordiais não estão sendo satisfeitas. Você nem sempre vai saber com 100% de certeza o que fazer quando sua inteligência visceral se expressar. O processo de trabalhar com essa nossa inteligência é como desenvolver um músculo: leva tempo e prática. Comece analisando as grandes decisões que você tomou no passado, observando quando e como a sua inteligência visceral se comunica com você no presente.

Quando estiver inseguro, sonde o seu corpo e a sua mente em relação a uma decisão ou conversa iminente: o que lhe diz a sua mente? E o seu coração? E as suas vísceras? A sua inteligência instintiva ou visceral atua como árbitro entre o que a cabeça diz que você *deveria* fazer e o que o seu coração *deseja* fazer.

A balança da pivotagem: zona de conforto *versus* risco

Imagine uma balança com a sua zona de conforto num dos pratos e a sua disposição de correr riscos no outro: à medida que o risco envolvido em um novo direcionamento começa a exceder o conforto de permanecer no lugar, muitos pivotadores passam pela seguinte sequência de eventos interiores que precedem o momento do lançamento:

- Os pivôs muitas vezes começam logo abaixo do seu limiar de consciência, com uma ligeira insatisfação ou um sussurro da sua intuição, expressando o desejo de fazer uma mudança, mesmo que você ainda não tenha registrado isso conscientemente. No Riscômetro, essa situação se enquadra na zona de conforto ou na zona de estagnação. Inevitavelmente, contudo, vai ficando cada vez mais desagradável permanecer no mesmo lugar. Você percebe que chegou a hora de pivotar, mas não sabe ao certo como agir e quando ou como fazer alguma coisa a respeito. Você cresceu e não cabe mais na sua zona de conforto.
- Neste ponto, você está pronto para a etapa da Estabilização: determinar os seus objetivos para o futuro e identificar pontos fortes, interesses e experiências em seu portfólio profissional.
- Na segunda etapa, você começa a se preparar para o risco, fazendo uma Sondagem: é hora de aprender, conversar com os outros e procurar exemplos de pessoas que tiveram sucesso nas áreas ambicionadas. A balança ainda pende para o lado da sua zona de conforto, mas essa situação está começando a mudar.
- Na terceira etapa, você faz experimentos, testando o seu novo direcionamento por meio de Projetos-piloto. O medo pode se intensificar nesse momento, à medida que a opção de realizar um pivô se torna cada vez mais concreta, mas a expectativa, a empolgação e o senso de aventura também ficam mais intensos. Se você

realizar a sondagem e os projetos-piloto de maneira estratégica, entrará na sua zona de desafio, não na sua zona de pânico. Interrompa aqueles projetos-piloto que o levam a entrar na zona de pânico e procure próximos passos menores. Neste ponto, a balança parecerá perfeitamente equilibrada.

- O ponto de virada ocorre na quarta etapa. Você sabe que, não importa o que acontecer, estará disposto a se lançar na nova direção, mesmo se fracassar. Neste ponto, você se arrependeria mais por não tentar do que tentar mas não conseguir atingir seus objetivos. Além disso, depois dos projetos-piloto, você terá aumentado as suas chances de sucesso. Assim, à medida que a balança pende na outra direção e você satisfaz os critérios para decidir se lançar, vai se afastando da opção anterior até finalmente realizar o seu pivô!

—

Depois de analisar os critérios apresentados neste capítulo para decidir o melhor momento de se lançar, você saberá de quais fatores críticos dependerão os seus últimos passos da pivotagem. Feito isso, você só precisará trabalhar para realizar esses critérios, ajustando o seu rumo enquanto avança e dá o seu melhor.

"Mas, espere aí!", você diz. "E se as coisas não forem como o planejado?" Ninguém, nem nenhum livro, vai poder garantir o seu sucesso. O que eu posso fazer é mostrar como os impactadores mais ágeis lidam com a rejeição relacionada ao lançamento, com o fracasso, com períodos de desmotivação e com conversas difíceis.

11

Transforme o fracasso em sucesso

O que o levará a agir?

> *Dê uma colher de chá para si mesmo. Lembre que, daqui a cem anos, todas as pessoas neste planeta serão outras.*
>
> – Mensagem pregada por monges em uma árvore em Wat Umong, um templo de 700 anos na Tailândia

É impossível falar de pivotagem sem falar do medo do fracasso.

Sou uma realista otimista. Como coach de negócios e de carreira, não insulto os meus clientes fingindo que os temores deles não são reais ou que eles vão conseguir superá-los só com frases inspiradoras e pensamento positivo. Eu mesma passei anos atolada até o pescoço nas minhas próprias dúvidas. Por isso, quando eles me falam de seus medos, eu digo: "É verdade. Essas coisas podem mesmo acontecer". E em seguida acrescento: "Mas você vai se deixar impedir por isso? O que você precisa fazer para ter mais confiança e avançar, apesar desses temores?".

Não são perguntas retóricas. Pergunte a si mesmo: esses piores cenários possíveis vão me impedir? Se a resposta for "sim", tudo bem.

É um sinal de que você precisa criar um plano para evitar a paralisia. Muitas pessoas já sabem quando é a hora de sair da zona de conforto, mas a fronteira entre a zona de desafio e a zona de pânico não costuma ser tão clara.

Em muitas conversas que tive com clientes, antes de eles terem certeza do lançamento, a palavra *fracasso* foi bastante mencionada. *Eu quero fazer XYZ, mas tenho medo de fracassar. E se eu não der para isso?* Quando ouço esse tipo de questionamento, pergunto: "Qual é a sua definição de fracasso?". Longe de mim ser uma espécie de Poliana, levando-os a responder que "fracasso é uma coisa que não existe!". Porque o medo do fracasso é real. Mas o que exatamente você quer dizer quando fala na possibilidade de fracassar?

Em alguns casos, o fracasso é muito concreto: perder o emprego ou a principal fonte de renda ou esgotar todas as economias. Em outros casos, refletir sobre essa questão revela um espantalho que se desmancha quando você o examina de perto.

Como *você* define o fracasso? A sua definição de fracasso se concentra apenas nas consequências financeiras quantitativas (se for o caso) ou também inclui métricas qualitativas?

Além de não conseguir pagar as minhas contas ou ver minha conta bancária se aproximando do vermelho, um sinal de que já passou da hora de pivotar o meu negócio, as minhas categorias *qualitativas* de fracasso são:

- Não dar o melhor de mim em alguma empreitada ou fazer tantas concessões que o trabalho resulta desleixado.
- Não agir de acordo com os meus próprios interesses; passar por cima das minhas necessidades para agradar os outros, obter aprovação ou manter as convenções e tradições.
- Desonestidade; qualquer situação em que o meu comportamento não seja totalmente íntegro e entre em conflito com os meus valores.

- Não tentar algo novo por causa de um medo irracional e em conflito com uma forte intuição, indicando que o que estou fazendo não é o certo para mim.

Posso dizer que, de acordo com essa lista, fracassei muitas vezes. Também sei que *sinto* o fracasso imediatamente, na forma de um mal-estar no estômago, e tomo medidas para corrigir o problema assim que puder. Se o erro não tem conserto, me comprometo a aprender com a experiência e nunca mais repeti-lo. O sentimento visceral de decepcionar a mim mesma ou aos outros, ou de fazer algo que considero errado com base no meu sistema de valores, já basta para eu nunca mais querer repetir aquele erro.

Quando as pessoas me dizem que têm medo do fracasso em termos de perder dinheiro ou ter de voltar para um emprego fixo, mesmo se for insatisfatório, eu me aprofundo na investigação desses medos e descubro que a verdadeira definição de fracasso das pessoas é o arrependimento. Posso dizer que esse com certeza é o meu caso. Uma renda mais baixa ou uma conta bancária beirando o vermelho sem dúvida indicariam a presença de pontos cegos e áreas de crescimento no meu negócio, mas essas medidas quantitativas não me definem. Para mim, o maior fracasso é não tentar.

Jeff Bezos, fundador da Amazon, aplica o que chama de "modelo de minimização de arrependimentos" ao tomar grandes decisões:[1]

> A ideia era me imaginar aos 80 anos e olhar para a vida que levei até então. "Tudo bem, esta é a minha vida. Quero minimizar o número de arrependimentos que tenho." E eu sabia que, quando fizesse 80 anos, não me arrependeria de ter tentado isso. Não me arrependeria de tentar entrar nessa coisa chamada internet, que eu acreditava que seria uma grande oportunidade. Eu sabia que, se fracassasse, não me arrependeria de ter tentado. Mas sabia que a única coisa da qual eu poderia me arrepender

era nunca ter tentado. Eu sabia que esse arrependimento me assombraria todos os dias.

Determine os seus valores em torno do risco e do fracasso e quais fracassos são ou não aceitáveis para você. Como um dos meus mentores me perguntou certa ocasião: "Daqui a um ano, como você se sentiria se nada tivesse mudado?". Do que você se arrependeria mais: de tentar e fracassar ou de simplesmente não tentar?

O fracasso não é:

- Incerteza.
- Tentar algo novo.
- Tentar algo que não vinga.
- Não fazer algo à perfeição.
- Tomar a decisão "errada".
- Ser rejeitado.

Essas são as experiências que fazem de você um ser humano e, além disso, um ser humano aventureiro. Como um elemento crucial do seu crescimento poderia ser um fracasso?

Use a rejeição como trampolim para o sucesso

Você deve se lembrar de Shawn Henry, o ex-diretor assistente do FBI que conhecemos na etapa da Sondagem. Um dos momentos decisivos mais importantes da carreira de Shawn resultou de quatro "fracassos" consecutivos na sua tentativa de subir ao nível hierárquico seguinte no FBI. Ele se candidatou a quatro vagas diferentes de supervisão em Washington, D.C., e em Baltimore. Apesar de ser o candidato mais qualificado, Shawn foi preterido em todas as ocasiões e foi desanimando cada vez mais.

Foi então que a sede do FBI abriu uma vaga para liderar a unidade de investigações de crimes cibernéticos. Shawn não era programador, mas, em 1999, teve a perspicácia de perceber que os criminosos logo começariam a estender sua atuação ao ciberespaço. Ele ficou curioso e pensou: e se pegássemos as técnicas que usamos no mundo físico, como escutas telefônicas e agentes infiltrados, e as aplicássemos ao cibercrime? Ainda abatido com as rejeições dos dois últimos anos, apresentou suas ideias ao gestor encarregado da seleção para a vaga e conseguiu o emprego. Shawn pivotou e se candidatou para um cargo fora de seu plano de carreira típico, tornando-se o novo chefe da unidade de investigações de crimes cibernéticos na sede do FBI.

Depois de catorze meses no cargo, Shawn foi promovido a supervisor de um esquadrão de segurança cibernética. Sete anos depois, foi promovido a diretor-executivo da Divisão de Cibercrimes. Ficou famoso como o "cara da cibernética" do FBI e representou o governo dos Estados Unidos em fóruns internacionais de segurança cibernética. E tudo começou com aquelas quatro rejeições: "Eu não conseguia certo cargo e ficava arrasado todas as vezes", ele conta.

Desde então, Shawn se aposentou do FBI, pivotando para se tornar o presidente de uma startup de cibersegurança chamada CrowdStrike. Ele também não esperava esse cargo, considerando que a maioria de seus antecessores saía do FBI para trabalhar em grandes empresas da *Fortune 10*, mas esse novo trabalho está alinhado com seus valores de causar impacto, trabalhar em algo empolgante e assumir riscos ponderados.

Sobre a rejeição como catalisador de oportunidades profissionais, Shawn diz: "A ideia é manter as portas abertas, persistir sempre e ter confiança e fé em si mesmo. Se as circunstâncias não forem propícias, isso não quer dizer que você seja um fracasso. Outras oportunidades o aguardam logo adiante".

Procure pontos fortes nos fracassos

Empresas podem fracassar e ir à falência. Existe a remota possibilidade de você fazer algo que o levará à morte. Mas, tirando isso, você sempre vai poder tentar novamente, desta vez com mais experiência.

Particularmente nos negócios, vejo a maioria dos fracassos como uma chance de avaliar as minhas habilidades ou os desejos do mercado. Se eu lançar um curso que sei que vai beneficiar as pessoas, mas que ninguém se dispõe a comprar, preciso dar uma melhorada nas minhas habilidades de redação publicitária. Ou isso pode indicar que não criei o curso certo para o meu público específico, com o preço certo e para atender às necessidades das pessoas neste momento da vida delas. O trabalho constitui uma excelente plataforma de aprendizagem por não ser pessoal. O meu fracasso nos negócios não é pessoal. Eu simplesmente não acertei na estratégia e na execução.

Se você tiver um fracasso, revire os destroços em busca de pontos fortes e de lições a aprender. Transforme o fracasso voltando às etapas da Estabilização e da Sondagem e avaliando as experiências que não se desenrolaram como o planejado. Você pode ter efetuado projetos-piloto não muito alinhados aos seus pontos fortes, à sua visão e ao seu histórico profissional. Ao examinar os destroços em busca de aprendizado, a experiência deixa de ser um fracasso e se transforma na semente de algo novo.

Dave Ursillo teve uma experiência como essa depois de publicar *Lead Without Followers*, um livro sobre liderança pessoal que não foi o estrondoso sucesso que ele esperava. Dave tinha acabado de se mudar para Nova York, suas economias estavam se esgotando e ele estava começando a se preocupar: "Eu morava no East Village e estava vendo a minha conta bancária se esvair rapidamente, enquanto meu modesto negócio como empresário autônomo e especialista em liderança pessoal não deslanchava do jeito que eu queria. Meu primeiro livro, publicado um ano antes, tinha sido um fiasco e não ajudou em nada a me consolidar como especialista em liderança pessoal. Eu estava me dando conta de que as pessoas não se identificavam com a visão pela qual eu tinha largado meu emprego na política".

Juntos, Dave e eu redefinimos o "fracasso" do lançamento de seu livro como uma oportunidade de rever seu portfólio profissional – o que de fato estava dando certo –, apesar de constituir apenas uma pequena parcela do modo como ele estava alocando seu tempo. Quando repassamos o lançamento do livro, descobrimos que o que Dave mais gostava de fazer – e o que fazia melhor – era escrever, mas não necessariamente sobre liderança pessoal, um tema que não repercutia no seu público. Dave conhecia muitos leitores e clientes que queriam escrever os próprios livros, mas estavam tendo dificuldade. Ele vinha negligenciando esse seu "lado escritor" e percebeu que gostaria de um espaço no qual pudesse desenvolvê-lo e, ao mesmo tempo, ajudar.

Com base nisso, criamos um plano para otimizar tanto seu nível de satisfação quanto uma renda constante. Dave poderia implantar um projeto-piloto criando uma comunidade para escritores, cobrando uma taxa mensal ou trimestral dos associados, o que lhe possibilitaria prever melhor sua renda. Ele sondou o interesse consultando pessoas e vasculhando algumas mídias sociais. Depois perguntou aos seus clientes ideais, leitores já de alguma maneira engajados com seu trabalho, quais eram suas maiores dificuldades para escrever, sem fazer nenhuma menção ao seu grupo de escritores. Em seguida, realizou um projeto-piloto criando na internet um fórum chamado Literati Writers, em que regularmente postava convites e críticas. Fizemos um brainstorming e definimos como preço mensal o valor de US$20. A renda recorrente poderia chegar a US$400 por mês se apenas vinte pessoas se inscrevessem, o que ajudaria Dave a pagar parte do alto custo de morar em Manhattan.

A nova ideia foi um sucesso imediato. Dave definiu uma taxa de US$50 por trimestre. E foi subindo o preço nos dois anos seguintes até chegar a US$225 por trimestre, à medida que o grupo se transformava em "uma oferta *premium* para pessoas desejosas de desenvolver uma relação pessoal profunda e significativa com a arte de escrever".

Dave transformou o fracasso de seu livro em uma grande vitória, examinando em profundidade as lições aprendidas em termos de forças ocultas e interesses que ainda não estava aplicando plenamente em seu negócio e transformando essas forças em um canal para ajudar pessoas. Como costuma ser o caso dos impactadores, apesar de ter sido um fator levado em consideração, o dinheiro não foi o motivador principal.

"Eu estava muito estressado com a falta de dinheiro, mas ainda mais estressado por saber que não estava praticando a minha paixão pela arte de escrever", Dave explicou. "Aquele pivô me proporcionou uma promessa financeira, mas também uma ideia melhor do meu propósito, o que tem muito mais valor para mim do que o dinheiro. Voltei a me apaixonar pela minha missão."

Não dá para agradar a todos... Então pare de tentar e comece a viver

Você pode acabar emocionalmente esgotado, correndo de um lado para outro, tentando agradar a todos, ou pode usar seu tempo para criar, honrar as suas necessidades e os seus desejos e ajudar os outros com base nessa sólida plataforma.

Uma armadilha da pivotagem, especialmente quando estivermos nos aproximando de um grande lançamento, é ficar obcecado em agradar a todos, inclusive nosso cônjuge, nossa família, nosso chefe e até "os outros" hipotéticos. É importante levar os outros em consideração para não se indispor demais com as pessoas, mas um foco excessivo em agradá-los dificulta tomar decisões claras sobre o que é e quando fazer um lançamento.

Apesar de um grande progresso ao longo dos anos, ainda estou no processo de aprender as lições a seguir, enquanto faço malabarismos com o desejo de ajudar do meu lado impactador e a minha tendência a me doar demais:

- Tentar agradar as pessoas é exaustivo. Não é autêntico. Implica priorizar as necessidades de todas as outras pessoas e deixar as suas de lado.
- Não dá para agradar todos o tempo todo, e é inútil tentar. Você não vai ajudar *ninguém* se correr de um lado para outro tentando agradar a *todos*.
- Você tem uma escolha: pode passar todo o seu tempo se preocupando incessantemente com os outros ou pode seguir corajosamente o seu próprio caminho.
- O universo recompensa a firmeza. Esquivar-se de se expressar ou agir com autenticidade pode levar a uma crise no futuro, quando você menos quiser ou esperar.

Tricia Krohn, que conhecemos na visão geral do capítulo sobre o lançamento, sabia que queria largar seu emprego no setor bancário, mas a pressão social era uma grande fonte de preocupação para ela, que ficava se perguntando: "O que as pessoas vão pensar se eu largar o emprego? O que os meus colegas vão dizer? E a minha família? Será que vou ser capaz de encarar a decepção de me sentir menos do que sou?". Ela enfrentou essas preocupações tendo conversas sinceras, primeiro com um colega de trabalho e, depois, com pessoas de sua família.

Quando conversou com seus filhos e expôs todas as possibilidades, sua filha a encorajou, e Tricia ficou exultante ao perceber que tinha voltado a ser uma "heroína e um exemplo a ser seguido" aos olhos da menina.

E então veio a conversa mais difícil: contar aos pais. Tricia já estava firme em sua decisão, mas mesmo assim a reação deles seria importante: "Eu era uma mulher de quase 40 anos, prestes a abrir mão do plano de aposentadoria oferecido pela empresa, de cinco semanas de férias remuneradas e de um emprego seguro e estável. Quem é que faz uma coisa dessas? Fiquei absolutamente surpresa quando meus pais disseram: 'Vá em frente!'. Com isso, só faltava entregar a carta de demissão".

Apesar de seu plano B ser voltar a trabalhar em finanças, Tricia sabia que jamais faria isso: "Assim que tomei minha decisão, jurei que jamais voltaria ao setor bancário".

Uma das melhores táticas de mudança para os impactadores é se refugiar em sua ética profissional e engenhosidade, sabendo que eles já têm, e sempre terão, as habilidades necessárias para criar oportunidades. "Sou uma *workaholic* e sabia que sempre encontraria trabalho fazendo alguma coisa, qualquer coisa", Tricia disse. "Na verdade, esse foi o meu plano B."

Quanto aos colegas de Tricia, em vez de receber sua decisão com o desprezo e a desaprovação que ela havia previsto, viram na história dela uma fonte de inspiração. "Quando contei a minha decisão às pessoas no trabalho, a notícia se espalhou como fogo na palha e muita gente me procurou para dizer: 'Uau, quem me dera ter a coragem de fazer o que você está fazendo!'", ela relata. "Foi muito animador. Até agora, posso dizer que não me arrependo de nada. Só de não ter feito antes."

E Faça uma lista das suas Pessoas Mais Importantes

A estratégia que a autora e professora Brené Brown usa para lidar com os negativistas e com a mania de agradar às pessoas é identificar as cinco Pessoas Mais Importantes. Ela sugere fazer uma lista das pessoas mais importantes da sua vida ou, nas palavras dela, das pessoas que se disporiam a "ajudá-lo a esconder um cadáver".

Quando você faz algo com o potencial de irritar ou contrariar algumas pessoas, Brown recomenda perguntar-se o que as pessoas mais importantes da sua vida diriam. Se as suas Pessoas Mais Importantes concordarem com a sua decisão, você terá mais coragem para seguir em frente. Depois de fazer a sua lista de Pessoas Mais Importantes, veja algumas perguntas adicionais para levar em consideração:

- Como você dá um tempo e recarrega as baterias quando se vê tentando agradar as pessoas de uma maneira que contradiz as suas necessidades básicas ou quando se flagra preocupado demais com o que os outros podem pensar?
- O que é mais importante para você do que meramente tentar agradar os outros? O que você corre o risco de perder se ignorar sua reação instintiva ao que é melhor para *você*?
- Em seu livro *Steering by Starlight*, Martha Beck sugere aplicar a seguinte análise: o pedido, a pessoa ou a ação lhe parece pesado, cansativo ou esgotante? Ou parece revigorante e edificante?

Passe a próxima semana observando como se sente antes de tomar decisões e depois de trabalhar em projetos ou interagir com as pessoas.

Separe as decisões das conversas difíceis

Além de lidar com as reações e as opiniões das pessoas e como você acha que elas vão receber a sua decisão, outra grande dificuldade na etapa final da pivotagem é efetivamente ter as conversas difíceis com familiares, clientes, chefes ou colegas, aquelas conversas que atuarão como o pontapé inicial do seu lançamento.

As conversas difíceis sobre o lançamento são compostas de cinco partes:

1. *Tomar* a decisão com base na sua intuição.
2. Descobrir *como* expressar a decisão em palavras, de maneira clara e direta.
3. Decidir *quando* ter a conversa.
4. *Comunicar* a decisão à(s) pessoa(s) envolvida(s).
5. *Reagir* à reação das pessoas e às consequências decorrentes.

Muita gente comete o erro de misturar os cinco passos e acaba atolada em um pântano de confusão diante de uma decisão difícil. Na verdade, o que pode acontecer é que as pessoas sabem com clareza qual é o item número 1, a coisa certa para fazerem, mas se sentem temerosas ou inseguras sobre a melhor maneira de comunicar essa decisão.

Como minha amiga Julie gosta de dizer, às vezes a primeira conversa é como um terremoto. Pode abalar todos os envolvidos e todo mundo pode precisar de um tempo para digerir e assimilar a novidade. Pode haver alguns abalos sísmicos secundários, e mais uma rodada de conversas pode ser necessária para esclarecer as coisas.

Uma cliente minha, que chamarei de Sadie, me procurou em busca de orientação quando não sabia ao certo o que fazer: continuar na pequena empresa em que trabalhava, onde tinha muitas responsabilidades, ou pivotar para lançar seu próprio negócio, na mesma área. No fundo, ela sempre soube que queria abrir o próprio negócio. Sonhava em ter a própria empresa desde menina.

No começo, Sadie se sentia dividida entre a difícil decisão de apresentar sua carta de demissão no trabalho e seu verdadeiro desejo de lançar uma ideia que passara anos incubando.

Juntas, trabalhamos para percorrer as seguintes etapas:

- **Estabilização:** Sadie escreveu uma declaração de missão para seu novo negócio e imaginou como seria o sucesso para ela, um ano após o lançamento.

- **Sondagem:** elaboramos uma estratégia para concretizar essa visão, sem nos importar se ela faria isso como uma atividade paralela ou como um trabalho em período integral. Analisamos ferramentas, habilidades e contatos que poderiam ajudá-la a começar a desenvolver seu negócio à noite e nos fins de semana.
- **Projetos-piloto:** Sadie tomou medidas pequenas e expressivas para desenvolver seu negócio, como escrever textos publicitários para seu site e criar um guia de treinamento para os novos membros de sua equipe. Também definimos uma data, mais ou menos em três meses, quando ela deveria pensar a sério se deveria ou não largar o emprego. Concordamos em não tocar no assunto nos próximos dois meses e deixar para pensar a respeito depois.
- **Lançamento:** juntas, trabalhamos em *como* ter a conversa difícil "Decidi sair da empresa" com seu chefe, fosse em duas semanas ou dois meses. Anotamos pontos de discussão autênticos e que manteriam a força do relacionamento e ensaiamos a conversa.

Definir com clareza todos esses passos proporcionou um enorme alívio para Sadie. O que acabou acontecendo é que, algumas semanas depois, sua intuição começou a ganhar força e ela foi se sentindo cada vez mais inquieta e entediada no trabalho. Apesar de ter se permitido esperar três meses antes de sair da empresa, Sadie sabia que estava pronta para entregar sua carta de demissão em algumas semanas, e foi o que ela fez.

A capacidade de separar *qual* era a decisão de *como* e *quando* comunicá-la deu a Sadie o espaço e a clareza dos quais ela precisava para avançar na velocidade mais apropriada para ela. Nada mudaria o fato de que a conversa com seu chefe seria constrangedora, mas ela chegou a esse momento confiante e decidida, sabendo que tinha feito a escolha certa.

Não fique esperando as condições perfeitas

Decisões são fontes de dados. Não dá para ficar eternamente ruminando uma série de perguntas até perceber que o melhor é fazer alguma coisa, observar e dar o próximo passo com base na nova posição. Passado determinado ponto, *qualquer* decisão é melhor do que nenhuma decisão.

Quando o mercado imobiliário entrou em colapso, Roxanne Vice e seu marido passaram de bem de vida a "duros", sendo obrigados a contar moedas para ir ao supermercado. O maior arrependimento de Roxanne foi esperar tempo demais para sair do lugar, mesmo com pequenos passos. Segundo Roxanne, "a pior coisa que fizemos foi esperar as coisas melhorarem, em vez de agir". Ela e seu marido viram seis anos de economias virarem pó. Roxanne perdeu o chão, mas foi só quando atingiu o fundo do poço que decidiu agir.

"Passei pelas fases de pânico, tristeza, raiva, pesar e muita pena de mim mesma... mas também descobri que tinha uma força de vontade escondida em algum lugar. Quando finalmente recuperei meu desejo de viver e lembrei que aquela experiência não passava de uma experiência, um obstáculo no caminho, fui capaz de me recompor. Eu me levantei, sacudi a poeira e segui em frente", ela disse. "Nunca é demais enfatizar a importância de se concentrar em rotinas simples e centrais, como se cuidar, meditar, desintoxicar o corpo e se refazer de dentro para fora. O benefício mais surpreendente de parar para refletir durante uma transformação é a possibilidade de escolher seguir em qualquer direção, tentar algo novo e inesperado."

Roxanne pivotou de mãe e artista em período integral, trabalhando em casa, a trabalhar em parceria com o marido para abrir uma loja de artigos artesanais. Para fazer isso, combinou a experiência de seu marido na corretagem de terrenos com seu portfólio profissional, cujos pontos fortes e experiência incluíam desenvolvimento de negócios, publicação, marketing e operações.

O novo empreendimento de Roxanne, além de lhe permitir cultivar sua natureza criativa ajudando outros artistas, está continuamente revelando novas oportunidades. Roxanne nunca imaginou que ela e o marido teriam a chance de trabalhar juntos, mas adorou a oportunidade e vê cada novo desafio como uma bênção, "um presente de Natal esperando para ser aberto".

O paradoxo da pivotagem: "Acerte a lua"

Até agora, o nosso foco tem sido correr riscos ponderados para fazer uma mudança deliberada rumo a uma nova direção, com base no que já está dando certo.

Tudo isso parece muito sensato e prático.

Mas, no fundo, uma parte de você pode estar revirando os olhos e resmungando: "Que chatice!". Muitos impactadores não se incomodam de avançar a pequenos passos, mas a nossa vida e as nossas lembranças mais empolgantes são definidas pelos nossos grandes saltos, aqueles momentos em que as circunstâncias não estavam a nosso favor, mas mesmo assim saímos vitoriosos. Todo mundo adora uma boa história daquele azarão que chega em primeiro lugar, e veneramos expressões como "Quem não arrisca não petisca" e "Aposte tudo ou volte para casa".

Acredito firmemente em dar atenção aos detalhes práticos sem que isso signifique se enfraquecer ou perder o poder de seus sonhos. Uma das coisas mais revigorantes que você pode fazer é ir atrás de um sonho tão grandioso e impossível que o simples fato de tentar já fortalece a sua determinação e abre uma dimensão completamente nova de pensamentos criativos.

Muitas invenções, descobertas científicas e avanços tecnológicos surgem dos destroços de grandes fracassos. O bloquinho de post-its foi o resultado acidental de uma tentativa da 3M de criar um adesivo mais forte.[2] O Twitter começou como um serviço de podcast, e o YouTube era para ser um site de namoro com recursos de vídeo. Hoje, todos esses são negócios bilionários.

No jogo de baralho chamado Copas, o objetivo de cada rodada é acumular o mínimo de pontos, ou cartas. No entanto, os jogadores também podem tentar uma estratégia arriscada conhecida como "Acertar a lua", tentando reunir todas as cartas de copas e a rainha de espadas. As chances de sucesso são muito baixas, mas é por isso que a vitória é tão triunfante para o jogador que consegue acertar a lua. Ele ganha o jogo de uma só tacada. Se não conseguir acertar a lua, fica com um número excessivo de cartas na mão, o que praticamente seria uma garantia de fracasso.

Procure oportunidades de acertar a lua ao mesmo tempo que minimiza os riscos. Para o meu irmão, Tom, essa abordagem implicou se encarregar das tarefas de um administrador imobiliário enquanto procurava a próxima oportunidade de investir em imóveis de um modo que se encaixasse em seus critérios. Até seu pivô mais recente, isso só tinha acontecido duas vezes em um período de quatro anos de procura, ou seja, uma taxa de acerto de menos de 1%. Mas duas vezes bastaram para ele seguir em frente, sabendo que, onde havia duas chances, haveria mais. Cada imóvel que ele preteria o ajudava a melhorar seu processo de busca e aumentar sua eficiência para tomar a decisão de comprar ou não o imóvel, fazendo apostas ponderadas quando encontrava as raras oportunidades de "acertar a lua".

Como saber se o seu lançamento deu certo?

Para responder a essa pergunta, primeiro você precisa determinar o que "dar certo" significa para você. Significa sucesso financeiro? Um sentimento de satisfação e liberdade? Mais tempo e energia? A chance de passar a maior parte do dia trabalhando nos seus principais pontos fortes? Para muitas pessoas, um lançamento deu certo se não levar a nenhum arrependimento. Outras pessoas podem ter parâmetros mais específicos para declarar que teve sucesso, como os critérios descritos em sua visão ou os usados para definir o melhor momento para realizar o lançamento.

Deixe passar um tempo antes de avaliar ou analisar se o seu lançamento foi um sucesso. É natural passar por um período de turbulência logo após uma grande decisão, especialmente depois que a empolgação vai diminuindo. Muitas pessoas que saem de um longo período de trabalho precisam de semanas ou meses para se livrar da tensão e da ansiedade e recarregar as baterias depois de anos de estresse e de uma pressão implacável. É especialmente importante se concentrar no seu bem-estar físico durante esse período, cuidando do sono, do repouso, fazendo exercícios físicos, tendo uma boa alimentação.

Quando sua nova trajetória se estabilizar, reflita:

- Estou mais tranquilo, saudável e engajado?
- Esse novo direcionamento está alinhado com os meus valores fundamentais?
- Os meus projetos envolvem os meus pontos fortes e interesses inatos?
- Esse novo direcionamento é financeiramente sustentável? Estou conseguindo cuidar bem da minha saúde? Continuo interessado? Consigo me imaginar fazendo isso nos próximos anos?
- Estou conseguindo manter o equilíbrio entre a nova carreira e outros aspectos da minha vida, como amigos, família e relacionamentos?

O seu lançamento pode ter sido um sucesso no sentido de que você não tem arrependimentos, mas pode ainda não estar perfeitamente alinhado com as suas ambições profissionais para o futuro. Você pode muito bem voltar a atingir um ponto pivotal ou um período de estagnação, mas cada nova decisão revelará novas percepções. Mesmo se você declarar que o seu lançamento foi um sucesso, considerando a necessidade inata dos impactadores de crescer e enfrentar desafios, pode ser interessante continuar conduzindo projetos-piloto na sequência.

Christian e John, que encontramos no capítulo sobre alto crescimento líquido, pivotaram de um trabalho como corretores de *commodities* no piso de negociação da bolsa de valores para tocar seu próprio negócio de agricultura urbana, a SpringUps. Eles juntaram tudo o que tinham para comprar dois contêineres, que foram adaptados para servir como instalações de cultivo hidropônico, alugaram um estacionamento em Red Hook, no Brooklyn, e começaram a cultivar manjericão. Pouco tempo depois, me contrataram para prestar consultoria nas operações e na comunicação de seu negócio, e pude comprovar em primeira mão o desenrolar da pivotagem deles.

John e Christian tinham decidido que tentariam fazer o pivô nos dois anos seguintes a terem deixado seu emprego no pregão: um ano para explorar as opções, se recuperar de toda a pressão do emprego anterior e decidir qual setor e tipo de empresa os interessava mais, e um ano para lançar e expandir a SpringUps. Depois de tirar o primeiro ano para viajar e explorar opções, John e Christian decidiram que a empresa deveria estar gerando lucros no final do segundo ano, depois de um ano completo em operação. Se não fosse lucrativa ou se não vissem uma possibilidade concreta de gerar renda, iriam atrás de outras opções.

Um ano depois, apesar de a SpringUps estar sendo um sucesso, fechando contratos com alguns dos maiores varejistas da região, o negócio não parecia mais se adequar aos valores e interesses da dupla.

Acostumados a negociar *commodities* no mercado de ações, John e Christian não estavam dispostos a persistir só por terem custos irrecuperáveis investidos no projeto. Eles queriam ter certeza de que estavam avançando em direção a um futuro financeiro robusto, seguindo a trajetória mais adequada a seus pontos fortes. A SpringUps chegou perto, mas acabou não cumprindo todos os critérios, o que eles só tinham como saber com a prática.

Refletindo sobre seu pivô, John e Christian perceberam que a SpringUps representava um grande desvio de seus talentos, interesses e metas financeiras, e decidiram vender a empresa. John, que tinha estudado a teoria da probabilidade na faculdade, voltou para a corretagem; aprendeu a linguagem de programação Python para criar algoritmos de *trading* e aceitou um emprego em uma startup de inteligência analítica preditiva. Christian pivotou para trabalhar em vendas em uma empresa nacional de tecnologia, alavancando seu prazer em socializar e fazer negócios. Esse pivô também reduziu seu perfil de risco. Christian ficou noivo logo depois de vender a SpringUps e procurou deliberadamente um emprego que pudesse lhe dar mais estabilidade antes de se casar e ter filhos.

Nenhum deles se arrepende de ter tentado o pivô no empreendedorismo. Eles curtiram aprender sobre agricultura urbana e o setor alimentício em Nova York, e a experiência foi boa para eles poderem ter uma folga de toda a tensão e pressão de seu trabalho negociando *commodities* no mercado de ações. A empreitada da SpringUps ajudou John e Christian a identificar os próximos passos na carreira, passos ainda mais alinhados com seus valores e pontos fortes. Eles consideraram o lançamento um sucesso, apesar de terem mudado de direção dois anos depois. Os dois reconhecem que sua carreira nunca mais ficará estática, mantendo sua fluidez para satisfazer a necessidade de crescimento de ambos.

A pivotagem contínua

Como mencionei na Introdução, quase nenhuma história de pivotagem que incluí no primeiro manuscrito deste livro permaneceu intacta na edição final; algumas mudaram por decisão dos pivotadores e outras devido às circunstâncias. As pessoas que conhecemos neste livro são a prova viva do que significa ser um impactador atuando na nossa economia dinâmica.

Algumas relataram sua história atualizada de pivotagem com empolgação, enquanto outras deram a notícia com certo desânimo, como se o pivô tivesse de algum modo fracassado.

Quando aprofundei as perguntas, porém, sempre ficou claro que a pivotagem tinha sido a decisão certa. Mesmo se o lançamento não estivesse rendendo os frutos esperados, esses pivotadores tinham aprendido lições valiosas sobre sua vida pessoal e profissional e o que gostariam de fazer em seguida. Como um todo, o processo os ajudou a se reconectar com seus pontos fortes e criou uma nova ponte na direção de uma oportunidade ainda melhor. Eles começaram a se ajustar ao fato de que pivotar é o novo normal e pararam de levar as vitórias e os fracassos para o lado pessoal.

Repita as três primeiras etapas – Estabilização, Sondagem e Projetos-pilotos – quantas vezes forem necessárias para se sentir seguro quando decidir fazer o lançamento. Você também pode aplicar o processo da pivotagem sempre que se sentir estagnado ou paralisado, não apenas durante mudanças importantes, mas também no dia a dia do seu negócio, na sua segunda fonte de renda, no seu emprego atual, em pequenos projetos e metas. O Método da Pivotagem o ajudará a ser como um cientista, estudando e aprendendo com a sua própria vida – tornando-se um eterno observador e experimentador – enquanto dirige as mudanças futuras com fluidez, de maneira metódica e com cada vez mais confiança, clareza e discernimento.

O ciclo da pivotagem

Perguntar se um lançamento foi um sucesso é uma questão capciosa. Por tirá-lo da estagnação, os lançamentos são sempre um sucesso, não importa o que aconteça. Os lançamentos o tiram do pensamento e o lançam à ação. Eles expõem os seus pontos fortes, a sua determinação, a sua criatividade e acusam se você estiver saindo do rumo. Os lançamentos revelam pontos cegos e novas perspectivas. Eles o impulsionam para a próxima fase da sua vida.

Um lançamento funciona porque, depois de percorrer o árduo terreno das etapas da pivotagem que o precederam, você sabe que jamais voltaria ao ponto de partida, mesmo se pudesse.

> **Lançamento: para saber mais**
>
> *Visite o site PivotMethod.com/launch para encontrar ferramentas adicionais, modelos e recomendações de livros relevantes para esta etapa [em inglês].*

ETAPA 5

LIDERANÇA

Crie uma cultura propícia à pivotagem

Visão geral

A essa altura você já tem uma boa compreensão do Método da Pivotagem. Você esclareceu a sua visão para um ano, sondou a situação em busca de novas oportunidades e identificou experimentos com base em seus pontos fortes para testar seu novo direcionamento. O pivô é um modo de pensar? *Sim.* O pivô é um processo para esclarecer os próximos passos? *Sim.* Mas e o que dizer das pessoas com quem você interage todos os dias?

Os impactadores raramente atuam isolados, no vácuo. Você trabalha regularmente com as pessoas, talvez até gerenciando uma equipe. Pode ter dois ou vinte funcionários se reportando a você. Pode ser presidente ou fundador, encarregado de melhorar a cultura da empresa para centenas ou milhares de pessoas. Pode ainda não gerenciar uma equipe, mas ambiciona um dia ocupar um cargo de liderança. Ou pode querer criar um movimento de base na sua organização para melhorar a comunicação e as oportunidades de desenvolvimento de carreira. Você pode gostar de treinar e orientar pessoas e quer aprender novas habilidades para formalizar o seu processo.

Esta última etapa é para os líderes – qualquer pessoa que queira aplicar o processo de pivotagem para ajudar os outros. O Método da Pivotagem pode ser usado como um vocabulário comum para conduzir diálogos mais profundos sobre a carreira das pessoas. Aplicando o Método da Pivotagem como modelo de coaching, você pode ajudar as pessoas a fazer sessões de brainstorming voltadas a encontrar soluções para problemas, a definir metas de desenvolvimento e a identificar próximos passos ambiciosos, porém viáveis. Quando implementado regularmente, o pivô pode criar uma cultura de comunicação aberta. Conversas sobre ambições profissionais podem se tornar uma experiência bem recebida por gestores e funcionários em vez de algo a ser evitado.

12

Você está ouvindo?

Como você poderia proporcionar conversas interessantes sobre carreira?

> *Você fez tudo isso para criar um processo de contratação a fim de atrair todos esses talentos criativos e como eles retribuem? Saindo da empresa!! Tudo bem. Uma notícia para você: quando você contrata excelentes talentos, alguns deles podem vir a perceber que existe um mundo inteiro além do seu. Isso não é ruim. Na verdade, é um subproduto inevitável de uma equipe saudável e inovadora. Mesmo assim, lute com unhas e dentes para retê-los.*
>
> — ERIC SCHMIDT E JONATHAN ROSENBERG,
> *Como o Google funciona*[1]

A conversa sobre a carreira da qual eu mais me arrependo é a que nunca tive.

Entreguei uma carta de demissão duas vezes em toda a minha carreira. A primeira foi na startup de pesquisa de opinião política na qual passei dois anos trabalhando enquanto terminava a faculdade. Lembro-me de entrar na sala do fundador, agarrada a uma xícara de café, e puxar uma cadeira diante dele. Sempre me sentira um pouco intimidada com o brilhantismo dele e, aos 21 anos, não tinha muita experiência profissional para lidar com situações como essa.

A minha voz vacilava: "Eu... eu... adoro trabalhar aqui, mas aceitei um emprego no Google. Aqui está a minha carta de demissão e pretendo cumprir as duas semanas de aviso prévio". A conversa durou 15 minutos e ele me pediu para arrumar as minhas coisas e sair até sexta-feira.

Eu tinha sido a primeira funcionária e, quando saí, a empresa tinha crescido e estava com trinta pessoas. Recebi todos os novos funcionários, desenvolvi modelos de acordo com os fornecedores, administrei o escritório e ajudei a recrutar o nosso painel de participantes de pesquisas via internet. Fui administradora, webmaster e assistente de marketing. Adorei crescer tão rápido junto com a empresa, e o nosso fundador sempre brincava dizendo que eu devia "esconder cinco Jennys" na minha sala. Mas, à medida que a empresa crescia, incluindo novas camadas hierárquicas, o meu futuro lá foi ficando progressivamente mais incerto. Em vez de avançar para cargos gerenciais, cheguei a me reportar a três gerentes diferentes. Muitas vezes, as tarefas que eu recebia dos meus chefes eram conflitantes e comecei a me sentir frustrada e inquieta.

Só lamento que a nossa primeira conversa sobre a minha carreira também tenha sido a última. Se eu pudesse voltar no tempo, gostaria de ter procurado o fundador e ter tido a coragem de dizer: "Quero continuar crescendo com a empresa. Preciso de ajuda para criar um plano de carreira para me desenvolver aqui". Ou: "Eu adoraria aprender mais sobre programação. Posso fazer um curso e aumentar as minhas responsabilidades?". Ou até ser simples e direta: "Estou ficando entediada e é horrível me reportar a três chefes. Podemos fazer alguma coisa para melhorar essa situação?".

Mas, em vez disso, comecei a fazer entrevistas para um emprego no Google por telefone, no meu carro, no horário de almoço. O Google era a única empresa pela qual eu deixaria aquela startup, e eu não tinha muitas chances de entrar lá. Passei quatro meses sendo entrevistada por doze pessoas diferentes e tive de simular uma apresentação de 45 minutos para toda a equipe de treinamento, tudo isso enquanto tentava resolver os problemas no meu emprego.

Depois de dois anos no Google, me deu aquela vontade de mudar novamente quando me vi passando boa parte do tempo preparando apresentações de estratégia no PowerPoint, definitivamente bem longe da minha zona de genialidade. No meu primeiro cargo gerencial, aos 24 anos, fui encarregada de demitir vários amigos e colegas mais velhos do que eu e com mais tempo de casa. Meu gerente e eu fizemos reuniões, pedindo que os funcionários encontrassem outro cargo ou outra equipe para trabalhar ou saíssem da empresa. Fiquei arrasada.

Eu estava pronta para sair, sem saber ao certo se a vida corporativa de fato era para mim, quando deparei com uma boa amiga, Becky Cotton, como mencionei antes, e ela me ajudou a fazer a transição para uma nova equipe de desenvolvimento de carreira, ainda dentro do Google. Graças a Becky, o anjo que ajudou muitos Googlers, acabei ficando na empresa mais dois anos e meio, trabalhando com ela e uma pequena equipe para criar e lançar o programa de coaching profissional global Career Guru, que continua sendo um sucesso.

No primeiro caso, eu era absolutamente imatura. Não sabia como ter uma conversa para discutir a minha carreira, admitir que eu tinha atingido um teto e que não sabia para onde ir daquele ponto em diante. Não pedi a opinião do fundador. Em vez disso, evitei a conversa difícil e fiz planos para sair.

No segundo cenário, consegui alavancar meus pontos fortes e interesses para obter um novo cargo na empresa. Recorri a uma aliada, Becky – que, dez anos depois, continua trabalhando em programas de desenvolvimento profissional –, que me ajudou a percorrer o processo de transição dentro da empresa.

Na segunda vez, queria ter certeza de ter me dado todas as chances de me adequar ao Google antes de sair. Consegui ter conversas sinceras com o meu chefe sobre as minhas ambições. Demonstrei um sólido desempenho no meu cargo e desenvolvi habilidades adicionais, fazendo um curso de coaching à noite e nos fins de semana. Obtive aprovação para dedicar 10% do meu tempo a um projeto-piloto de coaching, o Career Guru. Acabei fazendo a transição completa para o novo cargo quando o crescimento da empresa explodiu e a retenção ganhou mais importância, me possibilitando pivotar internamente.

As "Beckys" são vitais para a sua organização. Imagine se todos os gestores e a liderança sênior da sua empresa reagissem como a Becky. Quantos grandes talentos você conseguiria reter, ou pelo menos ter a chance de conversar abertamente com eles? Como você poderia criar uma cultura de coaching na qual impactadores como a Becky, que adoram ajudar as pessoas, também possam ter sucesso? Como você poderia disponibilizar recursos que possibilitem aos seus funcionários sessões de brainstorming para encontrar soluções para seus problemas de carreira mais cabeludos, sem medo de serem julgados ou criticados?

Os seus interesses são mais importantes do que você imagina

Nos dias de hoje, um funcionário que acha que a empresa não lhe dá ouvidos provavelmente vai procurar outro lugar. O dinheiro deixou de ser o único critério para medir o sucesso profissional ou pessoal. Pessoas de alto crescimento líquido querem enfrentar desafios, colaborar e deixar uma marca positiva dentro e fora de sua organização.

Jason Shen, que conhecemos no Capítulo 3, trabalhava em uma startup quando pivotou internamente de marketing de conteúdo à gestão de produto. Seu maior motivador não foi dinheiro, reconhecimento ou um cargo melhor. Os critérios que Jason usou para decidir quanto tempo ficar em um cargo e em uma empresa refletem os critérios de muitos impactadores com quem converso: "Eu ainda estou aprendendo? Estou crescendo? As habilidades, experiências e contatos proporcionados pelo meu cargo e pela minha empresa terão valor no futuro? Estou me tornando uma pessoa melhor e gosto das pessoas com quem trabalho?".

Quando os impactadores atingem um período de estagnação profissional, em geral seu primeiro instinto não é sair. Muitos preferem ficar na empresa, de preferência buscando expandir seu cargo com novas oportunidades. É quando sentem que as conversas sobre sua carreira se transformam em um beco sem saída que começam a procurar outro lugar. Se você contratar impactadores por seu ímpeto empreendedor e criatividade, não se surpreenda se eles ficarem inquietos e frustrados ao serem forçados a enfrentar muitas camadas de burocracia.

Foi o que aconteceu com Courtney John-Reader. CJ trabalhava como coordenadora de comunicação digital em uma empresa de arquitetura e estava se sentindo estagnada. Ela se empolgava com seus projetos no trabalho, mas sentia que a empresa resistia a mudanças e não dava valor a suas iniciativas.

"Parecia que eles davam uma prioridade tão baixa ao que eu fazia que, por mais que eu me empenhasse, sentia que não estava realizando nada", ela conta. "Depois de três anos, parecia que eu não tinha o menor valor para a empresa e comecei a ter ataques de pânico diários no trabalho até precisar tirar algumas semanas de licença médica."

Quando CJ percebeu que estava sacrificando sua saúde pelo emprego, e mesmo assim se sentia invisível e desvalorizada, soube que precisava cuidar mais de si mesma do que do trabalho. Não foi uma decisão irrefletida, nem fácil. "Passei anos hesitando em largar o emprego porque, na minha cabeça, eu estaria desapontando as pessoas se pulasse fora", ela explica. "Eu estava absolutamente envolvida com a empresa. Mas o sentimento não era mútuo."

Você está de fato criando um ambiente onde as pessoas se sentem à vontade, revelando suas melhores ideias e aspirações profissionais a você? Se os seus impactadores demonstram interesse em um campo inovador, você está disposto a ajudá-los a pôr em prática pequenos projetos-piloto para experimentar e sondar o mercado? Quando as pessoas têm liberdade de dizer com franqueza como gostariam de crescer na sua organização, você lhes dá apoio, orientação e oferece programas internos para incentivá-las a atingir essas metas? Ou você e os seus gestores fingem que não estão vendo nada e fazem cara de paisagem?

Com demasiada frequência, as organizações e seus gestores tratam o coaching e o desenvolvimento profissional como algo meramente secundário. Para alguns líderes, "coaching" e "desenvolvimento profissional" não passam de termos de RH "da boca pra fora", que não têm nada a ver com resultados financeiros, lucros trimestrais ou relatórios de crescimento. Mas você sabe muito bem que não é isso.

Em um levantamento conduzido pela revista *Inc.* com os 500 CEOs de empresas de capital fechado de mais rápido crescimento,[2] 41% dos líderes identificaram o "recrutamento de talentos" como o fator mais importante da capacidade da empresa de inovar. Cinquenta por cento dos que responderam disseram que "atrair e reter funcionários qualificados" é o maior desafio enfrentado pelos líderes de hoje. Você pode ter se empenhado para encontrar excelentes funcionários e agora precisa se empenhar para retê-los.

Funcionários cujos gestores conduzem reuniões regulares têm três vezes mais chances de se sentir engajados e empolgados com o trabalho. Um estudo da Gallup revelou que apenas 12% dos trabalhadores concordaram firmemente que "seu chefe o ajuda a definir prioridades no trabalho".[3] Essa informação é importante, considerando que esse grupo tende a se mostrar muito mais satisfeito do que os funcionários que relataram não receber nenhuma ajuda dos gestores para definir metas.

Ronnie Mae Weiss, diretora do Work-Life Center, do MIT, passou 25 anos trabalhando com organizações para melhorar a retenção de funcionários e os benefícios voltados ao equilíbrio entre vida profissional e pessoal e afirma que o papel dos gestores é crucial para ajudar os impactadores a apresentar seu máximo desempenho. Ela diz que as organizações são mais eficazes com "gerentes que se encarregam de ajudar seus subordinados a se desenvolver, tentar coisas novas, correr alguns riscos e que lhes dê uma certa liberdade, permitindo-lhes explorar oportunidades intrigantes".

Como diz o ditado, "as pessoas deixam o chefe, não a empresa". De acordo com a Gallup, em um levantamento com 7.200 adultos, 50% afirmaram ter saído de um emprego "para se afastar do chefe".[4] Então por que, considerando todos os dados, os gestores não têm esse tipo de conversa com seus subordinados com mais frequência? Além disso, por que os funcionários não expressam sua insatisfação *antes* de procurar oportunidades fora da organização? Um fator importante é o medo.

Derrubando os obstáculos para os gestores

Os gestores hesitam em ter conversas sobre carreira com seus subordinados por uma variedade de razões, incluindo pressão no trabalho e falta de tempo, incerteza sobre a melhor maneira de conduzir esse tipo de conversa, medo de não saber as respostas para as perguntas do funcionário, ou de não saber como ajudá-lo a atingir suas metas, e medo de perder seus melhores talentos.

De acordo com Julie Clow, vice-presidente sênior de desenvolvimento de pessoas da Chanel, um dos maiores obstáculos para os gestores é o medo de fazer promessas que não conseguirão cumprir. Os gestores em geral preferem não fazer promessas e os funcionários podem interpretar mal sua intenção nessas conversas. É difícil falar sobre a carreira de um funcionário em termos de cinco ou dez anos no futuro.

"As pessoas têm dificuldade de vislumbrar onde estarão no futuro, ou subestimando demais sua capacidade de avançar ou superestimando o cargo em que *deveriam* estar, e os gerentes não gostam de falar sobre projeções em termos de possíveis cargos", Julie explica. "A melhor estratégia é se concentrar no *próximo* passo, uma conversa muito mais fácil para todos os envolvidos."

Julie diz que os "próximos passos" podem envolver o próximo mês ou até alguns anos adiante. Se os gestores não quiserem fazer promessas, eles podem se concentrar em ajudar os funcionários a encontrar passos, experiências e oportunidades menores para avançar na carreira. Os gestores *podem* prometer coisas como ajudar a encontrar projetos paralelos, aprovar passar 10% do tempo trabalhando em outra equipe ou pagar um curso que desenvolva uma habilidade relacionada ao trabalho.

Jennifer Grayeb, gerente de desenvolvimento de talentos da Aetna, acredita que os gestores têm medo de perder seus melhores talentos se tiverem conversas como essas, mas, na verdade, esse trabalho de treinar as pessoas para subir e até seguir adiante atrai ainda mais talentos.

"Os melhores gestores que conheço são aqueles que não só promovem essas conversas, como ajudam seus subordinados diretos a elaborar um plano para atingir seus objetivos profissionais", diz Jennifer. "Eles acabam ganhando fama na organização e atraindo talentos que querem trabalhar com eles."

Conversas sobre carreira devem ser um diálogo, não um monólogo

Por mais que os gerentes se responsabilizem por dar início a essas conversas sobre carreira, elas ainda precisam ser uma via de mão dupla, e os funcionários também devem se responsabilizar por elas. Os impactadores costumam se conhecer bem e não esperam que as pessoas saibam o que estão pensando nem esperam que alguém venha lhes perguntar o que estão sentindo.

"Faz parte das responsabilidades de um gestor ajudar seus funcionários a crescer profissionalmente, porque isso levará a funcionários mais engajados, produtivos e satisfeitos, dispostos a pensar em soluções e maneiras de resolver os problemas o tempo todo, não só no trabalho", explica Ronnie Mae, do MIT. "Mas é igualmente importante que cada funcionário fique de olho na própria carreira e vá atrás de seus objetivos, recorrendo aos chefes e também a outras pessoas na organização."

Jennifer Grayeb sugere que os funcionários se informem sobre a jornada profissional dos chefes e as escolhas que tiveram de fazer ao longo do caminho.

Ela também diz que uma das maiores lições que os jovens impactadores devem aprender é equilibrar seu desejo de crescer – por meio de trabalho expressivo – com a tarefa de efetivamente arregaçar as mangas e fazer as coisas acontecerem. Se os impactadores quiserem criar uma cultura de crescimento, eles também devem tomar a dianteira e ajudar os outros. "Para cada oportunidade que você conseguir, ajude a abrir uma porta para alguém."

Laura Grose, diretora de RH de uma das startups de mais rápido crescimento do Vale do Silício, argumenta que os impactadores devem manter uma visão realista e paciente dos cargos que podem estar disponíveis. Ela percebeu que muitos impactadores que gostam da fase do crescimento podem se sentir limitados quando as suas funções requerem procedimentos mais rotineiros e manutenção.

"Em startups de alto crescimento, é comum que os primeiros empregados exerçam muitas funções. À medida que a empresa amadurece, é preciso haver pessoas especializadas. Funcionários que se destacaram fazendo de tudo no começo podem perder o interesse com o tempo", Laura explica. "A sua empresa pode passar por um surto de crescimento, ou uma queda, e deixar de se adequar às suas habilidades. E você pode ter de descobrir em qual fase você agrega mais valor e começar a procurar essas oportunidades."

Laura diz que, quando os impactadores se impacientam porque não são promovidos com a rapidez que esperam, devem lembrar que "a questão não é só se você está pronto, mas se existe um cargo disponível para você. Afinal, uma empresa só tem um CEO".

Uma das ferramentas mais inexploradas pelos pivotadores é propor um *business case*, explicando como eles poderiam agregar valor em outra área da empresa. "Você nem sempre precisa subir. Pode fazer uma transição lateral", Laura explica. "Apresente os seus argumentos: eu tenho tal conhecimento; se aplicá-lo a tal área, veja como poderei transferir minhas habilidades e agregar um valor enorme. Essa é uma das maneiras menos conhecidas e mais eficazes de encontrar novas oportunidades em uma organização."

Como usar o Método da Pivotagem nas organizações

O pivô pode beneficiar pessoas em processo de transição, mas também é uma maneira simples de conversar sobre carreira com membros de sua equipe, ajudando-os a se expandir no cargo e pivotar internamente quando estiverem prontos para oportunidades de desenvolvimento, em vez de procurar emprego em outra companhia.

Muitos modelos de coaching e de gestão são complexos demais, ao passo que o pivô é um modelo simples que você pode discutir com seus colaboradores e percorrer com eles. O modelo incentiva as pessoas a serem francas em relação a como gostariam de crescer na organização. Também possibilita aos funcionários conceber pequenos experimentos para aumentar suas habilidades e beneficiar a empresa, sem terem de esperar por uma promoção ou uma transferência, já que essas opções nem sempre estarão disponíveis. Os pontos pivotais e os períodos de estagnação não precisam ser um problema nem algo que os funcionários precisam esconder nas conversas. Com o modelo da pivotagem, ambas as partes terão um vocabulário comum para se comunicar nesses momentos. Aplicar o Método da Pivotagem possibilita que todos explorem opções profissionais antes de elaborar planos de desenvolvimento mais detalhados.

Você pode criar uma cultura forte com foco na abertura e no engajamento de várias maneiras.

1. Conversas casuais

Para começar, você pode usar o Método da Pivotagem como uma maneira de falar sobre o desenvolvimento profissional em conversas individuais com os seus funcionários:

- Uma ideia para fazer isso rapidamente é comunicar a premissa básica: reforce o que *está dando certo* para o funcionário pivotar na direção do próximo passo no cargo, na equipe ou na empresa. Transforme os pontos fortes e os interesses existentes em oportunidades compatíveis com o que está em andamento e ajude as pessoas a fazer a transição aos poucos, em vez de definir um objetivo distante demais e forçá-las a enfrentar mudanças radicais na carreira.
- Explique a analogia do jogador de basquete: concentre-se nos pontos fortes e interesses (estabilize um pé no chão) para sondar a quadra em busca de novas oportunidades (fazendo a pivotagem com o outro pé). Depois disso, identifique pequenos projetos-piloto para ajudar os impactadores a expandir suas habilidades e explorar interesses que também beneficiem a equipe.
- Repasse os modos operacionais da carreira que examinamos na Introdução: peça aos funcionários que avaliem se estão operando no modo reativo, proativo ou inovador e o que os impulsionaria às categorias posteriores se eles ainda não estiverem lá.

2. Conversas estruturadas anuais sobre a carreira

Reservar um tempo para conversar sobre a carreira uma ou duas vezes por ano melhora a retenção, o engajamento e a mobilidade interna e não requer uma verba enorme nem ferramentas sofisticadas. O simples ato de demonstrar interesse pelo desenvolvimento dos membros de sua equipe é muito mais eficaz do que você poderia esperar.

Embora as avaliações de desempenho possam parecer o momento ideal para falar sobre a carreira, muitos funcionários temem essas avaliações. As pessoas costumam ficar nervosas, na defensiva e ansiosas para saber se vão ou não ganhar uma promoção ou um aumento de salário. Essas avaliações podem ser excelentes momentos para falar sobre pontos fortes e áreas a serem melhoradas, mas não são momentos nos quais os funcionários estarão mais propensos a se abrir e falar sobre suas esperanças e aspirações profissionais.

Recomendo agendar conversas regulares sobre carreira, desvinculadas das avaliações de desempenho, de preferência com vários meses de distância, para aumentar a frequência das conversas importantes. Os gestores não precisam se encarregar do trabalho pesado. Quando você estiver pronto para ter essas conversas, peça para cada funcionário reservar entre 30 e 60 minutos na agenda. Sugira que eles se preparem, refletindo sobre cada etapa da pivotagem, especialmente as etapas da Estabilização e da Sondagem, pensando em seus maiores pontos fortes e como gostariam de agregar valor e se desenvolver no cargo.

Melhores práticas para conduzir essas conversas

- **Ouça mais do que fale:** guarde os seus conselhos e experiências para o fim da conversa, quando você terá uma ideia melhor do que mais beneficiaria o seu funcionário.
- **Faça perguntas abertas:** em vez de perguntar *por que* (o que pode deixar as pessoas na defensiva), faça perguntas investigativas, como "O que é mais importante para você em relação a

isso?", "Mais alguma coisa?" e "Explique um pouco melhor". Esse tipo de pergunta ajudará vocês dois a descobrir o que mais importa.

- **Concentre-se mais na etapa da Estabilização:** explore quais valores são mais importantes para o seu funcionário, quais são os talentos e os interesses dele e como seria o sucesso para ele daqui a um ano. Ao mesmo tempo, também fale sobre os pontos fortes e as realizações dele.
- **Mantenha o foco na exploração:** quanto mais você ajudar a revelar o que está dando certo e o que seria empolgante para o seu funcionário daqui a um ano, sem ir direto à resolução de problemas ou a próximos passos específicos, mais informações vocês dois terão para fazer uma boa sondagem em busca de possíveis soluções e projetos-piloto mais adiante na conversa.
- **Sonde a situação fazendo perguntas sobre uma gama de oportunidades interessantes para explorar:** comece com a *quantidade*, com um amplo brainstorming, antes de detalhar ideias almejando a *qualidade*. Com base nessa lista, pergunte ao seu funcionário quais seriam um ou dois projetos-piloto mais promissores antes de entrar com as suas sugestões.
- **Bônus – conduza essas sessões conversando enquanto caminham:** uma caminhada ao ar livre dará uma injeção de energia em vocês dois, promovendo uma conexão mais forte e uma conversa mais envolvente.

Erros comuns a serem evitados

- **Não faça anotações:** você não tem como manter o contato visual se escrever enquanto a pessoa fala e não poderá ouvir ativa e profundamente o que está sendo dito. Depois da reunião, vocês dois podem anotar rapidamente algumas ideias e próximos passos.

- **Não tenha essas conversas sobre pivotagem junto com as avaliações de desempenho:** os funcionários costumam ficar nervosos e se sentir pressionados ao tentar processar todas as informações da sua avaliação sobre o trabalho deles.
- **Se possível, também não vincule essas conversas a suas reuniões individuais:** desse modo, vocês não ficarão distraídos com tarefas e listas de afazeres.
- **Não tente decidir nessa conversa a visão para um ano de um colaborador:** só o ajude a esclarecer essa visão. Reuniões individuais periódicas podem ser um momento melhor para planejar projetos-piloto e próximos passos mais específicos.

3. Aplique um modelo de coaching para gestores e mentores

Você também pode adotar o Método da Pivotagem para orientar as conversas de gestores, mentores e coaches internos com seus funcionários. Mesmo que a sua organização não tenha programas formais de coaching, a pivotagem pode ser ensinada como um método para manter conversas investigativas em vez de conversas táticas ou voltadas a aconselhamento. O método também pode ser utilizado para orientar a resolução de problemas sempre que o funcionário se sentir estagnado e sem saber ao certo o que fazer em seguida, seja em um projeto, em sua função ou em sua carreira.

Muitos dos coaches e gestores que treinei para utilizar o Método da Pivotagem como ferramenta de coaching disseram que gostaram da simplicidade do processo, que lhes possibilitou explicar o método diretamente ao funcionário. Este sai energizado da conversa porque o método enfatiza os pontos fortes e os pequenos experimentos, levando rapidamente a resultados positivos e produtivos.

Programas-piloto criativos para promover a mobilidade na organização

É muito bom começar com o estabelecimento de uma cultura propícia a conversas sobre carreira, mas só isso não basta. O desenvolvimento profissional não deve se limitar a conversas e deve ser levado ao âmbito da ação e das oportunidades concretas. As pessoas logo se frustrarão se chegarem a um beco sem saída, caso seu desejo de crescer na empresa seja recebido por uma barreira de burocracia quando elas finalmente tentarem pôr uma mudança em prática. Uma frase que costumo ouvir com lastimável frequência é: "Está sendo mais difícil encontrar outro trabalho dentro da minha empresa do que foi ser contratado para trabalhar aqui".

As conversas sobre carreira mostram-se mais proveitosas quando são acompanhadas por programas de mobilidade interna para ajudar os funcionários a fazer transições dentro da empresa, reforçando a retenção dos talentos da companhia. Se a sua empresa não oferece os programas que você gostaria, tome a iniciativa e crie esse programa ou veja como poderia montar um projeto-piloto para implementar uma versão menor. Não presuma que o seu programa ideal jamais existirá só porque ele ainda não existe.

Ao percorrer o Método da Pivotagem, tente responder às perguntas a seguir:

- **Estabilização:** o que a sua organização já faz que está dando certo? Como seria o sucesso em termos da criação de uma cultura de engajamento e mobilidade?
- **Sondagem:** o que os outros gestores, equipes, departamentos ou organizações externas estão fazendo e que lhe interessaria? Que ideias se destacam como particularmente viáveis ou de maior impacto? Com quem mais você poderia trabalhar em parceria dentro ou fora da organização?

- **Projetos-piloto:** quais pequenos experimentos você poderia tentar fazer com uma equipe ou departamento antes de colocá-los em prática na organização toda? Como você avaliaria o sucesso desses projetos-piloto?
- **Lançamento:** que recursos seriam necessários para um lançamento maior em termos de tempo, pessoal e ferramentas? Quando você lançaria esse programa e como pensa mensurar o sucesso do programa?

Programas internos de apoio à mobilidade na carreira

A tabela a seguir mostra alguns exemplos de como criar uma cultura de desenvolvimento profissional propícia à pivotagem. Não espere pôr em prática todas as iniciativas propostas, já que a viabilidade vai depender do tamanho, da verba e dos recursos da sua organização.

Treinamento de gestores	*Aprendizagem interna*	*Mobilidade interna*	*Coaching*
Como conduzir conversas sobre a carreira	10% a 20% alocados a projetos paralelos	Divulgação de vagas na empresa, oportunidades de aprendizagem por observação	Alocação de coaches internos e externos
Workshops de desenvolvimento de equipes conduzidos pelos líderes	Bolsas de estudo	Programas de rotação de funções (dentro e fora da empresa)	Mentoria e mentoria reversa

Veja a seguir algumas ideias criativas, muitas das quais foram adaptadas de programas implementados nas "100 Melhores Empresas para se Trabalhar" da revista *Fortune*.[5]

- **Palestrantes convidados:** autores, especialistas do setor, palestrantes e músicos se apresentando em sessões de "almoço e aprendizagem" ou em eventos especiais. Muitas empresas transmitem esses eventos ao vivo para as filiais e postam os vídeos em canais públicos. Cliff Redecker, responsável pelo programa *Talks at Google*, criou um modelo que passou a ser copiado por muitas empresas. Ele já organizou mais de 500 palestras nos oito anos em que esteve envolvido no programa, primeiro como voluntário e agora trabalhando em período integral, liderando uma equipe de voluntários que dedicam uma pequena parcela de seu tempo para recrutar palestrantes interessantes.

- **Biblioteca da empresa:** a SAS, uma empresa de software de negócios e inteligência analítica, tem "mais de 16 mil livros, materiais de pesquisa, ferramentas empresariais e equipamentos para empréstimo para ajudar os funcionários a atingirem seus objetivos profissionais e pessoais".[6] Na área de recepção da Zappos também há uma biblioteca com títulos selecionados que funcionários e visitantes são incentivados a pegar para ler... e nem precisam devolver. A empresa faz isso para reforçar um de seus valores fundamentais: "Buscar o crescimento e a aprendizagem", ajudando os funcionários a se conectar uns com os outros e com o mundo.[7]

- **Estágios externos:** a rede de supermercados Wegmans facilita programas de estágio externo para os funcionários, possibilitando-lhes oportunidades de aprendizagem prática fora da empresa.

- **Programas de certificação:** a Whole Foods oferece oportunidades de desenvolvimento específicas para diferentes funções, como treinamentos e a Certificação de Profissionais do Queijo pela American Cheese Society, além do Produce Warrior Program, um programa de treinamento interno que inclui dicas de armazenagem, técnicas de seleção, receitas e curiosidades sobre o setor de hortifrúti.

- **Iniciativas de voluntariado:** o programa GoogleServe, do Google, incentiva todos os funcionários a prestar um serviço voluntário na mesma semana do ano, e para isso eles podem usar o tempo de trabalho, com autorização da empresa. A companhia oferece listas contendo milhares de iniciativas globais para o funcionário escolher, entre elas criação de sites, análise de currículos, treinamentos e ações de limpeza ambiental.
- **Financiar um programa:** a Lululemon (a empresa não foi incluída na lista *Fortune* por ser canadense) promove uma cultura de definição de metas e prestação de contas, solicitando que todos os funcionários identifiquem metas pessoais, profissionais e de saúde a serem atingidas em um, cinco e dez anos. A Lululemon criou o programa "Fund a Goal"[8] (algo como "financie uma meta"), por meio do qual a empresa faz doações para os funcionários de alto desempenho atingirem metas, como correr uma maratona ou fazer um curso para ensinar ioga.
- **Mentoria reversa e almoços:** a General Electric aloca executivos sênior para trabalhar com funcionários mais jovens. Os empregados juniores ensinam aos seniores as novas tendências em tecnologia e mídias sociais, enquanto os seniores proporcionam uma orientação profissional mais tradicional e mentoria organizacional em troca. A seguradora Acuity encoraja os executivos a marcar almoços com os funcionários menos experientes para promover a comunicação e a troca de ideias em todos os níveis da empresa.[9]
- **Faça experimentos com equipes baseadas em projetos, que serão desfeitas quando os projetos forem concluídos:** uma fornecedora militar de médio porte lançou um mercado interno de talentos para aumentar a produtividade, promover a colaboração e reforçar o engajamento, conectando funcionários com capacidade em excesso com líderes que tivessem oportunidades imediatas de desenvolvimento. Laura Grose

teve a ideia de realizar um experimento voltado a montar equipes ao estilo de um jogo de *fantasy football* – selecionando os membros da equipe de acordo com seus talentos, do mesmo modo como os times esportivos profissionais recrutam jogadores – para aumentar o engajamento e a eficácia da gestão de desempenho na empresa.

Muitas dessas iniciativas podem ser implementadas com baixo custo e lideradas por qualquer pessoa da organização que mostrar esse tipo de inclinação. Não espere até encontrar a solução perfeita para tentar algo que lhe parecer interessante. Você provavelmente nunca vai achar que tem tempo, verba ou recursos suficientes.

Se não souber ao certo por onde começar, *pergunte*. Dê uma nova olhada na abordagem da teoria fundamentada em dados que vimos na etapa da Sondagem. Ouça o que a sua equipe tem a dizer, seja em reuniões abertas com o time todo, no trabalho, ou usando uma ferramenta de coleta de sugestões ou um levantamento interno, e escolha uma área importante para resolver primeiro.

Melhor ainda, recrute impactadores em busca de oportunidades de liderança para encabeçar a iniciativa.

—

Na época em que trabalhei no Google, uma das características que os recrutadores procuravam nos candidatos era adaptabilidade. Os gestores que estivessem contratando novos membros para a sua equipe analisavam a disposição do candidato para mudar. Se os novos contratados não se mostrassem adaptáveis, teriam muita dificuldade de progredir na empresa. As nossas funções no trabalho mudavam com frequência; nossas equipes estavam sempre modificando as estratégias para se adequar à rápida expansão da empresa e os departamentos viviam se reorganizando. Nos cinco anos que passei lá, tanto as equipes quanto os funcionários se organizavam e reorganizavam constantemente.

Tom Guarriello é professor de artes visuais da School of Visual Arts, de Nova York, e fundador da RoboPsych, uma plataforma para explorar a psicologia da interação entre seres humanos e robôs. Quando mencionei a constante transformação das empresas de hoje e perguntei como isso se relaciona com o cenário econômico, ele respondeu: "A ilusão é que existe uma organização para ser 'reorganizada'. Não existe mais uma organização. A 'organização' de hoje é uma entidade emergente que se reconfigura de acordo com as circunstâncias e as oportunidades".

O coaching é um excelente ponto de partida para ajudar os impactadores a se adaptar a um mundo de "organizações" em constante mudança, e a melhor ferramenta que temos para redefinir, de modo colaborativo, as nossas funções com a frequência que hoje se faz necessária.

Liderança: para saber mais

Visite o site PivotMethod.com/lead para encontrar ferramentas adicionais, modelos e recomendações de livros relevantes para esta etapa [em inglês].

Conclusão: receba a complexidade de braços abertos

Dizem que todos nós buscamos um sentido para a vida...
Acho que o que buscamos é a experiência de estar vivos, de modo
que as nossas experiências no plano puramente físico repercutam
no nosso ser e na nossa realidade mais profunda, de modo que
de fato possamos sentir a magnífica experiência de estar vivos...
Essa é, no fim das contas, a essência de tudo e é isso que essas
pistas nos ajudam a encontrar dentro de nós mesmos.

JOSEPH CAMPBELL, *O poder do mito*

Lembro-me de ter ficado tão empolgada que dei um grito quando um dos meus clientes de coaching, Brian, me contou o que ele considerava um fato irrelevante sobre seu passado.

Brian era um diretor sênior de engenharia que tinha atingido um período de estagnação em uma grande empresa de tecnologia. Depois de quase uma década trabalhando lá, ele queria renovar sua carreira e estava em busca de algo novo e desafiador. Brian recebia um excelente pacote de benefícios em seu emprego atual e tinha esposa e filhos para sustentar, de modo que não estava sendo fácil para ele decidir o melhor momento de sair da empresa nem o que fazer em seguida.

Em uma de nossas sessões, Brian mencionou que tinha passado um ano e meio em um programa de doutorado na teoria dos nós. Um enorme sorriso se abriu no meu rosto. A paixão de Brian por nós – e desafios complexos, do tipo nó cego – era o pano de fundo perfeito para navegar por sua transição. Em vez de ver seu dilema profissional como uma dificuldade, ele começou a vê-lo como o tipo de nó que adorava desfazer e o tipo de obstáculo que de fato era capaz de transpor, aplicando as mesmas habilidades diligentes de resolução de problemas que usara na pós-graduação.

Com o nosso trabalho juntos, Brian foi esclarecendo seus valores e sua visão. Em um mês, ele já sabia que estava pronto para largar o emprego e só precisava decidir o melhor momento. A visão de Brian para um ano era trabalhar em uma organização menor, em uma nova área, e se conectar com as pessoas para ajudá-las a se desenvolver nessa emergente comunidade da tecnologia.

Algumas semanas mais tarde, ele recebeu uma ligação, aparentemente do nada, de um capitalista de risco em busca de um vice-presidente sênior para uma startup de tecnologia na cidade dele, em um novo setor, com um grande potencial de inovação e liderança. Depois de várias conversas para explorar melhor a proposta, Brian aceitou o emprego e fez a transição. Tudo isso aconteceu em apenas dois meses.

Atingir um período de estagnação na carreira não é um problema, nem é uma crise. É um nó intrigante esperando para ser desfeito em troca de um crescimento acelerado. Se você for um impactador, vai se recusar a aceitar qualquer outro tipo de trabalho. Como Brian, você também pode se tornar um mestre em desfazer nós.

Pessoas com alto crescimento líquido e alto impacto normalmente apresentam uma grande autoeficácia e se acreditam capazes de realizar o que se propõem a fazer. Mas, durante uma pivotagem, elas se perguntam: "Será que sou mesmo capaz de concretizar essas grandiosas ambições que me propus a realizar?". Todos nós, quando nos elevamos acima dos nossos patamares atuais ou rompemos com as normas tradicionais, podemos nos perguntar: "Será que eu dou conta?", "Será que sou capaz?", "Será que sou a regra ou a exceção?", "Será que dou para isso?".

SIM. Vale a pena tentar concretizar a sua visão mais grandiosa. Do mesmo modo como ninguém tem a mesma impressão digital de outra pessoa, as *suas* ideias nunca foram exploradas usando a sua formação, visão de mundo e experiências de vida únicas, neste exato momento no tempo, no contexto da nossa economia e tecnologia atuais, e para a comunidade que você almeja.

Isso não quer dizer que o futuro que você vislumbra tem alguma garantia de ser bem-sucedido ou lucrativo. Mas o que posso dizer, com absoluta convicção, é que você é criativo, engenhoso e resiliente e vai encontrar um jeito de se recuperar de praticamente qualquer eventualidade. Essa é uma certeza à qual você sempre pode voltar.

A vantagem de chegar ao fundo do poço

No ano em que fiz a minha pivotagem, que descrevi na Introdução, passei por uma fase especialmente difícil, o período da minha vida que inspirou este livro, e houve um momento em que olhei pela janela do meu minúsculo apartamento com uma mistura de esperança, súplica e um toque de desespero. "Como?", sussurrei para a fileira de prédios do sul de Manhattan diante de mim, como se eles pudessem responder. "Como farei? Como vou ter sucesso aqui? Será que vou conseguir encontrar uma saída desse poço de incertezas?" Meu dinheiro tinha acabado. Para ficar em Nova York, eu tinha usado todas as minhas economias para alugar o apartamento onde estava me fazendo aquelas perguntas. O aluguel tinha dobrado da noite para o dia, mas a minha renda, não. Muitos dos meus maiores temores sobre o trabalho autônomo tinham se concretizado. Em geral, eu estava fazendo o que adorava, trabalhando em coaching, dando palestras e escrevendo, mas não sabia como aplicar essas habilidades para desenvolver o meu negócio.

Nesse ponto, a questão não é: "O que você faria se soubesse que não tem como fracassar?", mas "O que você faria se estivesse com as costas contra a parede?".

Duas semanas depois, eu estava ao telefone com a Vanguard, a empresa administradora do meu plano de aposentadoria privada, pronta para liquidar parte da minha conta e entrar no meu pior cenário possível, aquela fronteira final das minhas economias restantes. Na minha cabeça, esse último caso sempre tinha sido só um exercício mental para apaziguar meu diretor financeiro interior... e a imobiliária, que tinha alugado o apartamento para mim apesar de eu não ter comprovação de renda. Enquanto ponderava o que faria para saquear as minhas reservas destinadas à aposentadoria, um diabinho pousou no meu ombro e começou a me dizer que eu tinha enlouquecido e que deveria procurar um emprego fixo, jogar a toalha e desistir desse sonho maluco.

Só que a minha intuição me dizia outra coisa: que eu continuasse, que aquele momento de crise seria importante para o meu desenvolvimento pessoal, um momento crítico e pivotal na minha vida e no meu negócio. Chegar ao fundo do poço não passava de um ritual de iniciação, uma outra porta de entrada para a carreira que eu sabia que estava à minha espera do outro lado.

Era estranhamente reconfortante eu estar me sentindo tão para baixo, desanimada, ferida, maltratada e exausta da jornada de me lançar como autônoma, e mesmo assim disposta a persistir. Aquela motivação interior – acompanhada de todas as realidades da minha incerteza financeira e não apenas uma versão hipotética, vislumbrada do ponto de vista da segurança de quem ainda não começou a jornada – reforçou a convicção de que eu ainda tinha forças para prosseguir.

Nunca cheguei a sacar a minha aposentadoria privada. O que fiz foi parar de procurar respostas fora de mim. Analisei o que tinha dado certo nas transições passadas e com os meus clientes de coaching. Redefini a minha visão para um ano. Eliminei a pressão de precisar ter *a* resposta – a única e definitiva resposta – e identifiquei pequenos projetos-piloto ancorados nos meus pontos fortes, aumentando seu alcance ao longo de uma sucessão inteligente.

O meu pivô me forçou a arregaçar as mangas e mudar o modo como eu estava fazendo as coisas. Foi só quando comecei a aplicar, aperfeiçoar e investigar mais profundamente os sistemas que apresentei neste livro que a minha carreira retomou o ímpeto, tornando-se mais forte e mais alinhada do que nunca.

A vida corajosa

Não se iluda. Mesmo depois de reduzir o risco percorrendo as etapas do método apresentado neste livro, fazer um pivô ainda requer coragem. Todas as vezes.

É, por si só, um ato de coragem se apresentar ao mundo como um impactador, explorando vigorosamente o aprendizado, o propósito e o crescimento. Você está se comprometendo a dedicar a vida à busca incessante do que mais importa. Você está se comprometendo a passar a vida fazendo escolhas alinhadas aos seus valores centrais, por mais difíceis que essas decisões possam ser no momento, e acabar beneficiando muitas vidas além da sua.

Você é um impactador e se recusa a fazer corpo mole. Você exige muito de si mesmo e dos outros. Você é responsável, não imprudente, e, por essa razão, cautelosamente otimista. Você não dá saltos às cegas porque se preocupa em como as suas escolhas podem afetar os outros.

Você pode ter provado o fracasso no passado e hesitar em se expor de novo a essa possibilidade. Mas, ao mesmo tempo, sabe que o maior fracasso é não tentar – se acomodar, sucumbir aos seus temores e viver como mera sombra do seu verdadeiro eu.

Os impactadores não fazem as coisas só porque todo mundo está fazendo, com medo de perder a onda. O único medo que os motiva é o de não tentar. Conecte-se com essa parte de você que, no fundo, sabe que você é *antifrágil* – que os empecilhos e contratempos só o fortalecerão – e que *tem* como atingir o sucesso em tudo o que se decidir a fazer, embora o sucesso nem sempre seja como você espera. A vida não nos dá o que queremos, mas sim o que precisamos. Os pivôs também são assim.

A vida de um impactador pode gerar a sensação de estar vulnerável, já que você está constantemente se estendendo além da sua zona de conforto. Mas também é uma vida empolgante e a única maneira de realmente prosperar. Portanto, lembre-se: comece fazendo e a coragem surgirá em seguida. Não foi sempre assim?

Se tem uma coisa que eu sei com certeza é esta: todos nós enfrentaremos muitos outros pivôs no nosso caminho, grandes e pequenos, planejados ou não. O meu objetivo com este livro é ensinar você como *ensinar a si mesmo* a pescar – a persistir e prosperar – ao passar por essas mudanças.

Você vai aprender a acompanhar o fluxo e enfrentar as estações de sua vida profissional e pessoal. A familiaridade com o processo de pivotagem o transforma em um movimento fluido. Os pivôs se tornam mais suaves, menos estressantes. Em vez de viradas radicais e atordoantes – e ficar chocado ao atingir pontos pivotais que não tinha previsto –, você criará ímpeto à medida que for fazendo as mudanças, de maneira contínua e natural.

É uma grande aventura e privilégio levar a vida dessa maneira. E é com base *nisso* que podemos nos voltar plenamente para o mundo que está à nossa espera e ali deixar a nossa marca.

O pivô é o nosso novo Plano A, e isso é ótimo. Aprenda a curtir o processo de desatar os nós.

Evite os problemas antes que eles surjam.
Ordene as coisas antes que elas existam.
O pinheiro gigante
cresce de um pequeno broto.
A viagem de mil milhas
começa na sola dos seus pés.
A ação precipitada leva ao fracasso.
Tentar agarrar as coisas o leva a perdê-las.
Forçar a conclusão de um projeto
o leva a arruinar o que estava quase maduro.
Assim o sábio age
deixando as coisas seguirem seu rumo.
Ele se mantém tão calmo
no final quanto no início.

– LAO TZU, *Tao Te Ching*

Agradecimentos

Todo livro... tem uma alma. A alma de quem o escreveu e a dos que o leram, o viveram e sonharam com ele. Sempre que um livro muda de mãos, sempre que alguém passa os olhos por suas páginas, seu espírito cresce e se fortalece.

— CARLOS RUIZ ZAFÓN, *A sombra do vento*

Antes de mais nada, devo agradecer a você, caro leitor: obrigada por investir seu tempo e energia em mim. Que você acolha os seus temores para se fortalecer e enfrentar tudo o que se decidir a fazer. Eu adoraria saber sobre os seus pivôs atuais e futuros!

Não tenho palavras para expressar a minha enorme gratidão à minha família, não apenas por me apoiar incondicionalmente, mas por seu inestimável papel de me ajudar a lapidar meticulosamente as ideias apresentadas neste livro. Um agradecimento enorme ao meu irmão, Tom Blake, por me ajudar a fazer o brainstorming de muitos conceitos deste livro em conversas ao telefone regadas a muito café. Ao meu pai, Jim Blake, por suas ideias instigantes e edição acertadíssima de todo o processo de escrita e revisão. Foi uma enorme inspiração para mim ler os seus ensaios sobre a teoria da evolução e trocar ideias sobre todos os paralelos com o conteúdo deste livro! À minha mãe, Cathy Blake, por seus constantes e sábios conselhos, opiniões e sugestões. Parabéns por ser aceita na American Society of Landscape Architects e pelos vinte anos de Stanford! Você é uma inspiração. E à minha avó, Janice Deino, que sempre foi um anjo e uma alma gêmea na minha vida. Gostaria de mandar o meu amor a pessoas queridas, que considero minha segunda família: Blake, Deino, Harrington, Quinn, Knox, Schwartz, Walker, White, Dray e Chaloeicheep. Ao imensamente talentoso Mark Hanauer, obrigada por mais uma produtiva sessão de fotos, 31 anos depois das primeiras que você tirou de mim, quando eu ainda era bebê. Para Zoë, Aivey e Eva: é uma honra ser a tia de vocês. Amo vocês de paixão!

Para a equipe editorial que possibilitou este livro: Sarah Lazin, minha agente – quando ele ainda era a semente de uma ideia, você regou este livro com uma boa dose de amor incansável; a nova proposta que reapresentei um ano depois veio com uma mensagem muito mais poderosa. A Adrian Zackheim, presidente da Portfolio, e a Natalie Horbachevsky, minha espetacular editora, obrigada por acreditarem em mim e apostarem neste livro; sou grata todos os dias pela visão, opiniões e apoio que recebi de vocês. Trabalhar com a Portfolio neste projeto foi o maior privilégio da minha vida, uma experiência que eu jamais sonharia em ter. A Roger Scholl e Porscha Burke, obrigada pelas reuniões revigorantes e por todo o encorajamento... vocês não têm ideia do que significou para mim.

Natalie, suas observações brilhantes, perguntas perspicazes e questionamentos melhoraram imensamente este livro. Você arregaçou as mangas e cuidou do livro como se fosse seu, jamais abandonando a nossa missão compartilhada de trazer à tona o melhor que *A hora certa de mudar* pode oferecer ao mundo. Você é absurdamente competente no que faz. Obrigada a toda a talentosa equipe da Portfolio, com quem também tive o privilégio de trabalhar: Hannah Kinisky, Merry Sun, Will Weisser, Tara Gilbride, Stefanie Rosenblum, Daniel Lagin, Megan Gerrity, Chris Sergio, Karl Spurzem, Henry Nuhn, Eric Nelson, Annie Hollands, Joel Rickett e Richard Lennon. Também sou muito grata aos preparadores que trabalharam neste livro, Jane Cavolina e Jim Blake, que me impressionaram com sua capacidade de melhorar cada detalhe.

Adam Chaloeicheep, um genial estrategista de marca com quem sempre posso contar para trocar ideias, foi você que deu o pontapé inicial para este livro quando disse que o meu processo de coaching era "como um foguete para a Lua", para pessoas passando por transições profissionais. Obrigada por me ajudar a descobrir o que está por vir a cada passo do caminho. Muito obrigada também à equipe do ABC Design Lab (as armas secretas de *A hora certa de mudar*) por se encarregar tão bem do aspecto visual do livro e por toda a estratégia de marca e pelas orientações criativas ao longo do caminho.

Tara Adams, com sua sabedoria perspicaz e estabilizadora você foi uma rocha para mim em muitos dos meus pivôs. Julie Clow, os nossos jantares ao longo destes últimos dez anos de amizade, sem mencionar a nossa jornada juntas, cheias de esperança, trilhando o caminho das pedras até Manhattan e todas as experiências que representaram essa jornada, são um oásis no meio da loucura, um pequeno pedaço (quem estamos tentando enganar? Um pedaço gigante!) do céu. Inna Aizenstein, adoro os nossos jantares de sexta e sou extremamente grata pelos seus conselhos de moda! Ann "NYC Angel" Turi, obrigada por nos orientar a cada passo do caminho, percorrido com os nossos fabulosos sapatos Louboutin. Elisa Doucette, de blogueiras a melhores amigas, sou tão grata por trocarmos alguns comentários tantos anos atrás que se transformaram em telefonemas regulares, e-mails para monitorar o nosso progresso e férias a trabalho ao redor do mundo. Becky Cotton, adoro o fato de nos completarmos tão bem! Sempre foi um sonho voltar a trabalhar com você. O seu enorme coração ilumina tantas vidas, e todo mundo que a conhece sai ganhando muito com isso. Laura Garnett, é muito bom sair para caminhar com você toda semana e conversar sobre tudo, sobre a vida, o amor e o trabalho. John Scaife, você entrou na minha vida quando eu estava no meio de um pivô e me fez uma oferta que não pude recusar. Obrigada por todas as risadas matinais, cruzando a ponte do Brooklyn de carro, e pelas excelentes refeições, conversas regadas a café e reflexões. Dorie Clark, é uma honra ser autora de um livro de negócios como você. Sou extremamente grata por sua amizade e por todas as nossas aventuras em Nova York!

Marisol, eu jamais conseguiria fazer o que faço sem você. Que sorte ter te encontrado e uma sorte maior ainda poder contar com você para ajudar a tocar a Jenny Blake Enterprises. Você criou uma categoria profissional completamente nova e muitos amigos meus adorariam encontrar "uma Marisol" para a empresa deles. Não vejo a hora de ajudar no avanço da sua carreira e acompanhar o seu sucesso! Lou Ann Alberts e Mandi Holmes, obrigada por se encarregarem de todos os malabarismos enquanto eu trabalhava neste livro.

Qualquer pessoa maluca o bastante para decidir morar em Nova York sabe que a nossa família são os nossos amigos. Muitos de nós nos distanciamos de casa – e nos mudamos para uma ilha literal e figurativa – em busca de concretizar nossos sonhos mais extravagantes de pivotagem. A minha família de NY tem sido uma fonte inesgotável de alegria, apoio e troca de ideias. Pelos jantares de sexta, os piqueniques no parque, os cafés da manhã especiais, as caminhadas para conversar, os jantares de autores da Dorie, sou profundamente grata a todos vocês: Allie Mahler, Kristin Glenn, Monica "MonBon" McCarthy, Christian Golofaro, Bob Gower, Alexandra Jamieson, Dan Schawbel, Jenn Racioppi, Jacquette Timmons, Lauralee Kelly, Petra Kolber, Sarah e Alex Peck, Willie Jackson e Daniel Jarvis. À família Wolveri, que sempre aparece nos melhores momentos: Nick Reese, Kyle Durand, Nicky Halal e Sean Ogle, sou sempre grata pela experiência e pelos abraços épicos. Também gostaria de agradecer ao Young Entrepreneur Council (com destaque para Ryan Paugh, Scott Gerber, Jeff Gabel e Morgan Brady) pela constância dos contatos e da comunidade que proporcionam.

À minha equipe de mentores e mentorigos na JB Enterprises: vocês são os faróis de luz e liderança que me orientam e me inspiram a seguir em frente, sempre que conversamos. Obrigada pelo afeto, pela ética profissional, a gentileza, a generosidade e o bom humor. A lista a seguir não faz jus ao impacto que vocês tiveram e têm na minha vida, mas aí vai. Aos meus mentores: Lynn Vavreck, Marianne Chowning-Dray, Susan Biali, Pamela Slim, Michael Bungay Stanier, James Altucher, Seth Godin, Christina Rasmussen, Steve Maxwell, Mike Robbins, Michael Port, Jenna Buffaloe, Scott Stratten e Chris Guillebeau. Tosha Silver, os seus livros me ensinaram a prática valiosíssima da abertura ultrajante. Penney Peirce, os seus textos sobre intuição e frequência me abriram muitas portas de percepção e alegria. Martha Beck, você é uma das minhas estrelas-guia mais brilhantes e me inspirou de longe a crescer de inúmeras maneiras, tanto na minha carreira de escritora quanto na minha vida de *wayfinder*. Daniel Pink, obrigada por abrir o caminho para este *A hora certa de mudar* com livros como *Motivação 3.0* e *O cérebro do futuro* e pelo maravilhoso endosso para o meu livro. Eu não estava brincando quando disse que receber um e-mail seu foi tão empolgante para esta rata de biblioteca quanto seria receber um e-mail do presidente dos Estados Unidos. Aos meus mentorigos – Ryan Stephens, Alexis Grant, Chris Taylor, John Hill, Ben Casnocha, Cha-Channa Simpson, Sally Hope, Derek Shanahan, Melissa Foster, Jenny Ferry, Melissa Anzman, Molly Mahar, Melani Dizon, Thomas Edwards, Nate St. Pierre, J-Money, Buford Barr, Ando Mierzwa e Nicole Antoinette –, obrigada por todo o apoio e camaradagem ao longo dos anos.

Meus professores de ioga me ofereceram acolhimento, orientação espiritual e sessões regulares de exercícios que me ajudaram a manter a sanidade: Ari Halbert; Ariel Karass; Teri Steele (magnífico guru de pilates); Tara Stiles e Mike Taylor; Phillip Askew, Ivy Kaminer, Nevine Michaan, e a equipe da Katonah; Pashupa Goodwin; e Rodney Yee, cujos DVDs despertaram em mim a paixão pela ioga quase quinze anos atrás. Muito obrigada pelos workshops e cursos que você ministra com tanta compaixão, a minha casa fora de casa.

Também sou grata à McNally Jackson, minha livraria com café predileta, um verdadeiro porto seguro de inspiração, palestras com autores incríveis e o lugar aonde vou para me fartar de comprar livros, e à Gray Dog, onde os refis ilimitados de café naquelas grandes canecas de cerâmica serviram como combustível para muitas sessões matinais de escrita e edição.

À minha família de amigos da Califórnia: Sara Plummer, Shaun Carrigan (a quem eu prometi, em um contrato escrito num guardanapo da Meatball Shop, que terminaria a proposta para este livro), Laura Grose, Jeremy Orr, Cliff Redecker, Susan RoAne, Adrian Klaphaak, Tucker Warner e Lori Newman (e Emily e Maddie). Para as minhas amigas da turma de 2001 do Colégio Gunn: Vanessa Zarrilli, Laura "LBOBP" Vivona, Katy Stoner, Emily "Scooms" Schuman, Lauren Stone, Diana Neill, Nerissa Gaspay, Krista Cioffi, Tracy Tripp, Maura Ruzhnikov, Amy Costello, Erin Ventura e Megan Stichter. Eu adoro os nossos encontros e me sinto muito grata por manter o contato com vocês!

A todos os corajosos e generosos pivotadores que compartilharam suas histórias: obrigada por darem vida a este livro. Aos meus clientes de coaching, vocês são uma enorme fonte de inspiração para mim. Vocês são incrivelmente inteligentes, talentosos e generosos. Vou omitir o nome de vocês por razões de privacidade, mas vocês sabem quem são! É uma enorme honra ajudar a organizar seus pensamentos e ideias. Sou infinitamente grata à Momentum Crew, que contribuiu com feedback contínuo em momentos cruciais do processo deste livro.

É divertidíssimo passar um tempo com vocês na internet e nos nossos telefonemas.

Se esqueci alguém – e para os novos amigos e companheiros de jornada que conheci depois que este livro tinha ido para a gráfica –, por favor, me perdoem!

Por fim, gostaria de terminar onde comecei: muito obrigada aos leitores de JennyBlake.me e LifeAfterCollege.org e aos ouvintes do Pivot Podcast, alguns dos quais estão comigo há nada menos que dez anos. Vocês são a razão pela qual eu faço o que faço. Eu sei que estou fazendo alguma coisa certa por causa de vocês.

Obrigada por ler e saiba que estarei torcendo por você, não importa o que decida fazer daqui em diante. Que você seja feliz, saudável e livre. Que seus pivôs superem os seus sonhos mais desvairados, e que você possa apreciar todos os pequenos momentos do processo. Finalmente, que você consiga acertar a Lua sempre que tiver chance. :)

Com amor,

Depois da pivotagem: recursos on-line

Como manter o contato:

- Alguma pergunta, história de sucesso ou feedback para compartilhar? Eu adoraria saber o que você tem para dizer! Mande um e-mail para Jenny@PivotMethod.com, conte a história do seu pivô em PivotMethod.com/share ou marque o seu relato com #mypivot ou #nextmove nas mídias sociais.
- Acesse o kit completo de ferramentas do livro em PivotMethod.com/toolkit, e um glossário no PivotMethod.com/glossary [material em inglês].
- Para posts contínuos no blog acesse JennyBlake.me e assine o Pivot Podcast no site JennyBlake.me/podcast [material em inglês].
- Cadastre-se para receber a minha newsletter quinzenal [em inglês] sobre os bastidores dos negócios em JennyBlake.me/updates, nela compartilho listas seletas das mais recentes dicas, ferramentas, livros e recursos relacionados ao processo de pivotagem.
- Para orientações mais personalizadas, entre na nossa comunidade privada de empreendedores autônomos independentes no site MomentumCrew.com.

Quer ajudar a espalhar a notícia?

Como meu primeiro mentor na área editorial, Michael Larsen, me explicou: "Não são os autores que mantêm os livros vivos. São os leitores". Se você gostou de *A hora certa de mudar* e acha que outras pessoas se beneficiariam com a leitura deste livro, eu agradeceria se você pudesse ajudar. Veja algumas ideias:

- Escreva uma crítica no site onde você comprou o livro e/ou no Goodreads para ajudar as pessoas a decidir comprar um exemplar.
- Dê um exemplar a um amigo ou colega.
- Compartilhe a história do seu pivô nas mídias sociais e marque com as hashtags #mypivot ou #nextmove.

Consulta rápida sobre o Método da Pivotagem

Etapa 1: Estabilização

- **Valores:** Quais são seus princípios norteadores?
- **Visão:** como seria o sucesso para você daqui a um ano?
- **Pontos fortes:** o que está dando certo? Em que você se destaca?
- **Finanças:** qual é o seu cronograma? Como você poderia ganhar uma renda adicional?

Etapa 2: Sondagem

- **Rede de apoio:** com quem você poderia trocar ideias e apoio?
- **Aprendizagem:** como você poderia crescer? Que pesquisas poderia realizar?
- **Discernimento:** como você poderia criar um valor especial e aumentar a sua visibilidade?

Etapa 3: Projetos-piloto

- **Identificação:** quais pequenos experimentos você poderia pôr em prática?
- **Implementação:** quais informações você está coletando no mundo real?
- **Avaliação:** o que deu certo? O que não deu certo? O que você poderia fazer diferente?

Etapa 4: Lançamento

- **Lançamento:** quando você vai dar o seu grande salto? Quais são os seus principais critérios de decisão?
- **Transformando o fracasso em sucesso:** o que o levará a agir?

Etapa 5: Liderança

- **Cultura propícia à comunicação:** como você poderia ter conversas interessantes sobre carreira? Quais programas você poderia testar com projetos-piloto na sua organização para engajar e reter os melhores talentos?

Checklist de critérios para o Lançamento

Critérios financeiros

- ☐ Dinheiro guardado
- ☐ Dinheiro ganho
- ☐ Ficar até receber uma oferta melhor
- ☐ Especificar a remuneração desejada
- ☐ Ações da empresa ou bônus vinculados a uma data
- ☐ Obter financiamento, empréstimo ou bolsa de estudos

Prazos data marcada

- ☐ Lançar o projeto X no trabalho
- ☐ Reservar X meses para explorar ou tirar uma licença sabática
- ☐ Tomar a decisão de lançar até a data X
- ☐ Sair/mudar a situação atual até a data X

Marcos de progresso

- ☐ Criar o protótipo X
- ☐ Fechar X novos clientes

- ☐ Elaborar um plano e se preparar para o novo direcionamento
- ☐ A plataforma atinge determinado tamanho

Instinto/intuição

- ☐ Ter um palpite ou uma sensação intuitiva
- ☐ Dar tudo de si à última empreitada
- ☐ Chegar ao seu limite, a ponto de prejudicar a saúde
- ☐ Disposição para mergulhar de cabeça na próxima direção

Nas mãos dos outros

- ☐ Aprovação ou oferta de um "guardião" do setor
- ☐ Ser aceito em um programa seleto
- ☐ Meu marido ou minha mulher ganha um salário X ou atinge a meta Y
- ☐ Obter o consentimento total ou parcial da família

Recursos para empresas

Sessões de uma hora, do tipo "almoço e aprendizagem", voltadas a discutir o processo da pivotagem

Criei um workshop de uma hora que qualquer pessoa da sua equipe poderia conduzir para complementar ou substituir uma palestra destinada a marcar o pontapé inicial do processo da pivotagem na sua empresa. Você terá todas as informações e conteúdos necessários para realizar o seu workshop, incluindo um painel para monitorar e acompanhar a participação do grupo. Este workshop é uma excelente ferramenta para ser aplicada no clube do livro da empresa, no desenvolvimento de lideranças e no desenvolvimento de equipes.

Série de seis meses de workshops mensais de acompanhamento da pivotagem

O workshop da pivotagem pode ser realizado como um exercício isolado de desenvolvimento de equipes ou pode ser acompanhado de uma série de sessões mensais de curadoria com workshops conduzidos por líderes da sua organização para reforçar os conceitos centrais do Método da Pivotagem, como pensamento investigativo, resolução de problemas, enfrentar pontos baixos no processo e fazer experimentos frequentes para promover a inovação. Esses seis workshops mensais ajudarão a manter os benefícios obtidos no primeiro workshop e possibilitarão às equipes continuar conversando individualmente e em grupo sobre o processo nos meses subsequentes.

Treinamento de gestores: como orientar os funcionários em questões relativas à carreira

O Treinamento de Coach para Pivôs Profissionais é um workshop interativo que capacita os gestores a melhor se engajar com seus funcionários e reter os principais talentos de sua equipe, aprendendo como manter conversas que explorem em detalhes a carreira de seu pessoal. Utilizando a estrutura simples do Método da Pivotagem, os gestores terão acesso a ferramentas de coaching para trabalhar com seus subordinados diretos, identificando os próximos passos e as áreas de crescimento e ajudando os funcionários a pivotar em sua função, equipe ou organização como um todo. Os gestores aprenderão a fazer poderosas perguntas investigativas, estruturar as conversas com eficácia e alinhar as ambições profissionais de cada funcionário às metas da equipe e da empresa.

Kit de ferramentas para conversas sobre carreira

O kit de ferramentas para conversas sobre carreira inclui tudo o que você precisa para manter conversas sobre carreira com rapidez, facilidade e regularidade, no âmbito de sua organização. Você e os seus gestores terão acesso imediato a modelos de e-mail contendo uma apresentação geral das sessões e instruções de agendamento para a equipe, bem como planilhas a serem preenchidas pelos funcionários antes e depois das conversas com o gestor.

Interessado em implementar um desses programas na sua organização?

Saiba mais no site PivotMethod.com/workshops.

Para saber mais sobre a pivotagem: leituras recomendadas

Este livro foi escrito sobre os ombros de gigantes. Veja a seguir uma lista de livros referentes a cada etapa e que foram fundamentais na minha vida, nos meus negócios e na minha carreira. Esses títulos apresentam uma explicação detalhada de áreas nas quais não me aprofundei neste livro. Sugiro investigar aquelas áreas que tenham chamado a sua atenção. *Para ver a lista completa, visite PivotMethod.com/toolkit* [em inglês].

Introdução
- *O cérebro do futuro*, Daniel H. Pink
- *Antifrágil*, Nassim Nicholas Taleb
- *A segunda era das máquinas*, Erik Brynjolfsson e Andrew McAfee
- *Manual antiautoajuda*, Oliver Burkeman
- *Comece por você*, Reid Hoffman e Ben Casnocha

Estabilização
- *Envolvimento total*, Jim Loehr e Tony Schwartz
- *Finding Your Own North Star*, Martha Beck

- *The Big Leap*, Gay Hendricks
- *Body of Work*, Pamela Slim
- *Escolha você*, James Altucher

Sondagem
- *So Good They Can't Ignore You*, Cal Newport
- *The First 20 Hours*, Josh Kaufman
- *Tribos*, Seth Godin
- *Stand Out*, Dorie Clark
- *Essencialismo*, Greg McKeown

Projetos-piloto
- *A startup enxuta*, Eric Ries
- *Comece pelo mais difícil*, Brian Tracy
- *Business model you: o modelo de negócios pessoal*, Tim Clark, com Alexander Osterwalder e Yves Pigneur
- *A ideia é boa, e agora?*, Scott Belsky
- *A guerra da arte*, Steven Pressfield

Lançamento
- *Smartcuts*, Shane Snow
- *A grande mudança*, Seth Godin
- *Outrageous Openness*, Tosha Silver
- *O caminho da intuição*, Penney Peirce
- *Ouse crescer*, Tara Mohr

Liderança
- *Consciência nos negócios*, Fred Kofman
- *The Work Revolution*, Julie Clow
- *Como o Google funciona*, Eric Schmidt e Jonathan Rosenberg
- *The Alliance*, Reid Hoffman, Ben Casnocha e Chris Yeh
- *The Coaching Habit*, Michael Bungay Stanier

Notas

Introdução

Pivotar é o novo normal

1. Tyler Cowen, A Dearth of Investment in Young Workers, *New York Times*, 7 set. 2013. <www.nytimes.com/2013/09/08/business/a-dearth-of-investment-in-young-workers.html>.

2. Bureau of Labor Statistics, Employee Tenure in 2014, 18 set. 2014. <www.bls.gov/news.release/pdf/tenure.pdf>.

3. Barry Schwartz, Rethinking Work, *New York Times*, 28 ago. 2015. <www.nytimes.com/2015/08/30/opinion/sunday/rethinking-work.html>.

4. Adam Davidson, What Hollywood Can Teach Us About the Future of Work, *New York Times Magazine*, 15 mai. 2015.

5. Eric Ries, *A startup enxuta*: Como os empreendedores atuais utilizam a inovação contínua para criar empresas extremamente bem-sucedidas. São Paulo: Leya, 2012.

6. (a) *Fortune*, 25 Best Global Companies to Work For, Fortune.com, 14 nov. 2012. <http://fortune.com/2012/11/14/25-best-global-companies-to-work-for/>. (b) Lance Whitney, Google Named 2nd Best Company to Work For in the

World. CNET, 14 nov. 2014. <http://www.cnet.com/news/google-named-2nd-best-company-to-work-for-in-the-world/>.

Alto crescimento líquido

1. Daniel Kahneman e Angus Deaton, High Income Improves Evaluation of Life but Not Emotional Well-being, *Proceedings of the National Academy of Sciences of the United States of America*, v. 107, n. 38, p. 16.489-16.493.
2. Saving.org, Inflation Calculator. <http://www.saving.org/inflation/>.
3. Carol Dweck, *Mindset*: A nova psicologia do sucesso. Rio de Janeiro: Objetiva, 2017.
4. Alina Tugend, The Contrarians on Stress: It Can Be Good for You, *New York Times*, out. 2013. <www.nytimes.com/2014/10/04/your-money/ the-contrarians-on-stress-it-can-be-good-for-you-.html>.
5. Amy Wrzesniewski, Clark McCauley, Paul Rozin e Barry Schwartz, Jobs, Careers, and Callings: People's Relations to Their Work, *Journal of Research in Personality*, v. 31, p. 21-33.
6. Nassim Nicholas Taleb, *Antifrágil*: Coisas que se beneficiam com o caos. Rio de Janeiro: Best Business, 2014.

Etapa 1: Estabilização

1. Tom Rath, *StrengthsFinder 2.0*. Washington, D.C.: Gallup Press, 2007. ii–iii.

Capítulo 1: Calibre a sua bússola

1. Jenny Blake, *Life After College*. Filadélfia: Running Press, 2011.
2. Bill Connolly, *The Success Disconnect*: Why the Smartest People Choose Meaning over Money. Nova York: publicação independente, 2015.
3. Kelly McGonigal, *Os desafios à força de vontade*: Como o autocontrole funciona, por que ele é importante e como aumentar o seu. São Paulo: Fontanar, 2014.
4. Jim Blake, *The Bliss Engine*. Nashville: Two Steps Publishing, 2013.
5. Roger L. Martin, Rethinking the Decision Factory, *Harvard Business Review*, out. 2013. <hbr.org/2013/10/rethinking-the-decision-factory>.
6. John Tierney, Do You Suffer from Decision Fatigue? *New York Times*, 17 ago. 2011.

7. Walter Isaacson, *Steve Jobs*. São Paulo: Companhia das Letras, 2011.

8. Dan Hurley, Breathing In vs. Spacing Out, *New York Times*, 14 jan. 2014. <www.nytimes.com/2014/01/19/magazine/breathing-in-vs-spacing-out.html>.

Capítulo 2: Pontos para reflexão

1. Daniel Gilbert, *O que nos faz felizes*: O futuro nem sempre é o que imaginamos. São Paulo: Elsevier, 2006.

Capítulo 3: Abasteça o seu motor

1. Holstee, The Holstee Manifesto, Holstee.com, última versão 2014. <https://www.holstee.com/pages/manifesto>.

2. Gay Hendricks, *The Big Leap*: Conquer Your Hidden Fear and Take Life to the Next Level. Nova York: HarperOne, 2010. p. 33-34.

3. Ibid., p. 29-34.

4. The Myers & Briggs Foundation. <www.myersbriggs.org/my-mbti-personality-type/mbti-basics/>; para um teste gratuito, visite o site <www.humanmetrics.com/cgi-win/jtypes2.asp>.

5. Tom Rath, *StrengthsFinder* 2.0. Washington, D.C.: Gallup Press, 2007. A compra do livro dá direito a um código para fazer a avaliação.

6. Don Richard Riso e Ross Hudson, *A sabedoria do eneagrama*: Guia completo para o crescimento psicológico e espiritual dos nove tipos de personalidade. São Paulo: Cultrix, 2003.

Capítulo 4: Financie a sua decolagem

1. Michele Lerner, How Big Should Your Emergency Fund Be?, Bankrate.com, 6 mar. 2012. <www.bankrate.com/finance/savings/how-big-should-emergency-fund-be.aspx>.

2. *Investopedia*, Definition of Burn Rate. <www.investopedia.com/terms/b/burnrate.asp>.

3. Sendhil Mullainathan e Eldar Shafir, *Escassez*: Uma nova forma de pensar a falta de recursos na vida das pessoas e nas organizações. Rio de Janeiro: Best Business, 2016.

Etapa 2: Sondagem

Capítulo 5: Reforce o seu banco de reservas

1. Melissa Dahl, Networking Is Literally Disgusting, *New York Magazine*, 3 set. 2014. <nymag.com/scienceofus/2014/09/networking-is-literally-disgusting.html>.
2. Mark Oppenheimer, The Church of Oprah Winfrey and a Theology of Suffering, *New York Times*, 27 mai. 2011. <www.nytimes.com/2011/05/28/us/28beliefs.html>.
3. How to Live the Freelance Life, Freelancers Union.org, 2014. <fu-web-storage-prod.s3.amazonaws.com/content/filer_public/8f/d7/8fd7d4ce-f714-486e-b2d5-80e190b0ce70/fu_surveyinfographics_workandlife_v3.pdf>.

Capítulo 6: Feche as lacunas

1. Neil Gaiman, My New Year Wish, NeilGaiman.com, 31 dez. 2011. <journal.neilgaiman.com/2011/12/my-new-year-wish.html>.
2. Seth Godin, *The Dip: A Little Book That Teaches You When to Quit (and When to Stick)*. Nova York: Portfolio/Penguin, 2007.
3. Jason Shen, Why Practice Actually Makes Perfect: How to Rewire Your Brain for Better Performance, *Buffer App* Blog, 28 maio 2013. <blog.bufferapp.com/why-practice-actually-makes-perfect-how-to-rewire-your-brain-for-better-performance>.
4. Maria Popova, How Einstein Thought: Why 'Combinatory Play' Is the Secret of Genius, BrainPickings.org, 14 ago. 2013. <www.brainpickings.org/2013/08/14/how-einstein-thought-combinatorial-creativity/>.
5. Frank Rich, In Conversation: Chris Rock, *New York Magazine*, 1o dez. 2014.
6. Matt Besser, Ian Roberts e Matt Walsh, *The Upright Citizens Brigade Comedy Improvisation Manual*. Nova York: Comedy Council of Nicea, 2013.
7. Tripp Lanier, *The New Man Podcast with Tripp Lanier*, The Rise of Superman–Steven Kotler, 17 jun. 2014. <www.thenewmanpodcast.com/2014/06/tnm-158-steven-kotler-the-rise-of-superman/>.
8. Jonathan Fields, *Good Life Project*, "Brené Brown: On Gratitude, Vulnerability and Courage", podcast: 51:59, 25 nov. 2014, www.goodlifeproject.com/brene-brown-radio/.

9. Institute of Design at Stanford University, Method: Interview for Empathy, <dschool. stanford.edu/wp-content/themes/dschool/method-cards/interview-for-empathy. pdf e "Use Our Methods", dschool.stanford.edu/use-our-methods/>.

10. Janet E. Davidson e C. L. Downing, Contemporary Models of Intelligence. In: *Handbook of Intelligence* (ed.), Robert J. Sternberg. Cambridge: Cambridge University Press, 2000.

11. Alan W. Watts, *A sabedoria da insegurança*: como sobreviver na era da ansiedade. São Paulo: Editora Alaúde, 2017.

12. Erik Brynjolfsson e Andrew McAfee, *A segunda era das máquinas*: Trabalho, progresso e prosperidade em uma época de tecnologias brilhantes. São Paulo: Elsevier/Alta Books, 2015.

13. Ibid.

14. Geoff Colvin, *Os humanos subestimados*: O que as pessoas de sucesso sabem que as máquinas mais brilhantes jamais saberão. São Paulo: DVS, 2016; Oliver Burkeman, Are Machines Making Humans Obsolete?, *Guardian*, 18 set. 2015.

Capítulo 7: Ajude as pessoas a encontrá-lo

1. Brian R. Little, *Me, Myself, and Us*: The Science of Personality and the Art of Well-Being. Nova York: PublicAffairs, 2014. p. 196.

2. Kevin Kelly, 1,000 True Fans, KK.org, 4 mar., 2008. <kk.org/thetechnium/1000-true-fans/>.

3. Michael Palmer, Data Is the New Oil, *ANA Marketing Maestros*, 3 nov. 2006. <ana.blogs.com/maestros/2006/11/data_is_the_new.html>.

Etapa 3: Projetos-piloto

1. Don Miguel Ruiz com Janet Mills, *The Voice of Knowledge: A Practical Guide to Inner Peace*. San Rafael, CA: Amber-Allen Publishing, 2004.

Capítulo 8: Não seja um perfeccionista

1. Eric Ries, A *startup enxuta*: Como os empreendedores atuais utilizam a inovação contínua para criar empresas extremamente bem-sucedidas. São Paulo: Leya, 2012.

2. Nassim Nicholas Taleb, *Antifrágil*: Coisas que se benefiam com o caos. Rio de Janeiro: Best Business, 2014.
3. Donald E. Pease, *Theodor SEUSS Geisel*. Nova York: Oxford University Press, 2010.

Capítulo 9: Pause, revise, repita

1. Rob Brunner, Jerry Seinfeld, FastCompany.com, 12 mai. 2014. <www.fastcompany.com/3029462/most-creative-people-2014/jerry-seinfeld>.
2. Paley Center for Media, Jerry Seinfeld and David Letterman (Full Program), 9 jun. 2014, vídeo do YouTube, 1:05:13, postado em 11 jul. 2014.
3. Fox Business, Recent College Grad Plans to Retire by Age 40, FoxBusiness.com, vídeo, 4:06, 10 mar. 2015. <video.foxbusiness.com/v/4103938151001/recent-college-grad-plans-to-retire-by-40>.

Etapa 4: Lançamento

Capítulo 10: Faça primeiro e deixe a coragem para depois

1. Joseph Campbell com Bill Moyers, *O poder do mito*. São Paulo: Palas Athena, 1991.
2. Michael W. Newell e Marina N. Grashina, *The Project Management Question and Answer Book*. Nova York: Amacom, 2003.
3. Canção composta por Don Schlitz, gravada por Kenny Rogers (1978).
4. Brad Zomick, Career Roomba Syndrome: How to Cure Your Lack of Passion and Find Direction in Your Career Path, ThoughtCatalog.com, 15 mai. 2015. <thoughtcatalog.com/brad-zomick/2015/05/career-roomba-syndrome-how-to-cure-your-lack-of-passion-and-find-direction-in-your-career-path/>.
5. Scott Belsky, *A ideia é boa, e agora?:* Como chegar a grandes resultados a partir de uma grande visão. São Paulo: Saraiva, 2011.
6. Institute for Stem Cell Biology and Regenerative Medicine, Stanford Medicine, Research. <stemcell.stanford.edu/research/>; Nicholas Wade, Your Body

Is Younger Than You Think, *New York Times*, 2 ago. 2005. <www.nytimes.com/2005/08/02/science/your-body-is-younger-than-you-think.html>.

7. National Institute of General Medical Sciences, Circadian Rhythms Fact Sheet, alterado em 1o out. 2015. <www.nigms.nih.gov/Education/Pages/Factsheet_CircadianRhythms.aspx>.

8. Statistic Brain Research Institute, Attention Span Statistics, alterado em 2 abr. 2015. <www.statisticbrain.com/attention-span-statistics/>.

Capítulo 11: Transforme o fracasso em sucesso

1. Zach Bulygo, 12 Business Lessons You Can Learn from Amazon Founder and CEO Jeff Bezos, *KISSmetrics* Blog, 19 jan. 2013. <blog.kissmetrics.com/lessons-from-jeff-bezos/>.

2. Post-it note, Wikipedia. <en.wikipedia.org/wiki/Post-it_note>.

Etapa 5: Liderança

Capítulo 12: Você está ouvindo?

1. Eric Schmidt e Jonathan Rosenberg, *Como o Google funciona*. Rio de Janeiro: Intrínseca, 2015.

2. *Inc.* staff, How the Top CEOs Really Think (Infographic), *Inc.*, set. 2014. <www.inc.com/magazine/201409/inc.500-2014-inc-500-ceo-survey-results.html>.

3. Lauren Weber, What Do Workers Want from the Boss?, *Wall Street Journal*, 2 abr. 2015. <blogs.wsj.com/atwork/2015/04/02/what-do-workers-want-from-the-boss/?mod=e2tw>.

4. Ibid.

5. *Fortune*, 100 Best Companies to Work For, alterado em fev. 2015. <fortune.com/best-companies/>.

6. Ibid.

7. Zappos Library List, Zappos.com. <zapposinsights.com/about/library-list>.

8. Mark Walker, Lululemon Athletica-Driving a Culture of Individual and Organizational Development, Accountability and Innovation, HRMToday.com, 29 set. 2011; <www.hrmtoday.com/featured-stories/lululemon-athletica-driving-

a-culture-of-individual-and-organizational-development-accountability-and-innovation/>.

9. Leslie Kwoh, Reverse Mentoring Cracks Workplace, *Wall Street Journal*, 28 nov. 2011. <www.wsj.com/articles/SB10001424052970203764804577060051461094004>.

Índice remissivo

Símbolos

180° 51

A

abordagem do avanço aos saltos 171-5
"Acerte a lua" 268-9
Adams, Tara 16, 21, 311
adaptabilidade 299
agilidade 31, 101
alavancagem dos pontos fortes existentes 23, 32, 52-3, 89, 92-102, 121, 149, 159, 169-71
Allen, David 169
alto crescimento líquido 38-53, 284, 302
alto patrimônio líquido 38-53, 284, 302
amigos-irmãos [mentorigos] 134-6, 192
analogia do basquete 31, 291
Anderson, Marques 16-7, 21, 153-4
antifrágil 47, 306
Anzman, Melissa 244-6, 313

aprendizagem
atitude mental e 42, 47, 50
discernimento 159-60
e avaliação da etapa dos Projetos-piloto 218
e como aprender 145-6
e produto mínimo viável 188
fracasso e 148, 259
importância da 181
níveis de 146
aprendizagem por observação 127-9
arrependimento 224, 256-7, 267, 271-2
atitude mental/mentalidade
crescimento 38-53, 284, 302
e finanças 38-9, 42, 48, 52-3, 114-5
pivô 35-7
avaliações de desempenho 292-3
avaliações de personalidade 99
avise às pessoas que você está procurando 175-8

B

balança da pivotagem 252-3
Beck, Martha 264, 313, 325
Belsky, Scott 248, 326
Bezos, Jeff 256
Biali, Susan 128, 313
Bilanich, Bud 17, 22
Bisong, Gigi 206
Bourke, Joanna 95
Brilliance Barter 155
Brown, Brené 152-3, 155, 263-4
Brynjolfsson, Erik 159
Burch, Noel 145

C

café por telefone 136
Campbell, Joseph 26, 225, 301
carma profissional 140-2
carreiras
    modos operacionais 44-7
    na era dos aplicativos e analogia com
        o smartphone 24-6
    período de estagnação 46, 248, 285,
        290, 301-2
carreiras do tipo "universo paralelo" 86-7
Carr, Peter 234-5
Chaloeicheep, Adam 16, 20, 138, 173-
    5, 310, 311
Chödrön, Pema 27
ciclo da pivotagem 33, 118, 182, 220,
    273-4
Clark, Dorie 166, 312
Clow, Julie 17, 167-8, 287, 311
Colvin, Geoff 160
complexidade 301-7
concessões em curto prazo 238

Connolly, Bill 69-70, 193
conselho consultivo 131-2, 135
construir-medir-aprender (ciclo de feed-
    back) 188
contatos ativos 125
    Veja também networking
conversas difíceis 264-6
conversas estruturadas anuais sobre a car-
    reira 292-4
conversas sobre a carreira/coaching 33-
    4, 281-4, 287-8, 290-4, 296
coragem
    e etapa do Lançamento 225-53
corpo
    e etapa da Estabilização 70-1, 76
Cotton, Becky 243-4, 283-4, 311-2
Covey, Stephen R. 60
critérios para definir o momento do lan-
    çamento 226-38, 241, 270

D

Dahl, Marisol 202
Danckert, James 41
Danylchuk, Lisa 141
Dar-Receber-Realizar (modelo) 84-5
Deaton, Angus 39
decisão
    de fazer o lançamento 224, 226-38,
        241, 270-2
    separada das conversas difíceis 264-6
Decoda, Tara 236-7
Deffley, Andrew 103-4, 133
desistir
    e saber quando desistir 241-8
despesas anuais 106
despesas mensais 106
Dizon, Melani 191, 313

doadores 45, 84, 126-7, 140-2, 155, 164-5, 280

Doucette, Elisa 207-8, 311

Durand, Kyle 17, 43, 204, 312-3

Dweck, Carol 40

E

economias 108-9

efeito Downing (superioridade ilusória) 157

efeito gangorra entre renda e ansiedade 115-6

empreendedores
mentalidade dos 36

emprego
falta de engajamento no 18-9
impacto da tecnologia sobre 18-9
razões para largar o 281-7
Veja também carreiras

encontrável 122, 162-81

escassez 114-5

escuta/escutar
a intuição 178-80
ativa 157
e networking 156
exercício de 156-7
investigativa 152-8

esfera de influência 125-6

especialista 167-1
Veja também reputação; habilidades/expertise; formador de opiniões

etapa da Estabilização
e pontos fortes 57-9, 89, 92-102, 144, 157
e visão 58, 78-91, 93
finanças e 103-16
objetivo/propósito da 32, 57, 121, 143

princípios orientadores e 60-77
propósito baseado em projetos na 98, 163-4
valores e 57, 60-8, 77, 93
visão geral 32, 57-9

etapa da Sondagem
e capacidade de ser encontrado 121-2, 162-81
e habilidades/expertise 143-61
e networking 121, 123-42, 153, 174, 175-8
frustração durante a 180-1
objetivo/propósito da 32, 121-2, 153, 215
visão geral 32, 121-2

etapa do Lançamento
aprovações 236-7
condições perfeitas para 267-8
coragem e 225-53
e avaliação do lançamento 270-2
e escalas de pivotagem 252-3
e finanças 223, 227-31, 239-41, 243, 247, 260-1
e fracasso 225, 233-4, 253-74
e medo 223, 238-41, 254-74
e outras pessoas 226, 235-6, 261-4
e "processo incompleto" 188-90
e risco 225, 234, 237-41, 244, 252-3, 268-9
e sucesso 223, 257-8, 270-2
indicadores e critérios 36-7, 226-7
marcos de progresso 226-7, 231
visão geral 31-2, 223-4

etapa dos Projetos-piloto
avaliação 210-9
características da 192-7, 207-8
e estar errado 186-7

Índice remissivo 337

cont. etapa dos Projetos-piloto

e finanças 192, 207, 211

e fracasso 259

e "processo incompleto" 188-209

e produto mínimo viável 188-9

e risco 185, 190-1, 194-204, 215-6, 223, 252

objetivo/propósito da 32, 180, 185, 213, 218

visão geral 31-2, 185-7

exercício(s)

carreiras do tipo "universo paralelo" 86-7

escuta 156-7

habilidades/expertise 169-71

hexágono da pivotagem 241

lógica linear 151

meditação 75-6

mentoring 129-31

plataforma 169-71

pontos fortes 96, 98-9, 169-71

repasse a decisão depois de 30 dias 216-7

visão 83-4, 87-9

zona de genialidade 98-9

F

fadiga da decisão (esgotamento do ego) 72-4, 77

falsa inspiração 205-6

família 237

Veja também outras pessoas

felicidade 60-1, 68-70, 77, 164, 178, 261-3

Ferriss, Tim 41, 145

Ferry, Jenny 217, 313

Fields, Jonathan 152, 155

finanças

atitude mental e 39, 42, 48, 53, 114-5

chegando ao fundo do poço 303-5

como uma restrição ao pivô 57-8

e despesas anuais 107

e despesas mensais 106-7

e duração do pivô 33-4

e economias 108-9

e efeito gangorra da renda e da ansiedade 115-6

e fundo de emergência 107

e renda-ponte 108-9, 116

fundo de emergência até a decolagem 107, 207, 227

risco e 104, 107, 110-1

segunda fonte de renda e 110-1

taxa de queima de capital e 108

força de vontade 71-2

formador de opiniões 88, 125, 166

fórmula da felicidade 70

fracasso

arrependimento e 256-7

como um feedback 259-61

definição 255-6

e risco 225, 234

e uma vida corajosa 306

e valores 255-6

medo do 254-74

Frank, Thomas 213-4

fundo de emergência para a decolagem 107-8, 207, 227

fundo do poço 303-5

G

Gaiman, Neil 143

ganhos não realizados 242-8

Garnett, Laura 98, 312
Gaspay, Nerissa 164, 314
Geisel, Theodor 197-9
gestores
    conversas sobre a carreira com 287-90
Gillian (cunhada) 83
Gladwell, Malcolm 88
Godin, Seth 111, 313
Golofaro, Christian 42, 44, 271-2, 312
Gower, Bob 196-7, 312
Gramaglia, Casey 75-6
grama mais verde 178-80
Grant, Adam 126-7
Grant, Alexis 138, 313
Grayeb, Jennifer 288-9
Grey, Nick 170
Grose, Laura 289, 298, 314
Grosz, Stephen 25
grupos de mentes afins 137-9, 192
Guarriello, Tom 300

H

habilidades/expertise
    desenvolvimento de novas 112, 143-61
    fechando a lacuna das 144-61
    hobbies e 147-8
    para fazer a transição 175
    tecnologia e 143, 159
    valiosas 100-1, 192
    Veja também pontos fortes
habilidades valorizadas 99-100
Harold (avô) 199
Harris, Dan 75
Heller, Rachel S. F. 247
Hellstrom, Travis 43-4

Hendricks, Gay 97
Henry, Shawn 125-6, 257
hexágono da pivotagem 239-41
Hill, John 17, 80, 313
hipótese
    suposições *versus* 186-7
histórico profissional 99-102
hobbies 147-8

I

impactadores
    características dos 40-4
    como doadores 127
    dúvida quanto à própria capacidade 157-8
    e atitude mental 40-6, 51
    e capacidade de ser encontrado 167, 175
    e modos operacionais da carreira 97
    e uma vida corajosa 305-7
    objetivo/propósito dos 39, 98
    pontos fortes dos 97
Insight Timer (aplicativo) 74
instinto e intuição 226, 233-5, 250-1, 265, 304
inteligência coletiva 126-7
interesses
    da infância 95-6
    importância dos 286-9
intraempreendedores 36

J

Jacobson, Jeff 81
JennyBlake.me (site) 28, 44, 154, 315-6
Jobs, Steve 28-9, 73

Índice remissivo   339

jogo combinatório e hobbies 147-8

John-Reader, Courtney "CJ" 285

Jones, Brian (pseudônimo) 17, 22, 231, 301

Justin (cliente) 61-3

K

Kahneman, Daniel 39

Kaufman, Josh 145

Kelleghan, Daniel 168-9

Kelly, Kevin 166

Kit (amigo) 111

Koenig, Lora 137

Kondo, Marie 169

Kotler, Steven 152

Krishnamurti, J. 225

Krohn, Tricia 223-4, 262-3

L

Levine, Amir 247

liderança
e mentalidade 44-5
e perspectiva do "líder servidor" 154
formador de opiniões 88, 125, 166

liderança (etapa)
e desenvolvimento da carreira 281-300
escutar 281-300
visão geral 33-4, 279-80

Life After College (Blake) 17, 28, 38, 48, 67, 202

ligue os pontos olhando para trás 27-31

limite entre sucesso e fracasso 112-3

Little, Brian R. 164

Lúcio Sêneca 123

M

mapa mental 65-7, 89

Marbin, Seth 200-1

marcos de progresso 226, 231-3

Martin, Roger 72

Martin, Steve 38

Maslow, Abraham 25

McAfee, Andrew 159

McCarthy, Monica 25, 92, 312

meditação 74-5

medo; receio
da mudança 24, 41, 158
de não tentar 306
de perder a onda 306
do fracasso 254-74, 306
e atitude mental 40, 44-5, 51
e finanças 114
obsessão com o 151

Meitner, Amanda e Tom 229

mentores 127-9, 134-6, 192, 298

mentores "avulsos" 127-31

método da pivotagem
benefícios do 273, 280
como uma ferramenta de coaching 33, 280, 294
nas organizações 291-4
objetivo/propósito do 290-1
visão geral e etapas do 31-4

Miceli, Carlos 177

mobilidade interna e programas 296-300

modos operacionais, carreira 44-7, 97, 292

Momentum (comunidade na internet) 155, 314, 316

mudança
como uma oportunidade 41, 44

e atitude mental (mentalidade) 40, 41, 44

e duração do pivô 33

medo 24-5, 158

Mullainathan, Sendhil 114

N

Nash, Jennie 232-3

networking

amigos-irmãos e 134-6

capacidade de ser encontrado e 170, 174-8

conselho consultivo e 131-2, 135

e avisar as pessoas que você está procurando 175-8

e expansão da esfera de influência 125-6

e mentores 127-9, 134-6

e pegar o vácuo 132-4

e troca direta 139-40

grupos de mentes afins e 134-9

inteligência coletiva e 126-7

Newport, Cal 170

Nguyen, Davis 202

nós 301-2, 307

O

Oka, Marvin 251

oportunidades

e conversas sobre a carreira 292-3

e mudança organizacional 300

fontes de 124

organizações

método da pivotagem nas 290-4

mudando a natureza das 299-300

projetos-piloto nas 299-300

outras pessoas

avisar que você está procurando 175-8

felicidade das 261-3

Pessoas Mais Importantes 263-4

P

paradoxo da pivotagem

"Acerte a lua" 268-9

escassez *versus O segredo* 114-5

faça concessões de curto prazo, se necessário 238

finanças e 112-5

não apresse o rio 248-9

não tenha pressa e cozinhe em fogo baixo 197-9

os perigos da síndrome da falsa inspiração 205-6

quando a grama de fato é mais verde 178-80

paralisia por análise 121, 205

pegar o vácuo na carreira 132-4

Pell, Dave 170

Pennington, Casey 175-6, 215

pensamento

estagnado 206-9

estratégico 159-60

linear 149-51, 228

medo como uma obsessão 151

perguntas do tipo "então" 150

período de estagnação, na carreira 46, 248, 285, 290-1, 301-2

perspectiva do "líder servidor" 154

Pessoas Mais Importantes 263-4

Pham, Julien 88, 164

Pink, Daniel 88, 313

pivôs/pivotagem
  atitude mental propícia a 34-5
  características dos 26-7
  crise em comparação com 26-7
  cultura propícia a 279, 281-300
  definição 23
  duração 33-4
  graus de 51, 211
  medo 25, 36
  motivação 15-24
  nos negócios 23, 33
  ou ser pivotado 18-24
  períodos de estagnação *versus* 46
  risco 26
pivotagem contínua 273-4
PivotMethod.com 32, 44, 116, 316, 324-5
plataforma 125, 159-60, 165-71, 213-4,
  231
pontos fortes
  alavancagem dos pontos fortes exis-
    tentes 23, 32, 52-3, 89, 92-102,
    121, 149, 159, 169
  e características de um bom piloto
    192-4
  e conversas sobre a carreira 293
  e destaques do histórico profissional
    99-102
  e finanças 111-2
  e habilidades valorizadas 100-1
  e o timing dos pivôs 36-7
  e resultados 101
  examinar os fracassos em busca de
    259-60
  objetivo/propósito dos 98
  reputação e 101-2
  Veja também habilidades/expertise
pontos/modos ideais 45-6, 49, 97

pontos pivotais 18, 290-1, 306-7
  Veja também período de estagnação,
    carreira
por que
  definição do seu propósito baseado
    em projetos 164-6
portfólio profissional 94, 191-2, 252, 260,
  267
poupança 108-9
prazos marcados no calendário 226, 230-1
processo incompleto 189
produto mínimo viável (MVP) 188-9,
  194
  Veja também processo incompleto
projetos-piloto
  bons 191-7
  enxutos 194-6
  incrementais 200-1
  lista de, comuns 190-1
  nas organizações 200-1
  tamanho dos 194-7
  visão 191-2
projetos-piloto ágeis 194-6
projetos-piloto incrementais 200-1
propósito baseado em projetos 98, 163-5

Q

quente ou frio (brincadeira) 62, 218
questões de quantidade/qualidade 190-
  1, 197-9, 239, 293

R

Rapple, Rebecca 131
Rasmussen, Christina 27, 313
Rath, Tom 58
Redecker, Cliff 297, 314

redundância 202-4, 214
Reese, Nick 106, 312
rejeição 171-2, 236-7, 253
renda-ponte 108-10, 114-6
rendimentos decrescentes 242, 244-6
repasse a decisão (exercício) 216-7
reputação
    capital 125
    dos melhores gestores 288
    e capacidade de ser encontrado 163, 165, 167-8, 172
    e duração do pivô 34
    e pontos fortes 99, 101-2
    networking e 127
resultados 101
retornos assimétricos 196-7
Ries, Eric 23, 188, 194
Riscômetro 50-1, 252
riscos
    e duração do pivô 33-4
    e escalas de pivotagem 252-3
    e finanças 105, 107, 110-1
    e fracasso 225, 234
    e redundância 202-4
    e uma vida corajosa 305-7
    incrementais 200-1
    na pivotagem 25, 37
    Riscômetro 50-1, 252
    tolerância a 48-50
Roberts, Christian 193
Rock, Chris 149
Rosenberg, Jonathan 281
rotinas
    importância das 72
Ruiz, don Miguel 186

S

Sadie (cliente) 265-6
Sam (amigo) 124
sapo na água fervente 19, 244
Saramago, José 15
Scaife, John 42, 44, 271-2, 312
Schmidt, Eric 106, 281
Schoenberger, Amy 16, 20, 171-2
Schrotberger, Luke 136
segunda fonte de renda 110-2, 195, 204, 215, 227
Seinfeld, Jerry 210-1
Sêneca, Lúcio 123
Shafir, Eldar 114
Shen, Jason 95, 284-5
Silver, Nate 171
Sims, Stacy 167
Síndrome do Roomba Profissional 242
Slim, Pamela 189-90, 313
Snow, Brooke 90-1
"Solte o Balde" (brincadeira) 152
Soosalu, Grant 251
sucesso
    atitude mental e 45
    carma profissional e 140-2
    definição 84-5
    ideal ditado pela sociedade 158
    rejeição como trampolim para o 257-8
Sullivan, Stacy 200
superioridade ilusória 157
suposições
    hipóteses *versus* 186-7

T

Taleb, Nassim Nicholas 47, 196

talento 40, 45, 99-100, 193, 210, 287-8, 298-9

Veja também pontos fortes

taxa de queima de capital 108

técnica do "Sim, e..." 149, 151

tecnologia 19, 143, 159-60

teoria fundamentada 152-5, 299

Tierney, John 73

tirania do "como" 80-2, 151

Tom (irmão) 96, 129, 269, 309

transformação recíproca 141

Triângulo do Gerenciamento de Projetos 239-41

troca direta 139-40

U

Uhrig, Scott 19

Ursillo, Dave 259

V

valores

conversas sobre a carreira e 293

esclarecimento dos 60-8

grupos de 65

lembrete visual dos 67-8

mudança de 61

objetivo/propósito dos 60-1, 79

ordenação dos 66-7

visão e 79, 83

variáveis conhecidas e desconhecidas 90-1

viagens como projetos-piloto 206-9

Vice, Roxanne 267

visão

abrangência da 79-80

declaração de visão para um ano 83-9, 94

e abordagem do avanço aos saltos 175

e fatores conhecidos/desconhecidos 90-1

e propósito 163

esclarecimento da 87-9

importância da 78-80

objetivo/propósito da 78-80

turva 82-3

valores e 79, 83

W

Waitzkin, Josh 145

Walker, Alice 210

Watson, Thomas 92

Watts, Alan 158

Weiss, Ronnie Mae 287-9

White, Ryan (também conhecido como Bob Gower) 195-7

Whyte, David 80

Wrzesniewski, Amy 41-2

Z

zona de conforto 50, 70-1, 87, 122, 148, 157, 208, 252-3, 255, 306

zona de desafio 50, 81, 166, 213, 234, 253, 255

zona de estagnação 50, 252

zona de pânico 50-1, 213, 227, 252-3, 255